Stanislav Grof / Hal Zina Bennett

Die Welt der Psyche

Stanislav Grof · Hal Zina Bennett

Die Welt der Psyche

Neue Erkenntnisse aus Psychologie und Bewußtseinsforschung

Kösel

Übersetzung aus dem Amerikanischen: Angela Roethe, Utting.
Die Originalausgabe erschien unter dem Titel »The Holotropic Mind. The Three Levels of Human Consciousness and How They Shape Our Lives« bei HarperSanFrancsico, A Division of HarperCollinsPublishers, New York.

ISBN 3-466-34298-8

Druck und Bindung: Kösel, Kempten.
Illustrationen © 1990 by Michael Talbot.
Umschlag: Kaselow Design, München.
Umschlagfoto: Gary Kaemmer, The Image Bank, München.

1 2 3 4 5 6 · 98 97 96 95 94 93

Gedruckt auf umweltfreundlich hergestelltem Werkdruckpapier (säurefrei und chlorfrei gebleicht)

Für Christina,
meine Mutter Maria
und meinen Bruder Paul

Inhalt

Dank

Dieses Buch beruht auf Erfahrungen, Beobachtungen und Einsichten, die ich in fünfunddreißig Jahren systematischer Erforschung des Wertes von außergewöhnlichen Bewußtseinszuständen gewonnen habe. Während dieser Zeit habe ich von vielen Menschen, die in meinem beruflichen und persönlichen Leben eine wichtige Rolle spielen, unschätzbare Hilfe erhalten. Nun möchte ich diese Gelegenheit nutzen, mich wenigstens bei einigen von ihnen kurz zu bedanken.

Von Joseph Campbell, der für mich viele Jahre lang sowohl ein lieber Freund als auch ein wichtiger Mentor war, habe ich gelernt, welche Bedeutung die Mythologie für die Psychologie, die Religion und das gesamte menschliche Leben hat. Sein brillanter Verstand, sein enzyklopädisches Gedächtnis und und seine erstaunliche Fähigkeit zur kreativen Synthese haben auf vielen Gebieten Klarheit geschaffen, die bis dahin von der traditionellen Wissenschaft, Religion und Philosophie falsch verstanden und eingeordnet worden waren.

Gregory Bateson, ein »Generalist«, dessen forschender Geist auf der Suche nach Wissen durch viele unterschiedliche Disziplinen streifte, war der originellste Denker, den ich je kennengelernt habe. Ich habe das Privileg genossen, mit ihm während der letzten zweieinhalb Jahre seines Lebens, als wir beide am Esalen-Institut im kalifornischen Big Sur arbeiteten, fast täglich Kontakt zu haben. Durch seine einschneidende Kritik an den Fehlern und Unzulänglichkeiten des kartesianisch-Newtonschen Paradigmas half er mir, meinen eigenen Forschungsergebnissen zu vertrauen, die oft in Widerspruch zur traditionellen Psychiatrie und zur westlichen Wissenschaft standen.

Weitere unschätzbare Unterstützung und wertvollen Zuspruch haben mir verschiedene befreundete Ärzte zukommen lassen, die wichtige Pionierarbeit bei der Erforschung der philosophischen Implikationen der Quantenphysik und der Relativitätstheorie und wesentliche Beiträge zu der neuen Weltsicht geleistet haben, die in der westlichen Wissenschaft Einzug hält. Besonders dankbar bin ich Fritjof Capra für unsere langjährige Freundschaft und Kooperation. Fred Wolf, Nick Herbert, David Peat, Saul-Paul Siraque und anderen meinen Dank für all das, was ich von ihnen gelernt habe.

Eines der bedeutsamsten intellektuellen Ereignisse in meinem Leben war die Entdeckung der Holographie und des holonomen Denkens in der Wissenschaft, die einen Bezugsrahmen für eine Vielfalt von sonst unverständlichen und verwirrenden Ergebnissen in der modernen Bewußtseinsforschung liefern. Hier fühle ich mich tief dem genialen Geist von Denis Gabor verpflichtet, der die Prinzipien der optischen Holographie entdeckt hat, ebenso David Bohm für sein holographisches Modell des Universums und die Theorie des *holomovement* (der ganzheitlichen Bewegung), sowie Karl Pribram für sein holographisches Modell des Gehirns.

Ich denke mit großer Zuneigung an zwei liebe Freunde zurück, an Abraham Maslow und Anthony Sutich, die Begründer der humanistischen Psychologie. Sie luden mich in den späten sechziger Jahren zu »Brainstormings« ein, die zur Geburt der transpersonalen Psychologie führten. Die Entwicklung dieser neuen Disziplin, die die uralte Weisheit der großen spirituellen Systeme der Welt mit dem Pragmatismus der westlichen Wissenschaft vereint, ist zu meiner großen Leidenschaft geworden.

Die Arbeit auf dem herausfordernden und kontroversen Gebiet der transpersonalen Psychologie und Bewußtseinsforschung wäre ohne die emotionale und intellektuelle Unterstützung von ähnlich denkenden Menschen kaum möglich gewesen. Ich habe das Glück, daß viele der Pioniere des neuen Denkens in der Psychologie zugleich enge persönliche Freunde sind. Diese ganz besonderen Menschen sind über viele Jahre für mich, für meine Frau Christina und auch untereinander eine Quelle der Inspiration und Ermutigung gewesen. Mein besonderer Dank für diese entscheidende Rolle in unserem Leben geht an Angeles Arrien, Michael und Sandy Harner, Jack und Liana Kornfield, John Perry, Ram Dass, June Singer, Rick und Heather Tarnas, Frances Vaughan und Roger Walsh.

Mein tiefster Dank gilt den Mitgliedern meiner engeren Familie, denen ich dieses Buch widme. Meine Mutter Maria und mein Bruder Paul, der selbst Psychiater ist und viele meiner Interessen teilt, haben mir mein ganzes Leben lang große emotionale und moralische Unterstützung gewährt. Meine Frau Christina war in den letzten sechzehn Jahren meine engste Freundin, Kollegin und Mitsucherin. In den Höhen und Tiefen unseres gemeinsamen Lebens habe ich den Mut und die Integrität zu bewundern gelernt, die sie während ihrer eigenen stürmischen Reise bewiesen hat. Davon ein integraler Teil zu sein, hat mich viele außergewöhnliche und unschätzbar wertvolle Lektionen gelehrt, die nur das Leben bieten kann.

Schließlich möchte ich dem Verlag Harper San Francisco und besonders meinem Lektor Mark Salzwedel dafür danken, daß sie die Veröffentlichung dieses Buches ermöglicht haben. Und zu guter Letzt gilt mein tiefempfundener Dank Hal Zina Bennett, der in dieses Projekt eine seltene Kombination von Talenten eingebracht hat, einschließlich schriftstellerischer Fertigkeiten und der Vorstellungskraft eines anerkannten Autors sowie ein ausgeprägtes Verständnis für außergewöhnliche Bewußtseinszustände. Er hat mir sehr geholfen, die Ergebnisse meiner Forschungen in einfache und verständliche Sprache zu übersetzen, damit diese Informationen einem breiten Publikum zugänglich werden. Dank Hal Bennetts ungewöhnlicher persönlicher Eigenschaften war die Arbeit an diesem Projekt – einer Aufgabe nicht ohne Herausforderungen und Probleme – sehr lohnend, und sie hat uns näher zusammengebracht.

Die Menschen, deren Beiträge zu diesem Buch wesentlich und sogar entscheidend waren, müssen anonym bleiben. Ich bin voll dankbarer Anerkennung für die Tausende von Klienten, Trainees, Freunde und Teilnehmer an Workshops und verschiedenen Forschungsprojekten in Europa, Nord- und Südamerika, Australien und Asien, die mit ungewöhnlichem Mut die Höhen und Tiefen ihrer Psyche erkundet und mich an den Ergebnissen ihrer unkonventionellen Suche haben teilhaben lassen: Ohne sie hätte dieses Buch nicht geschrieben werden können.

Stanislav Grof, M. D.
Mill Valley, August 1991

Teil I
Eine Herausforderung an das Newtonsche Universum

Materie ... ist nicht jene Ansammlung von festen, statischen in den Raum hinausragenden Objekten, sondern das Leben, das in der aus ihnen bestehenden Szene gelebt wird; und so ist Wirklichkeit nicht jene externe Szene, sondern das Leben, das in ihr gelebt wird. Die Wirklichkeit, das sind die Dinge, wie sie sind.

Wallace Stevens, *The Necessary Angel*

1. Durchbrüche zu neuen Dimensionen von Bewußtsein

Es gibt ein Schauspiel, das großartiger ist als das Meer, das ist der Himmel; es gibt ein Schauspiel, das größer ist als der Himmel, das ist das Innere der Seele.

Victor Hugo, »Fantine«, *Les Misérables*

Die Herausforderungen und Entdeckungen, die uns die moderne Wissenschaft in den letzten drei Jahrzehnten beschert hat, lassen vermuten, daß die Fähigkeiten des Menschen noch weit größer sind, als man es sich bisher auch nur vorstellen konnte. Die kollektiven Bemühungen von Forschern jeder Richtung und Disziplin liefern uns ein vollkommen neues Bild von der menschlichen Existenz und besonders von der Natur des menschlichen Bewußtseins.

So wie seinerzeit Kopernikus Entdeckung, daß die Erde nicht der Mittelpunkt des Universums ist, die Welt auf den Kopf stellte, so zwingen uns die neuesten Enthüllungen von Wissenschaftlern in aller Welt, genauer zu betrachten, wer wir als physische, mentale und spirituelle Wesen sind. Ein neues Bild von der Psyche taucht auf, und mit ihm eine außergewöhnliche Weltsicht, die Durchbrüche an der vordersten wissenschaftlichen Front mit der Weisheit der ältesten Gesellschaften verbindet. Die daraus entstehenden Fortschritte führen dazu, daß wir buchstäblich all unsere Sichtweisen überprüfen müssen – so wie es nach den Entdeckungen von Kopernikus vor beinahe fünfhundert Jahren auch geschah.

Das Universum als Maschine: Newton und die westliche Wissenschaft

Den Kern dieses dramatischen Wandels im Denken, der im Laufe des zwanzigsten Jahrhunderts erfolgte, bildet eine vollständige Überarbeitung unseres Verständnisses von der physischen Welt. Vor Einsteins Relativitätstheorie und der Quantenphysik waren wir der Überzeugung, daß das Universum aus fester Materie bestand. Wir glaubten, die grundlegenden Bausteine dieses materiellen Universums seien Atome, die wir für kompakt und unzerstörbar hielten. Die Atome existierten im dreidimensionalen Raum, und ihre Bewegungen folgten bestimmten festen Gesetzen. Materie entwickelte sich dementsprechend auf geordnete Weise, bewegte sich von der Vergangenheit durch die Gegenwart in die Zukunft. Innerhalb dieser sicheren, deterministischen Sichtweise sahen wir das Universum als eine gigantische Maschine und waren sicher, daß wir eines Tages all die Gesetze entdeckt haben würden, die diese Maschine lenkt. Dann würden wir alles, was in der Vergangenheit geschehen war, genau rekonstruieren und voraussagen können, was die Zukunft bringen würde. Wir meinten, wenn uns erst einmal die Gesetze bekannt wären, würden wir die Herrschaft über alles erringen, was wir sehen. Manche haben sogar davon geträumt, daß wir eines Tages dadurch Leben schaffen könnten, daß wir die richtigen Chemikalien in einem Teströhrchen zusammenmischen.

In diesem von der Newtonschen Wissenschaft entwickelten Bild vom Universum galten Leben, Bewußtsein, Menschen und kreative Intelligenz als zufällige Nebenprodukte, die sich aus einer blendenden Fülle von Materie entwickelt hatten. So komplex und faszinierend wir auch sein mögen, wurden wir Menschen dennoch als im wesentlichen materielle Objekte gesehen – kaum mehr als hoch entwickelte Tiere oder biologische Denkmaschinen. Unsere Hautoberfläche galt als unsere äußerste Begrenzung, und Bewußtsein hielt man nur für das Produkt dieses denkendes Organs, das man Gehirn nennt. Alles, was wir dachten, fühlten und wußten, beruhte auf Informationen, die wir mit Hilfe unserer Sinnesorgane sammelten. Gemäß der Logik dieses materialistischen Modells wurden das

menschliche Bewußtsein, Intelligenz, Ethik, Kunst, Religion und auch die Wissenschaft selbst als Nebenprodukte der materiellen Prozesse gesehen, die im Gehirn stattfinden.
Die Überzeugung, daß das Bewußtsein und alles, was es hervorgebracht hat, dem Gehirn entstammt, war natürlich nicht völlig aus der Luft gegriffen. Zahllose klinische und experimentelle Beobachtungen verweisen auf enge Verbindungen zwischen dem Bewußtsein und gewissen neurophysiologischen und pathologischen Zuständen wie Infektionen, Traumen, Vergiftungen, Tumoren oder Schlaganfällen. Diese gehen meist ganz deutlich mit dramatischen Veränderungen im Bewußtsein einher. Im Falle von begrenzten Gehirntumoren kann der funktionelle Schaden – Sprachverlust, Verlust der motorischen Kontrolle und so fort – dazu dienen, genau zu diagnostizieren, welche Stelle des Gehirns betroffen ist.
Diese Beobachtungen beweisen ganz zweifelsfrei, daß unsere mentalen Funktionen an biologische Prozesse im Gehirn gekoppelt sind. Das heißt jedoch nicht notwendigerweise, daß das Bewußtsein dem Gehirn entstammt oder von ihm gemacht wird. Diese Schlußfolgerung der westlichen Wissenschaft ist eine metaphysische Annahme und keine wissenschaftliche Tatsache, und man kann gewiß zu anderen Interpretationen derselben Daten gelangen. Das wird durch eine Analogie deutlich: Ein guter Fernsehmechaniker kann uns anhand der fehlerhaften Bild- oder Tonwiedergabe genau sagen, was mit dem Apparat los ist und welche Teile ersetzt werden müssen, damit er wieder richtig läuft. Aber niemand würde deswegen behaupten wollen, der Fernseher sei selbst für die Programme verantwortlich, die wir sehen, wenn wir ihn anstellen. Genau diese Art von Argumentation liefert jedoch die mechanistische Wissenschaft als »Beweis« dafür, daß das Bewußtsein vom Gehirn geschaffen wird.
Die traditionelle Wissenschaft hängt dem Glauben an, organische Materie und Leben seien ausschließlich durch die zufälligen Interaktionen von Atomen und Molekülen aus der chemischen Brühe des primordialen Ozeans erwachsen. Ähnlich wird behauptet, es beruhe auf reinem Zufall und »natürlicher Selektion«, daß sich Materie zu lebenden Zellen und Zellen in komplexe vielzellige

Organismen mit zentralem Nervensystem organisiert hätten. Und irgendwie ist zusammen mit diesen Erklärungen die Annahme, Bewußtsein sei ein Nebenprodukt der materiellen Prozesse im Gehirn, zu einem der wichtigsten metaphysischen Grundsätze der westlichen Weltsicht geworden.

Nun entdeckt die moderne Wissenschaft die tiefgreifenden Interaktionen zwischen der kreativen Intelligenz und allen Ebenen der Wirklichkeit. Das vereinfachte Bild des Universums wird damit zunehmend unhaltbarer. Man hat zu Recht behauptet, es sei ebenso wahrscheinlich, daß das menschliche Bewußtsein und unser unglaublich komplexes Universum durch die zufälligen Interaktionen von träger Materie entstanden sind, wie daß ein Wirbelsturm durch einen Schrottplatz jagt und dabei zufällig einen Jumbo-Jet zusammenbaut.

Die Newtonsche Wissenschaft war bisher für das Erschaffen einer sehr begrenzten Sichtweise des Menschen und seiner Potentiale verantwortlich. Diese Perspektive hat mehr als zweihundert Jahre lang die Kriterien dafür festgesetzt, was eine annehmbare oder unannehmbare Erfahrung der Wirklichkeit ist. Entsprechend ist ein »normal funktionierender« Mensch jemand, der in der Lage ist, die von der Newtonschen Wissenschaft beschriebene objektive äußere Welt genau wiederzugeben. Im Rahmen dieser Sichtweise sind unsere geistigen Funktionen darauf beschränkt, durch unsere Sinnesorgane Informationen aufzunehmen, sie in unseren »mentalen Computerspeichern« zu sichern und dann Sinnesdaten vielleicht wieder so zu kombinieren, daß etwas Neues entsteht. Jedes wesentliche Abweichen von dieser Wahrnehmung der »objektiven Realität« – eigentlich der *Konsens-Realität* oder dessen, was in einer Gesellschaft als wahr gilt – müßte als Produkt einer überaktiven Phantasie oder einer geistigen Störung gelten und verworfen werden.

Die moderne Bewußtseinsforschung läßt auf ein dringendes Bedürfnis schließen, diese begrenzte Sichtweise von der Natur und den Dimensionen der menschlichen Psyche drastisch zu überarbeiten und zu erweitern. Dieses Buch hat zum Ziel, diese neuen Beobachtungen und die mit ihnen einhergehenden radikal andersartigen Sichtweisen unseres Lebens zu erforschen. Dabei muß ausdrücklich betont werden, daß sich diese neuen Ergebnisse zwar nicht mit der traditionellen Newtonschen Wissenschaft vereinbaren lassen, daß sie aber sehr wohl den revolutionären Entwicklungen in der modernen Physik und anderen wissenschaftlichen Disziplinen entsprechen. Alle diesen neuen Einsichten verwandeln die einst so selbstverständliche mechanistische Perspektive grundlegend. Es entsteht eine aufregende, neue Sicht des Kosmos und der menschlichen Natur, die weitreichende Implikationen für unser Leben als Individuen und auch auf kollektiver Ebene hat.

Bewußtsein und Kosmos: Die Wissenschaft entdeckt den Geist in der Natur

Als die modernen Physiker ihre Untersuchungen des ganz Kleinen und des ganz Großen – der subatomaren Reiche der Mikrowelt und der astrophysischen Reiche der Makrowelt – immer mehr verfeinerten, erkannten sie bald, daß einige der grundlegenden Newtonschen Prinzipien ernsthafte Grenzen und Fehler aufwiesen. In der Mitte der zwanziger Jahre stellte man fest, daß sich die Atome, die von der Newtonschen Physik einst als die unzerstörbaren, elementaren Bausteine der materiellen Welt bezeichnet wurden, aus noch kleineren und noch elementareren Teilen zusammensetzen – aus Protonen, Neutronen und Elektronen. Spätere Forschungen führten zur Entdeckung buchstäblich Hunderter von subatomaren Teilchen.

Diese neuentdeckten Teilchen zeigten ein merkwürdiges Verhalten, das eine Herausforderung an die Newtonschen Prinzipien bildete. In manchen Experimenten benahmen sie sich wie Partikel, in anderen schienen sie wellenartige Eigenschaften aufzuweisen. Dies wurde als das »Wellen-Partikel-Paradox« bekannt. Auf einer subatomaren Ebene wurden unsere alten Definitionen von Materie durch statistische Wahrscheinlichkeiten ersetzt, die ihre »Tendenz zu existieren« beschrieben, und schließlich verschwanden sie ganz in dem, was die Physiker das »dynamische Vakuum« nennen. Die Erforschung der Mikrowelt führte bald zu der Enthüllung, daß das Universum des Alltagslebens, das uns aus festen, unterscheidbaren Objekten zu bestehen scheint, in Wirklichkeit ein komplexes Netz von verbundenen Ereignissen und Beziehungen ist. In diesem neuen Kontext reflektiert Bewußtsein nicht nur passiv die objektive materielle Welt; sie spielt eine wesentliche Rolle in der Erschaffung der Wirklichkeit selbst.

Die wissenschaftlichen Forschungen im Reich der Astrophysik führten zu ähnlich überraschenden Erkenntnissen. In Einsteins Relativitätstheorie ist beispielsweise der Raum nicht dreidimensional, Zeit ist nicht linear und Raum und Zeit sind keine getrennten Phänomene. Sie sind vielmehr in ein vierdimensionales Kontinuum integriert in die »Raum-Zeit«. Bei dieser Sichtweise des Universums wird das, was wir einst als die Grenzen zwischen Objekten und als die Unterscheidungen zwischen Materie und leerem Raum wahrnahmen, nun von etwas Neuem ersetzt. Statt getrennter Objekte und leerem Raum zwischen ihnen wird das gesamte Universum als ein kontinuierliches Feld wechselnder Dichte gesehen. In der modernen Physik wird Materie austauschbar mit Energie. Nach dieser neuen Betrachtungsweise wird Bewußtsein zu einem integralen Bestandteil des universalen Gewebes, der sicherlich nicht auf die in unseren Schädeln enthaltenen Aktivitäten beschränkt ist. Wie der britische Astronom James Jeans vor gut sechzig Jahren anmerkte, hat das Universum des modernen Physikers viel mehr Ähnlichkeit mit einem großen Gedanken als mit einer riesigen Supermaschine.

Also haben wir nun ein Universum, das ein unendlich komplexes System von Schwingungsphänomenen ist, statt einer Ansammlung von Newtonschen Objekten. Diese Schwingungssysteme verfügen über Eigenschaften und Möglichkeiten, von denen man in der Newtonschen Physik nicht einmal zu träumen gewagt hätte. Eine der interessantesten kann man am Beispiel der Holographie beschreiben.

Holographie und die implizite Ordnung

Holographie ist ein photographischer Prozeß, bei dem laser-kohärentes Licht derselben Wellenlänge verwendet wird, um dreidimensionale Bilder im Raum herzustellen. Ein Hologramm, das man vielleicht mit einem Dia vergleichen kann, von dem wir ein Bild projizieren, ist die Aufzeichnung eines Interferenzmusters von zwei Hälften eines Laserstrahls. Ein Lichtstrahl wird von einem teilweise versilberten Spiegel geteilt. Die eine Hälfte, der Referenzstrahl, wird auf die Emulsion des Hologramms gelenkt; die andere Hälfte, der Arbeitsstrahl, wird von dem photographierten Objekt auf den Film reflektiert. Die Information dieser beiden Strahlen, die notwendig sind, um ein solches dreidimensionales Bild zu reproduzieren, ist in dem Hologramm so »eingefaltet«, daß sie überall verteilt wird. Wenn das Hologramm daher vom Laser beleuchtet wird, kann das gesamte dreidimensionale Bild von jedem Teil des Hologramms »entfaltet« bzw. »ausgefaltet« werden. Wir können es in viele Einzelteile zerschneiden, und jeder Teil wird ein Bild des Ganzen reproduzieren können.

Die Entdeckung der holographischen Prinzipien ist zu einem wichtigen Teil der wissenschaftlichen Weltsicht geworden. So wurde beispielsweise David Bohm, ein berühmter theoretischer Physiker und früherer Mitarbeiter Einsteins, von der Holographie dazu inspiriert, ein Modell des Universums zu erstellen, daß die vielen Paradoxien der Quantenphysik einschließt. Er meint, daß die Welt, die wir durch unsere Sinne und Nervensysteme mit oder ohne Hilfe wissenschaftlicher Instrumente wahrnehmen, nur ein winziges Fragment der Wirklichkeit repräsentiert. Bohm nennt das, was wir wahrnehmen, die »entfaltete« oder »explizite Ordnung«. Diese Wahrnehmungen haben sich als spezielle Formen aus einer viel größeren Matrix entwickelt. Und eben diese nennt er die »eingefaltete« oder »implizite Ordnung«. In anderen Worten ist das, was wir als Wirklichkeit wahrnehmen, wie ein projiziertes holographisches Bild. Die größere Matrix, aus der heraus das Bild projiziert wird, kann man mit dem Hologramm vergleichen. Bohms Darstellung der impliziten Ordnung beschreibt jedoch (unterschiedlich zum Hologramm) eine Realitätsebene, die unseren Sinnen oder direkter wissenschaftlicher Prüfung nicht zugänglich ist.

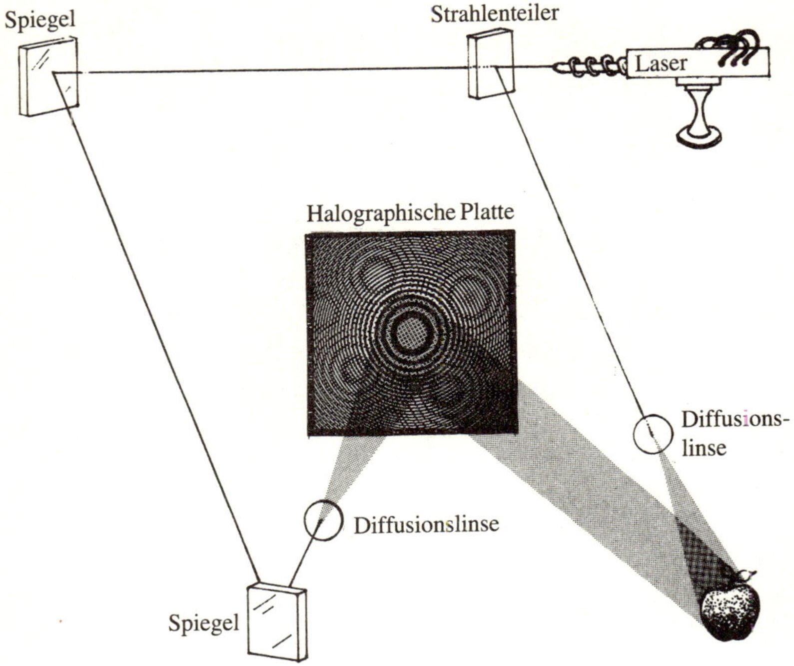

Abbildung 1: Ein Hologramm entsteht dadurch, daß ein Laserbündel in zwei getrennte Strahlen geteilt wird. Der erste Strahl wird auf das zu photographierende Objekt gerichtet, in diesem Fall auf den Apfel. Dann läßt man den zweiten Strahl auf das reflektierte Licht des ersten treffen und zeichnet das daraus resultierende Interferenzmuster auf Film auf.

In seinem Buch *Ganzheit und die implizite Ordnung* widmet Bohm zwei Kapitel der Beziehung zwischen Bewußtsein und Materie in den Augen eines modernen Physikers. Er beschreibt die Wirklichkeit als ein ungebrochenes, kohärentes Ganzes, das in einem nicht endenden Prozeß des Wandels steht – genannt *holomovement*. Bei dieser Sichtweise sind alle stabilen Strukturen im Universum nichts als Abstraktionen. Wir können alle möglichen Bemühungen unternehmen, Objekte, Phänomene oder Ereignisse zu beschreiben, aber wir müssen letzten Endes zugeben, daß sie alle dem undefinierbaren und nicht

Abbildung 2: Anders als bei normalen Photographien enthält jeder Teil eines holographischen Films alle Informationen des ganzen. Wenn daher eine holographische Platte in Stücke bricht, kann immer noch jeder einzelne Teil benutzt werden, um das gesamte Bild zu rekonstruieren.

faßbaren Ganzen entspringen. In dieser Welt, in der sich alles immerzu bewegt, alles im Fluß ist, kann es nur verwirrend sein, Substantive für die Beschreibung dessen zu verwenden, was vor sich geht.

Für Bohm illustriert die holographische Theorie seine Vorstellung, daß sich Energie, Licht und Materie aus Interferenzmustern zusammensetzen, die Informationen über alle anderen Lichtwellen, die Energien und die Materie, mit der sie direkt oder indirekt Kontakt hatten, in sich tragen. Daher repräsentiert jeder Teil von Energie und Materie einen Mikrokosmos, der das Ganze einfaltet. Leben kann nicht mehr in Begriffen träger Materie gesehen werden. Materie und Leben sind beides Abstraktionen, die aus dem *holomovement*, also dem ungeteilten Ganzen entsprungen sind, aber keines von beiden kann von diesem Ganzen getrennt werden. Und so sind auch Materie und Bewußtsein beides Aspekte desselben ungeteilten Ganzen.

Bohm erinnert uns daran, daß selbst der Prozeß des Abstrahierens, durch den wir unsere Illusionen einer Trennung vom Ganzen schaffen, in sich selbst Ausdruck des *holomovement* sind. Letzten Endes kommen wir zu der Erkenntnis, daß alle Wahrnehmungen und alles Wissen – einschließlich wissenschaftlicher Arbeit – keine objektiven Rekonstruktionen der Wirklichkeit sind; es handelt sich vielmehr um kreative Aktivitäten, die mit künstlerischen Ausdrucksformen vergleichbar sind. Wir können die wahre Realität nicht messen; ihre fehlende Meßbarkeit macht sogar die Essenz von Wirklichkeit aus.[1]

Das holographische Modell bietet revolutionäre Möglichkeiten für ein neues Verständnis von den Beziehungen zwischen den Teilen und dem Ganzen. Der nicht mehr auf die begrenzte Logik des traditionellen Denkens beschränkte Teil hört auf, nur ein Fragment des Ganzen zu sein. Statt dessen kann er unter bestimmten Umständen das Ganze reflektieren und enthalten. Wir sind als Einzelmenschen keine isolierten und unbedeutenden Newtonschen Wesen; als integrales Feld des *holomovement* ist vielmehr jeder von uns auch ein Mikrokosmos, der den Makrokosmos spiegelt und enthält. Wenn das wahr ist, dann verfügt jeder von uns über das Potential, direkten und unmittelbaren Erfahrungszugang zu jedem Aspekt des Universums zu finden und unsere Aufnahmefähigkeit über die Reichweite unserer Sinne hinaus auszudehnen.

Es gibt in der Tat viele interessante Parallelen zwischen David Bohms Arbeit auf dem Gebiet der Physik und der von Karl Pribram im Bereich der Neurophysiologie. Dieser weltbekannte Neurowissenschaftler hat aus Jahrzehnten intensiver Forschungsarbeit und ungezählten Experimenten geschlossen, daß die verwirrenden und paradoxen Beobachtungen über die Gehirnfunktionen nur dadurch zu erklären sind, daß im Gehirn holographische Prinzipien walten. Pribrams revolutionäres Modell des Gehirns und Bohms Theorie des *holomovement* haben weitreichende Implikationen für unser Verständnis vom menschlichen Bewußtsein, das wir gerade eben erst auf die persönliche Ebene zu übersetzen beginnen.

Auf der Suche nach der versteckten Ordnung

Die Natur ist voller Genialität,
voll der Göttlichkeit,
so entkommt keine Schneeflocke
ihrer formenden Hand.
Henry David Thoreau,
Journal, January 5, 1856

Erkenntnisse über die Begrenzungen der Newtonschen Wissenschaft und das dringende Bedürfnis nach einer expansiveren Sichtweise der Welt gibt es heute in buchstäblich jeder Fachrichtung. So hat beispielsweise Gregory Bateson, einer der originellsten Theoretiker unserer Zeit, das traditionelle Denken herausgefordert, indem er demonstriert hat, daß alle Grenzen im Weltall illusorisch sind und daß die mentalen Funktionsweisen, die wir gewöhnlich ausschließlich Menschen zuschreiben, überall in der Natur vorkommen, auch bei Tieren, Pflanzen und selbst anorganischen Systemen. In seiner höchst kreativen Synthese von Kybernetik, Informations- und Systemtheorie, Anthropologie, Psychologie und anderen Bereichen hat er aufgezeigt, daß Geist und Natur eine untrennbare Einheit bilden.

Auch der britische Biologe Rupert Sheldrake, der sich dem Problem aus einer ganz anderen Ecke näherte, hat entscheidende Kritik an der traditionellen Wissenschaft geübt. Er belegte, daß die westliche Wissenschaft auf ihrer eingleisigen Suche nach »energetischer Verursachung« das Problem der Form in der Natur vernachlässigt hatte.

Die Erforschung der Substanz kann ebenso wenig erklären, warum es in der Natur Ordnung, Muster und Sinn gibt, wie allein das Baumaterial einer Kathedrale, eines Schlosses oder eines Mietshauses Aufschluß über die jeweiligen architektonischen Formen dieser Gebäude geben kann. Die Untersuchung dieser Materialien mag noch so ausführlich und anspruchsvoll sein, sie wird uns doch nicht die kreativen Kräfte erklären können, die den Entwürfen dieser Bauten zugrundeliegen. Sheldrake meint, Formen in der Natur seien von dem geleitet, was er »morphogenetische Felder« nennt, die die heutige Wissenschaft weder sehen noch vermessen kann. Das würde heißen, daß alle wissenschaftlichen Bestrebungen der Vergangenheit vollkommen eine Dimension vernachlässigt hätten, die für das Verständnis der Natur der Wirklichkeit entscheidend ist.[2]

Der gemeinsame Nenner dieser und anderer neuerer Theorien, die Alternativen zur Newtonschen Denkweise bieten, ist folgender: Sie sehen Bewußtsein und kreative Intelligenz nicht als Derivate von Materie – genauer gesagt von neurophysiologischen Aktivitäten im Gehirn –, sondern als wichtige primäre Attribute allen Seins. Die Bewußtseinsforschung, einst der arme Vetter der Naturwissenschaften, rückt immer weiter in den Mittelpunkt des Interesses.

Die Revolution im Bewußtsein und die neue wissenschaftliche Weltsicht

Unser normales Wachbewußtsein, das was wir das rationale Bewußtsein nennen, ist nur eine bestimmte Art von Bewußtsein, während überall um dieses herum, getrennt nur durch einen dünnen Schleier, potentielle Formen eines ganz anderen Bewußtseins liegen ... Keine Beschreibung des Universums in seiner Ganzheit kann endgültig sein, wenn sie diese anderen Formen von Bewußtsein gar nicht berücksichtigt.

William James, *Varieties of Religious Experiences*

Die moderne Tiefenpsychologie und die Bewußtseinsforschung verdanken ihren heutigen Stand besonders dem Schweizer Psychiater C. G. Jung. Dieser hat ein Leben lang in systematischer klinischer Arbeit nachgewiesen, daß das Freudsche Modell der menschlichen Psyche zu eng und begrenzt ist. Er legte überzeugende Beweise dafür vor, daß wir viel weiter schauen müssen als in die persönliche Biographie und das individuelle Unbewußte, wenn wir die wahre Natur der Psyche auch nur ansatzweise begreifen wollen.

Zu den bekanntesten Beiträgen Jungs gehört das Konzept des »kollektiven Unbewußten«, einer riesigen Ansammlung von Informationen über die Geschichte und Kultur der Menschheit, die uns allen in den Tiefen unserer Psyche zugänglich ist. Jung identifizierte zudem die grundlegenden dynamischen Strukturen oder organisierenden Urprinzipien, die sowohl im kollektiven Unbewußten wie im gesamten Universum agieren. Er nannte sie »Archetypen« und beschrieb ihre Wirkungsweise auf uns als Individuen und auf die menschliche Gesellschaft als Ganzes.

Von besonderem Interesse sind Jungs Studien zur Synchronizität, die wir später noch ausführlich erklären werden. Er entdeckte, daß individuelle psychische Ereignisse wie Träume und Visionen oft Muster sinnvoller Koinzidenz mit verschiedenen Aspekten der Konsens-Realität bilden, die sich nicht im Rahmen von Ursache und Wirkung erklären lassen. Dies legte nahe, daß es sich bei der Welt der Psyche und der materiellen Welt nicht um zwei getrennte Einheiten handelt, sondern daß sie eng miteinander verknüpft sind. Jungs Ergebnisse fordern damit nicht nur die Psychologie heraus, sondern auch die Newtonsche Sicht der Wirklichkeit und die westliche Wissenschaftsphilosophie. Sie zeigen, daß Bewußtsein und Materie in ständigem Austausch stehen und einander auf die Weise informieren und formen, die der Dichter William Butler Yeats wohl im Auge hatte, als er von den Ereignissen sprach, bei denen man »den Tänzer nicht vom Tanz unterscheiden kann«.

Ungefähr zu der Zeit, in der die wesentlichen Durchbrüche in der Physik kamen, eröffneten die Entdeckung des LSD und die dann folgende psychedelische Forschung neue revolutionäre Zugänge zum menschlichen Bewußtsein. In den fünfziger und sechziger Jahren explodierte das Interesse an den spirituellen Philosophien

und Praktiken des Ostens, an Schamanismus, Mystik, Erfahrungstherapien und anderen Möglichkeiten der tiefen Erforschung der Psyche. Die Untersuchungen über den Tod und das Sterben lieferten einige ungewöhnliche Ergebnisse über die Beziehung zwischen Bewußtsein und Gehirn. Außerdem gab es ein wiedererwachtes Interesse an Parapsychologie, besonders an der Erforschung außersinnlicher Wahrnehmungen. Neue Informationen über die menschliche Psyche brachten auch die Labore, die mit modernen Techniken zur Bewußtseinsveränderung, etwa sensorischer Deprivation oder Biofeedback, experimentierten.
Der gemeinsame Nenner all dieser Forschungen war ihr Fokus auf außergewöhnliche Bewußtseinszustände, auf ein Gebiet also, das bis dahin nicht nur von der traditionellen Wissenschaft, sondern von der gesamten westlichen Kultur vernachlässigt worden war. Unser bisheriger Schwerpunkt lag auf der Betonung von Rationalität und Logik. Dem nüchternen Alltagsdenken wurde großer Wert zugemessen. Alle anderen Bewußtseinszustände verwies man in das Reich der nutzlosen Pathologie.
In dieser Hinsicht befinden wir uns in einer in der Menschheitsgeschichte einzigartigen Position. In allen alten und vorindustriellen Kulturen genossen außergewöhnliche Bewußtseinszustände ein hohes Ansehen. Sie wurden als kraftvolle Möglichkeiten geachtet, um Verbindung mit heiligen Wirklichkeiten, der Natur und anderen Menschen aufzunehmen, und genutzt, um Krankheiten zu identifizieren und zu heilen. Veränderte Zustände galten zudem als wichtige Quellen künstlerischer Inspiration und als Zugang zu Intuition und außersinnlicher Wahrnehmung. Alle anderen Kulturen haben bemerkenswert viel Zeit und Energie darauf verwendet, verschiedene bewußtseinsverändernde Techniken zu entwickeln und sie regelmäßig im Rahmen von Ritualen einzusetzen.
Michael Harner, ein bekannter Anthropologe, der in Südamerika eine schamanische Initiation erhielt, hat darauf hingewiesen, daß das traditionelle westliche Verständnis der Psyche aus der Perspektive der vergleichenden Kulturwissenschaft erhebliche Mängel aufweist. Es ist *ethnozentrisch:* Westliche Wissenschaftler sehen ihren eigenen Zugang zur Realität und zu psychischen Phänomenen als

überlegen und »über alle Zweifel erhaben« an, während sie die Sichtweisen anderer Kulturen als unterlegen, naiv und primitiv betrachten. Ferner bezeichnet Harner den traditionellen akademischen Ansatz als *kognizentrisch*, das heißt, daß nur die Beobachtungen und Erfahrungen berücksichtigt werden, die von den fünf Sinnen in einem normalen Zustand von Bewußtsein vermittelt werden.[3]

Hauptanliegen dieses Buches ist es, die radikalen Veränderungen in unserem Verständnis von Bewußtsein, menschlicher Psyche und der Natur der Wirklichkeit zu erklären und zu erforschen, die notwendig werden, wenn wir den Zeugnissen veränderter Zustände Aufmerksamkeit schenken – so wie es alle Kulturen vor der unseren getan haben. In diesem Zusammenhang spielt es keine große Rolle, ob diese Zustände durch Meditation, eine erfahrungstherapeutische Sitzung, eine Episode einer spontanen psychospirituellen Krise, eine Nahtoderfahrung oder die Einnahme von psychedelischen Substanzen ausgelöst werden. Auch wenn sich diese Techniken und Erfahrungen in einigen spezifischen Charakteristika unterscheiden, repräsentieren sie doch alle verschiedene Zugänge zu den tiefen Territorien der menschlichen Psyche, zu Gegenden also, die die traditionelle Psychologie nicht vermessen hat. Dieser Tatsache wurde der Thanatologe Kenneth Ring dadurch gerecht, daß er für sie alle den gemeinsamen Begriff der *Omega-Erfahrungen* prägte.

Da wir hier daran interessiert sind, die allgemeinen Konsequenzen der modernen Bewußtseinsforschung für unser Verständnis von uns selbst und vom Universum zu erforschen, sind die in diesem Buch angeführten Beispiele einer Vielfalt von Situationen entnommen. Manche stammen aus den Sitzungen mit *Holotroper Atemarbeit*® oder psychedelischer Therapie, andere aus schamanischen Ritualen, hypnotischen Regressionen, Nahtodsituationen oder spontanen spirituellen Krisen. Ihnen allen gemeinsam ist, daß sie eine kritische Herausforderung an traditionelle Denkweisen bilden und nahelegen, die Wirklichkeit und unsere Existenz auf eine vollkommen neue Art und Weise zu betrachten.

Das Abenteuer beginnt: Die Tore jenseits der Alltagswirklichkeit aufstoßen

Es gibt viele verschiedene Wege zu unserem neuen Verständnis von Bewußtsein. Mein eigener begann in Prag, Ende der vierziger Jahre, kurz vor dem Abitur. Zu der Zeit hatte mir ein Freund Sigmund Freuds *Vorlesungen zur Einführung in die Psychoanalyse* geliehen. Ich war zutiefst von Freuds durchdringender Denkweise und seiner Fähigkeit, die obskure Sprache des Unbewußten zu entschlüsseln, beeindruckt. Wenige Tage nachdem ich das Buch ausgelesen hatte, beschloß ich, mich an der medizinischen Fakultät zu bewerben, da diese Ausbildung eine notwendige Vorbedingung dafür war, Psychoanalytiker zu werden.

Während meiner Ausbildung schloß ich mich einer kleinen psychoanalytischen Gruppe an, die von drei Mitgliedern der Internationalen Psychoanalytischen Gesellschaft geleitet wurde. Außerdem arbeitete ich in der psychiatrischen Abteilung der Karls-Universität und unterzog mich einer Lehranalyse bei dem früheren Vorsitzenden der Psychoanalytischen Gesellschaft der Tschechoslowakei.

Je mehr ich über die Psychoanalyse lernte, desto mehr verlor ich meine Illusionen. Alles, was ich von Freud und seinen Nachfolgern gelesen hatte, hatte scheinbar überzeugende Erklärungen des geistigen Lebens geliefert.

Aber diese Einsichten schienen sich nicht auf die klinische Arbeit übertragen zu lassen. Ich konnte nicht verstehen, wieso dieses brillante Konzept nicht zu ähnlich beeindruckenden klinischen Ergebnissen führte. Meine medizinische Ausbildung hatte mich gelehrt, daß ich ein Problem, das ich wirklich verstanden hatte, auch effektiv behandeln oder, im Falle unheilbarer Krankheiten, den Grund für meine therapeutischen Grenzen klar erkennen konnte. Aber nun sollte ich glauben, daß wir, obwohl wir ein vollkommenes Erklärungsmodell der Psychopathologie hatten, an der wir arbeiteten, dennoch relativ wenig bewirken konnten – selbst über einen extrem langen Zeitraum gesehen.

Ungefähr zu der Zeit, als ich mich mit diesem Dilemma herumschlug, kam in der Abteilung, in der ich arbeitete, ein Päckchen an.

Es stammte aus dem Labor der Sandoz-Pharmawerke in Basel und enthielt Proben einer experimentellen Substanz namens LSD-25, von der es hieß, sie habe bemerkenswerte psychoaktive Eigenschaften. Sandoz stellte die Substanz Forschern in aller Welt zur Verfügung, damit sie die Wirkungsweise und Anwendungsmöglichkeiten in der Psychiatrie überprüften. Ich wurde 1956 eine der frühen Versuchspersonen für diese Droge.

Meine erste LSD-Sitzung hat radikale Veränderungen in meinem beruflichen und in meinem privaten Leben hervorgerufen. Ich erlebte eine außergewöhnliche Begegnung mit meinem Unbewußten, und diese Erfahrung überschattete sofort mein ganzes früheres Interesse an der Freudschen Psychoanalyse. Mir wurde eine phantastische Darbietung von farbenprächtigen Visionen zuteil, einige abstrakt und geometrisch, andere voll symbolischer Bedeutung. Zudem spürte ich eine ganze Palette von Emotionen in einer geradezu unvorstellbaren Intensität.

Zu meiner ersten Erfahrung mit LSD-25 gehörte, daß ich mich einem besonderen Test bei einem Kollegen unterzog, der die Auswirkung von aufblitzenden Lichtern auf das Gehirn untersuchte. Bevor ich das Mittel einnahm, willigte ich ein, meine Gehirnwellen von einem EEG-Gerät aufzeichnen zu lassen, während in verschiedenen Frequenzen aufblitzende Lichter auf mich gerichtet wurden. Während dieser Phase des Experiments traf mich ein Strahlen, das dem Licht im Epizentrum einer Atomexplosion oder vielleicht dem übernatürlichen Leuchten vergleichbar schien, das uns gemäß orientalischer Schriften im Moment des Todes erscheint. Dieser Blitzschlag katapultierte mich aus meinem Körper hinaus. Die Forschungsassistentin, das Labor und mein Leben als Student in Prag waren nicht mehr vorhanden. Mein Bewußtsein explodierte förmlich und erreichte kosmische Dimensionen.

Ich wurde mitten in ein kosmisches Drama hineingeschleudert, das weit über meine wildesten Vorstellungen hinausging. Ich erlebte den Urknall und raste durch schwarze und weiße Löcher im Universum. Mein Bewußtsein wurde zu so etwas wie explodierenden Supernovas, Pulsaren, Quasaren und anderen kosmischen Ereignissen.

Ich hatte nicht die geringsten Zweifel daran, daß das, was ich da erlebte, den Erfahrungen von »kosmischem Bewußtsein« sehr nahe kam, von denen ich in den großen mystischen Schriften der Weltliteratur gelesen hatte. In psychiatrischen Fachbüchern wurden solche Zustände als Manifestationen schwerer Pathologie bezeichnet. Aber noch während ich diese Erfahrung durchlebte, wußte ich, daß es sich dabei nicht um eine durch die Droge ausgelöste Psychose handelte, sondern um einen Blick in eine Welt jenseits der gewöhnlichen Realität.

Selbst in den dramatischsten und überzeugendsten Tiefen der Erfahrung konnte ich die Ironie und das Paradoxe dieser Situation sehen. Das Göttliche manifestierte sich und bemächtigte sich meines Lebens in einem modernen Labor inmitten eines ernsthaften wissenschaftlichen Experiments, das in einem kommunistischen Land mit einer Substanz durchgeführt wurde, die im Reagenzglas eines Chemikers des zwanzigsten Jahrhunderts entstanden war.

Nach dieser Erfahrung war ich im tiefsten Innern bewegt. Damals glaubte ich noch nicht, wie ich es heute tue, daß das Potential für eine mystische Erfahrung das angeborene Recht eines jeden Menschen ist. Ich schrieb alles, was ich erfahren hatte, der Wirkung der Droge zu. Aber ich hegte keinerlei Zweifel, daß es sich bei dieser Substanz um den »Königsweg zum Unbewußten« handelte. Ich war davon überzeugt, daß diese Droge die Lücke zwischen der theoretischen Brillanz der Psychoanalyse und ihrer mangelnden Wirksamkeit als therapeutisches Werkzeug schließen könnte. Es sah so aus, als ob durch LSD unterstützte Analyse den therapeutischen Prozeß vertiefen, intensivieren und beschleunigen könnte.

Als ich eine Stelle am Institut für Psychiatrische Forschung bekam, konnte ich in den folgenden Jahren die Wirkung von LSD bei Patienten mit verschiedenen psychischen Störungen sowie bei Fachleuten auf dem Gebiet der geistigen Gesundheit, Künstlern, Wissenschaftlern und Philosophen beobachten, die ernsthaftes Interesse an einer solchen Erfahrung gezeigt hatten. Diese Untersuchungen führten zu einem tieferen Verständnis der menschlichen Psyche, zu Kreativitätssteigerung und zu der Fähigkeit, Probleme besser zu lösen.

In der ersten Zeit wurde meine Sicht der Welt fast täglich durch die Konfrontation mit Erfahrungen erschüttert, für die es im Rahmen meines alten Glaubenssystems keine Erklärungen gab. Der unnachgiebige Zustrom von unumstößlichen Beweisen veränderte mein Verständnis von der Welt: aus einer im Wesentlichen atheistischen wurde eine mystische Einstellung. Was sich zuerst in meiner Erfahrung des kosmischen Bewußtseins angedeutet hatte, war durch sorgfältige tägliche Analyse der Forschungsdaten zu voller Blüte gelangt.

Bei den durch LSD unterstützten Therapie-Sitzungen stießen wir auf ein merkwürdiges Muster. Bei niedrigen und mittleren Dosierungen beschränkten sich die Erfahrungen der Versuchspersonen auf das Wiedererleben von Szenen aus der Säuglings- und Kinderzeit. Wenn wir die Dosierungen jedoch erhöhten oder die Sitzungen wiederholten, stieß jeder Klient früher oder später weit über die Grenzen der von Freud beschriebenen Reiche hinaus. Viele der Erfahrungsberichte ähnelten ganz deutlich jenen, die sich in den alten spirituellen Schriften der östlichen Traditionen finden. Das interessierte mich deshalb ganz besonders, weil die meisten dieser Menschen die spirituellen Philosophien des Ostens nicht kannten, und ich gewiß nicht erwartet hatte, daß so außergewöhnliche Erfahrungsbereiche auf diese Weise zugänglich werden könnten.

Meine Klienten erlebten psychischen Tod und Wiedergeburt, Gefühle von Einssein mit der gesamten Menschheit, der Natur und dem Kosmos. Sie berichteten über Visionen von Gottheiten und Dämonen aus fremden Kulturen oder von Besuchen in mythologischen Reichen. Einige erlebten Sequenzen aus »früheren Leben«, deren historische Richtigkeit sich später belegen ließ. In ihren tiefsten Sitzungen begegneten sie Menschen, Orten und Dingen, die sie nie zuvor mit ihren physischen Sinnen wahrgenommen hatten. Das heißt, sie hatten nichts darüber gelesen, keine Bilder davon gesehen und niemanden über diese Dinge reden hören – aber nun erlebten sie sie so, als ob sie in der Gegenwart stattfänden.

Diese Untersuchungen erwiesen sich als Quelle endloser Überraschungen. Da ich auch vergleichende Religionswissenschaften studiert hatte, besaß ich zu einigen der von den Klienten berichteten

Erfahrungen einen intellektuellen Zugang. Aber ich hatte bis dahin keine Ahnung davon, daß die alten spirituellen Systeme wirklich mit erstaunlicher Genauigkeit verschiedene Ebenen und Arten von Erfahrungen aufgezeichnet hatten, die in veränderten Bewußtseinszuständen auftreten. Ihre emotionale Kraft, ihre Authentizität und ihr Potential, die Sichtweise der Betroffenen zu verändern, waren verblüffend. Ehrlich gesagt gab es Zeiten, in denen ich tiefes Unbehagen und Angst verspürte, wenn ich mit Tatsachen konfrontiert wurde, für die ich keine rationale Erklärung hatte und die mein Glaubenssystem und meine wissenschaftliche Weltsicht unterminierten.

Als mir die Erfahrungen dann vertrauter wurden, wurde mir auch klar, daß es sich um natürliche und normale Manifestationen der tieferen Bereiche der menschlichen Psyche handelte. Als der Prozeß sich über das biographische Material aus der Säuglings- und Kinderzeit hinausbewegte und die Erfahrungen begannen, die größeren Tiefen der Psyche mit all ihren mystischen Zwischentönen zu enthüllen, übertrafen die therapeutischen Ergebnisse alles mir bis dahin Bekannte. Symptome, die monate- oder sogar jahrelang anderen Behandlungsmethoden widerstanden hatten, verschwanden oft, nachdem die Patienten Erfahrungen wie den psychischen Tod und die Wiedergeburt, Gefühle von kosmischer Einheit, archetypische Visionen und Sequenzen dessen erlebt hatten, was sie selbst Erinnerungen an frühere Leben nannten.

Die Speerspitze der Entwicklung

Über drei Jahrzehnte systematischer Studien des menschlichen Bewußtseins haben mich zu Schlußfolgerungen gelangen lassen, die vielen traditionell orientierten Psychiatern und Psychologen wenig plausibel oder sogar unsinnig erscheinen mögen. Ich bin jetzt der festen Überzeugung, daß das Bewußtsein mehr als ein zufälliges Nebenprodukt der neurophysiologischen und biochemischen Prozesse ist, die im Gehirn ablaufen. Ich sehe das Bewußtsein und die menschliche Psyche als Ausdruck und Reflexion einer kosmischen Intelligenz, die das ganze Universum und die gesamte Existenz durchdringt. Wir sind nicht nur hoch entwickelte Tiere, deren Schädel biologische Computer bergen; wir sind auch Bewußtseinsfelder, die keine Grenzen haben und Raum, Zeit, Materie und lineare Kausalität transzendieren.

Ich habe buchstäblich Tausende von Menschen veränderte Bewußtseinszustände erleben sehen und bin nun davon überzeugt, daß uns unser individuelles Bewußtsein nicht nur direkt mit unserer unmittelbaren Umgebung und verschiedenen Perioden unserer eigenen Vergangenheit verbindet, sondern auch mit Ereignissen, die weit jenseits dessen liegen, was unsere physischen Sinne uns vermitteln können, und die sich bis in andere geschichtliche Zeiträume, in die Natur und in den Kosmos hinein erstrecken. Ich kann die Beweise für unsere Fähigkeit, die Emotionen und körperlichen Empfindungen auf unserem Weg durch den Geburtskanal und Episoden aus unserer Zeit als Fötus im Mutterleib wiederzuerleben, nicht mehr verleugnen. In veränderten Bewußtseinszuständen kann unsere Psyche detaillierte und lebhafte Reproduktionen solcher Situationen herstellen.

Gelegentlich können wir weit in die Vergangenheit zurückschreiten und Sequenzen aus dem Leben unserer Ahnen aus Mensch- und Tierreich sowie Ereignisse bezeugen, die Leute aus anderen historischen Perioden und Kulturen betrafen, zu denen wir überhaupt keine genetische Verbindung haben. Unser Bewußtsein ermöglicht es uns, Raum und Zeit zu transzendieren, Grenzen zu überschreiten, die uns von verschiedenen Tierarten trennen, Prozesse im Reich der Botanik und in der anorganischen Welt mitzuerleben und sogar mythologische und andere Wirklichkeiten zu erforschen, von denen wir nicht einmal wußten, daß sie überhaupt existieren. Wir entdecken vielleicht, daß diese Art von Erfahrungen tiefgreifenden Einfluß auf unsere Lebensphilosophie und unsere Sicht der Welt mit sich bringen. Wir werden es vermutlich immer schwieriger finden, dem Glaubenssystem zu folgen, das die industriellen Kulturen und die philosophischen Annahmen der traditionellen westlichen Wissenschaft dominiert.

Als ich mit meinen Forschungen begann, war ich ein überzeugter Materialist und Atheist. Aber ich mußte mich der Tatsache öffnen, daß die spirituelle Dimension in der menschlichen Psyche und im universellen Plan eine Schlüsselrolle einnimmt. Uns dieser Dimension unseres Lebens bewußt zu werden und sie zu kultivieren, ist meiner Meinung nach ein wesentlicher und wünschenswerter Teil unserer Existenz; es könnte sich sogar um einen entscheidenden Faktor für unser Überleben auf diesem Planeten handeln.

Die Erforschung veränderter Bewußtseinszustände hat mir zu der wichtigen Erkenntnis verholfen, daß viele Zustände, die von der allgemeinen Psychiatrie als bizarr und pathologisch bezeichnet werden, in Wirklichkeit natürliche Manifestationen der tiefen Dynamik der menschlichen Psyche sind. In vielen Fällen kann das Auftauchen dieser Elemente in das Bewußtsein ein Versuch des Organismus sein, sich von den Fesseln verschiedener traumatischer Prägungen und Begrenzungen zu lösen, sich zu heilen und zu harmonischeren Funktionsweisen zu gelangen.

Vor allem hat mich die Bewußtseinsforschung der letzten drei Jahrzehnte davon überzeugt, daß unsere gegenwärtigen Modelle der menschlichen Psyche keine Erklärung für viele der neuen Tatsachen und Beobachtungen in der Wissenschaft bieten. Sie stellen begriffliche Zwangsjacken dar und machen viele unserer theoretischen und praktischen Bemühungen ineffektiv und in vielen Fällen sogar kontraproduktiv. Die Offenheit für neue Ergebnisse, die traditionelle Dogmen und Glaubenssätze in Frage stellen, ist schon immer ein wesentliches Merkmal der besten Wissenschaft und eine treibende Kraft für Fortschritt gewesen. Der wahre Wissenschaftler verwechselt nicht Theorie und Wirklichkeit, und er versucht der Natur nicht vorzuschreiben, wie sie sein sollte. Es liegt nicht an uns zu entscheiden, was die menschliche Psyche kann und was nicht, nur damit dies in unsere vorgefaßten Kategorien paßt. Wenn wir je entdecken wollen, wie wir am besten mit der Psyche kooperieren können, müssen wir ihr erlauben, uns ihre wahre Natur zu enthüllen.

Für mich ist es klar, daß wir eine neue Psychologie brauchen, eine, die mehr mit den Ergebnissen der modernen Bewußtseinsforschung übereinstimmt und die zu dem Bild des Kosmos, so wie es sich durch die neuesten Entdeckungen der Physik darstellt, paßt. Um die neuen Grenzgebiete des Bewußtseins zu untersuchen, muß man über die traditionellen verbalen Methoden zur Erhebung relevanter psychologischer Daten hinausgehen. Viele Erfahrungen, die, wie mystische Zustände, den ferneren Reichen der Psyche entstammen, entziehen sich verbaler Beschreibungsmöglichkeiten; in den spirituellen Traditionen galten sie schon immer als »unaussprechlich«. Es leuchtet demnach ein, daß man Ansätze verwenden muß, die Menschen Zugang zu tieferen Ebene ihrer Psyche gewähren, ohne daß sie sich dabei auf Sprache verlassen müßten. Einer der Gründe für diese Strategie ist der, daß vieles von dem, was wir in den tieferen Nischen unseres Geistes erfahren, in einer Zeit geschieht, in der wir unsere verbalen Fertigkeiten noch gar nicht entwickelt haben: im Mutterleib, bei der Geburt, in der ganz frühen Kindheit. Andere sind von Haus aus nonverbal. All das weist auf die Notwendigkeit hin, vollkommen neue Untersuchungsprojekte, Forschungsinstrumente und Methodologien zu entwickeln, um die tiefste Natur der menschlichen Psyche und der Wirklichkeit zu ergründen.

Die Informationen in diesem Buch entstammen vielen Tausenden von außergewöhnlichen Erfahrungen unterschiedlichster Art. Die meisten sind aus holotropen und psychedelischen Sitzungen, die ich in den Vereinigten Staaten, in der Tschechoslowakei und bei meinen Reisen geleitet und miterlebt habe; andere kommen aus Sitzungen von Kollegen, die mir ihre Beobachtungen mitteilten. Zusätzlich habe ich mit Menschen in psychospirituellen Krisen gearbeitet und persönlich im Laufe der Jahre eine Reihe von veränderten Bewußtseinszuständen durch Erfahrungstherapie, psychedelische Sitzungen, schamanische Rituale und Meditation erlebt. In den einmonatigen Seminaren, die meine Frau Christina und ich am Esalen-Institut im kalifornischen Big Sur durchführten, hatten wir einen bemerkenswert reichen Austausch mit Anthropologen, Parapsychologen, Thanatologen, medial Veranlagten, Schamanen und spirituellen Lehrern. Viele von ihnen gehören heute zu unseren engen Freunden. Sie haben mir enorm geholfen, meine eigenen

Ergebnisse in einem breiten interdisziplinären und kulturenübergreifenden Zusammenhang zu sehen.
Der Erfahrungsansatz, den ich heute verwende, um veränderte Bewußtseinszustände herbeizuführen und Zugang zur unbewußten und überbewußten Psyche zu erlangen, ist die *Holotrope Atemarbeit®*, die Christina und ich gemeinsam in den letzten fünfzehn Jahren entwickelt haben. Dieser scheinbar einfache Prozeß, der Atemtechnik, evokative Musik und andere Formen von Tönen, Körperarbeit und künstlerischem Ausdruck kombiniert, hat ein ungewöhnliches Potential, den Weg zur Erforschung des gesamten Spektrums der inneren Welt zu öffnen. Wir leiten derzeit ein Ausbildungsprogramm und haben mehreren hundert Menschen in vielen verschiedenen Teilen der Welt eine entsprechende Genehmigung für Workshops erteilt. Leserinnen und Leser, die sich ernsthaft für die in diesem Buch beschriebenen Zugänge interessieren, sollten daher keine Schwierigkeiten haben, Gelegenheit zu finden, diese Erfahrungen in einem sicheren Rahmen unter Anleitung eines Experten machen zu können.
Mein Material ist mehr als 20 000 Sitzungen mit *Holotroper Atemarbeit®* mit Menschen aus verschiedenen Ländern und aus allen Lebensbereichen sowie 4000 psychedelischen Sitzungen aus früheren Forschungsjahren entnommen. Die systematische Untersuchung veränderter Zustände hat mir ohne jeden Zweifel gezeigt, daß das traditionelle, auf die postnatale Biographie und das Freudsche individuelle Unbewußte begrenzte Verständnis der menschlichen Persönlichkeit geradezu schmerzhaft eng und oberflächlich ist. Um all die ungewöhnlichen neuen Beobachtungen einordnen zu können, mußte ein radikal erweitertes Modell der menschlichen Psyche und eine neue Art des Denkens in bezug auf geistige Gesundheit und Krankheit geschaffen werden.
Ich werde in den folgenden Kapiteln eine Topographie der menschlichen Psyche beschreiben, die aus meiner Erforschung geänderter Bewußtseinszustände entstanden ist. Ich habe festgestellt, daß sie mir bei meiner täglichen psychotherapeutischen Arbeit sehr dienlich ist. In dieser Topographie zeichne ich Pfade durch verschiedene Arten und Ebenen von Erfahrungen auf, die in bestimmten außer-

gewöhnlichen Bewußtseinszuständen zugänglich geworden sind und die normale Ausdrücke der Psyche zu sein scheinen. Neben der traditionellen biographischen Ebene, die Material aus der Säuglings- und Kinderzeit und den nachfolgenden Jahren enthält, schließt diese Karte der inneren Räume zwei wichtige zusätzliche Bereiche ein: 1. die perinatale Ebene der Psyche, die, wie der Name sagt, mit den Erfahrungen zusammenhängt, die wir beim Trauma der biologischen Geburt hatten, und 2. die transpersonale Ebene, die weit über die normalen Grenzen unseres Körpers und Ichs hinausreicht. Diese Ebene stellt eine direkte Verbindung zwischen unserer individuellen Psyche, dem Jungschen kollektiven Unbewußten und dem Universum als Ganzem dar.

Als ich mir während meiner frühen Forschungen erstmals dieser Gebiete bewußt wurde, dachte ich, ich würde eine neue Landkarte der Psyche schaffen, die durch die Entdeckung eines revolutionären Werkzeugs – des LSD – ermöglicht wurde. Als die Arbeit voranschritt, wurde mir klar, daß die entstehende Karte überhaupt nicht neu war. Ich merkte, daß ich uraltes Wissen über das menschliche Bewußtsein, das es seit Jahrhunderten oder sogar Jahrtausenden gab, *wiederentdeckte*. Ich begann, wichtige Parallelen zum Schamanismus, zu den großen spirituellen Philosophien des Ostens wie den unterschiedlichen Arten des Yoga und verschiedenen Schulen des Buddhismus und Taoismus, zu den mystischen Zweigen des Judentums, des Christentums und des Islams und vielen anderen esoterischen Traditionen aus allen Zeiten zu sehen.

Diese Parallelen zwischen meiner Forschung und den überlieferten Traditionen boten eine überzeugende moderne Bestätigung der zeitlosen Weisheit, die der Philosoph und Schriftsteller Aldous Huxley »philosophia perennis« genannt hat. Ich sah, daß die westliche Wissenschaft, die in ihrer jugendlichen Hybris all das, was die Alten zu bieten hatten, verwarf und belächelte, in Anbetracht dieser neuen Entdeckungen nun ihre vorschnellen Urteile revidieren muß. Ich hoffe, daß die in diesem Buch beschriebene alt/neue Landkarte ein nützlicher Führer für diejenigen sein wird, die beschließen, sich in die weiteren Bereiche der menschlichen Psyche vorzuwagen und die Grenzbereiche des Bewußtseins zu erkunden. Obwohl jede innere Reise einzigartig ist und sich im Detail von allen anderen unterscheidet, weisen doch auch alle bedeutsame Ähnlichkeiten und bestimmte generelle Kennzeichen auf. Wenn wir in Gebiete eindringen, die für uns neu und potentiell erschreckend sind, kann es nützlich und beruhigend sein zu wissen, daß viele andere Menschen vor uns sie sicher bereist haben.

Die Geheimnisse der Säuglingszeit und der Kindheit entschleiern

Der Bereich der Psyche, der innerhalb der Erfahrungstherapie meist als erster auftaucht, ist die Ebene der biographischen Erinnerungen, auf der wir Elemente aus der Säuglingszeit und der Kindheit finden. Die moderne Tiefenpsychologie geht allgemein davon aus, daß unser gegenwärtiges emotionales Leben in großem Umfang durch Ereignisse in den »prägenden« Jahren, das heißt, in den Jahren, in denen wir noch nicht gelernt hatten, unsere Gedanken und Gefühle zu artikulieren, geformt ist. Die Qualität der mütterlichen Zuwendung, die Familiendynamik, die traumatischen und die stärkenden Erfahrungen, die wir in der Zeit gemacht haben, spielen beim Aufbau unserer Persönlichkeit eine wichtige Rolle.

Der biographische Bereich ist im allgemeinen der am leichtesten zugängliche Teil der Psyche und gewiß derjenige, der uns am vertrautesten ist. Aber nicht alle wichtigen Ereignisse aus unserer ersten Lebenszeit lassen sich durch alltägliche Methoden des Erinnerns erreichen. Es ist vermutlich nicht schwierig, die glücklichen Zeiten herbeizurufen, aber die Traumen, in denen unsere Ängste und Selbstzweifel wurzeln, haben die Eigenschaft, uns auszuweichen. Sie sinken tief in die Region unserer Psyche ab, die inzwischen als das »individuelle Unbewußte« bekannt ist, und sind uns durch einen Prozeß verborgen, den Sigmund Freud »Verdrängung« nannte. Freuds Pionierarbeit enthüllte, daß es möglich ist, Zugang zum Unbewußten zu erlangen und uns durch die systematische Analyse von Träumen, Phantasien, neurotischen Symptomen, Fehlleistungen, täglichem Verhalten und anderen Aspekten unseres Lebens von unterdrücktem emotionalen Material zu befreien.

Freud und seine Anhänger erforschten das Unbewußte durch »freie Assoziation«. Das ist eine Technik, die die meisten Menschen kennen. Wir werden aufgefordert auszusprechen, was immer uns in den Sinn kommt, und Worte, mentale Bilder und Erinnerungen frei fließen zu lassen, ohne sie irgendeiner Zensur zu unterziehen. Diese Technik erwies sich, wie auch verschiedene andere rein verbale Ansätze, als relativ schwaches Forschungsinstrument. Dann brachte in der Mitte dieses Jahrhunderts eine neue Disziplin mit dem Namen »humanistische Psychologie« eine Vielfalt von Therapien hervor, bei denen »Körperarbeit« eingesetzt und der volle Ausdruck von Gefühlen im sicheren therapeutischen Rahmen ermutigt wurde. Diese erfahrungsorientierten Ansätze machten die Erforschung des biographischen Materials erheblich effektiver. Wie die früheren verbalen Techniken kamen allerdings auch diese neuen Ansätze nur in normalen Bewußtseinszuständen zum Einsatz.

Der therapeutische Einsatz veränderter Zustände, den wir in diesem Buch beschreiben, wirft neues Licht auf das biographische Material. Die Arbeit mit veränderten Zuständen bestätigt zwar vieles von dem, was durch die traditionelle Therapie bereits bekannt ist, reißt dann aber die Tore zu ungeahnten neuen Möglichkeiten auf und liefert uns recht revolutionäre Informationen über die Natur unseres Lebens. Bei der Psychoanalyse oder verwandten Ansätzen kann es Monate oder Jahre dauern, bis man an Kernerinnerungen herankommt, die seit der frühen Kindheit unterdrückt worden sind. Bei der Arbeit mit geänderten Bewußtseinszuständen, wie sie bei der *Holotropen Atemarbeit®* auftreten, beginnt oft schon in den ersten Sitzungen bedeutsames biographisches Material ans Licht zu kommen. Die Teilnehmer erlangen nicht nur Zugang zu Erinnerungen an ihre Kindheits- und Säuglingserfahrungen, sondern sie nehmen oft lebhafte Verbindung zu ihrer Geburt und ihrem Leben im Mutterleib auf und beginnen sich in einen noch darüber hinausreichenden Erfahrungsbereich vorzuwagen.

Diese Arbeit verfügt über einen weiteren Vorteil. Statt uns einfach an frühe Ereignisse in unserem Leben zu erinnern oder sie aus kleinen Traum- und Gedächtnisfetzen zu rekonstruieren, können wir in veränderten Zuständen das buchstäblich wiedererleben, was uns in frühen Jahren widerfahren ist. Wir können zwei Monate alt sein oder noch jünger. Wir können noch einmal all die sinnlichen, emotionalen und körperlichen Gegebenheiten dieser Zeit erfahren. Wir erleben unseren Körper als Säugling, und unsere Wahrnehmungen der Umstände sind primitiv, naiv und kindhaft. All das sehen wir mit ungewöhnlicher Klarheit und Lebendigkeit. Es gibt guten Grund zu der Annahme, daß diese Erfahrungen bis auf die zellulare Ebene zurückreichen.

Es ist erstaunlich zu erleben, in welche Tiefe Menschen bei den Erfahrungssitzungen mit der *Holotropen Atemarbeit*® gehen können, wenn sie ihre frühesten Erfahrungen wiedererleben. Dabei verändern sich häufig ihr Erscheinungsbild und Gehabe so, daß sie dem Lebensalter entsprechen, dem die Erinnerungen entstammen. Leute, die in die Zeit als Säugling regredieren, nehmen üblicherweise den Gesichtsausdruck, die Körperhaltungen, die Gesten und das Verhalten von kleinen Kindern an. In der frühen Säuglingszeit schließt das Speichelfluß und automatische Saugbewegungen ein. Noch bemerkenswerter ist, daß sie meist auch altersgemäße neurologische Reflexe aufweisen. Viele reagieren auf ein leichtes Berühren der Lippen mit einem Saugreflex und zeigen andere sogenannte axiale Reflexe, die die normalen neurologischen Reaktionen von Säuglingen kennzeichnen.

Eines der dramatischsten Ergebnisse war ein positiver Babinski-Reflex, der bei Leuten auftrat, die in frühe Kindheitszustände regrediert waren. Um diesen Reflex hervorzurufen, der Teil der neurologischen Untersuchung bei Kindern ist, wird die Fußsohle mit einem scharfen Gegenstand berührt. Bei Säuglingen spreizen sich die Zehen auf diesen Stimulus hin; bei älteren Kindern krümmen sie sich zusammen. Dieselben Erwachsenen, die auf diesen Test im Zustand der Regression in die Säuglingszeit die Spreizreaktion zeigten, reagierten normal, wenn sie Episoden aus der späteren Kindheit erlebten. Und wie erwartet wiesen sie normale Babinski-Reaktionen auf, wenn sie in normale Bewußtseinszustände zurückkehrten.

Es gibt noch einen wichtigen Unterschied zwischen der Erforschung der Psyche in veränderten und in gewöhnlichen Zuständen. In veränderten Zuständen erfolgt eine automatische Selektion des relevantesten und emotional aufgeladensten Materials aus dem Unbewußten. Es ist so, als ob ein »inneres Radarsystem« die Psyche und den Körper nach den wichtigsten Fragen absucht und sie dem bewußten Geist zur Verfügung stellt. Das ist sowohl für den Therapeuten als auch für den Klienten von unschätzbarem Wert, da es uns die Arbeit erspart, entscheiden zu müssen, welche der aus dem Unbewußten aufsteigenden Fragen wichtig sind und welche nicht. Solche Entscheidungen sind meist verzerrt, da sie von unseren persönlichen Glaubenssystemen und unserer Ausbildung in einer der vielen einander oft widersprechenden Therapierichtungen beeinflußt sind.

Diese Radarfunktion, die in veränderten Bewußtseinszuständen auftritt, hat Aspekte des biographischen Reiches enthüllt, die uns bei unserer bisherigen Erforschung des menschlichen Bewußtseins verborgen geblieben waren. Eine der Entdeckungen hat mit den Auswirkungen von frühen körperlichen Traumen auf unsere emotionale Entwicklung zu tun. Wir haben festgestellt, daß das Radarsystem nicht nur Erinnerungen an emotionale Traumen zutage fördert, sondern auch Erinnerungen an Ereignisse, bei denen das Überleben oder die Unversehrtheit des physischen Körpers bedroht waren. Das Freisetzen von Emotionen und Spannungsmustern, die als Ergebnis dieser frühen Traumen immer noch im Körper gespeichert waren, erwies sich als einer der direktesten und wertvollsten Vorteile dieser Arbeit. Probleme, die mit der Atmung zusammenhingen – Diphterie, Keuchhusten, Lungenentzündung oder Beinahe-Ertrinken –, spielten dabei eine besonders entscheidende Rolle.

Die traditionelle Psychiatrie geht davon aus, daß solche körperlichen Traumen potentiell zu organischen Hirnschädigungen beitragen können, übersieht aber die starken Auswirkungen auf der emotionalen Ebene. Menschen, die Erinnerungen an ernsthafte physische Traumen wiedererleben, erkennen, welch tiefe Narben diese Ereignisse auf ihrer Psyche hinterlassen haben. Sie sehen sogar den Beitrag dieser Traumen zu gegenwärtigen Belastungen durch psychosomatische und emotionelle Störungen wie Asthma, Migräne, Depression, Phobien oder sogar sadomasochistischen Tendenzen. Diese frühen Traumen wiederzuerleben und sie wiederholt durchzuarbeiten hat seinerseits einen therapeutischen Effekt. Es bringt entweder vorübergehende oder anhaltende Befreiung von den Symptomen und ein Gefühl von Wohlbefinden, das so durchdringend ist, wie es dieser Mensch nie für möglich gehalten hätte.

COEX-Systeme – Schlüssel zu unserem Schicksal

Eine weitere wichtige Entdeckung war die, daß Erinnerungen an emotionale und physische Erfahrungen in der Psyche nicht als isolierte Stückchen und Teilchen gespeichert werden, sondern in Form komplexer Konstellationen, die ich *COEX-Systeme* (»systems of condensed experience«, Systeme verdichteter Erfahrung) nenne. Jedes COEX-System besteht aus emotional aufgeladenen Erinnerungen aus unterschiedlichen Zeiten unseres Lebens; der gemeinsame Nenner, der sie zusammenbringt, ist eine in allen gleiche emotionale Qualität oder physische Empfindung. Jedes COEX kann viele Schichten haben, die jeweils von ihrem zentralen Thema, von bestimmten Empfindungen und emotionalen Qualitäten durchdrungen sind. Oft lassen sich individuelle Schichten entsprechend der verschiedenen Zeiten im Leben eines Menschen identifizieren.

Jedes COEX wird von einem bestimmten Thema charakterisiert. Eine einzelne COEX-Konstellation kann beispielsweise alle wesentlichen Erinnerungen an Ereignisse enthalten, die beschämend, entwürdigend oder herabsetzend waren. Der gemeinsame Nenner eines anderen COEX könnte der Schrecken von Erfahrungen sein, bei denen Klaustrophobie, Ersticken und Gefühle von beengenden oder erdrückenden Bedingungen auftraten. Ablehnung und emotionale Deprivation, die zu Mißtrauen gegenüber anderen Menschen führen, bilden ein weiteres recht typisches COEX-Motiv. Von besonderer Bedeutung sind Systeme, bei denen es um lebensbedro-

hende Erfahrungen oder Erinnerungen daran geht, daß unser physisches Wohlbefinden deutlich behindert war.
Man könnte leicht zu dem Schluß kommen, daß COEX-Systeme immer schmerzhaftes Material enthalten, aber sie können ebenso gut aus Konstellationen von positiven Erfahrungen bestehen – aus unglaublichem Frieden, Glückseligkeit oder Ekstase, die auch dazu beigetragen haben, unsere Psyche zu formen.
In den frühesten Stadien meiner Forschungen glaubte ich, COEX-Systeme würden hauptsächlich den Aspekt der Psyche regieren, der als das individuelle Unbewußte bezeichnet wird. Zu der Zeit arbeitete ich noch unter einer Prämisse, die ich in meiner psychiatrischen Ausbildung gelernt hatte: Die Psyche sei ausschließlich ein Produkt unserer Erfahrungen, das heißt des biographischen Materials, das wir gespeichert hätten. Als meine Erfahrungen mit veränderten Bewußtseinszuständen wuchsen und reicher und intensiver wurden, erkannte ich, daß die Wurzeln der COEX-Systeme viel tiefer reichten, als ich mir das hätte vorstellen können.
Jede COEX-Konstellation scheint einem ganz bestimmten Aspekt der Geburtserfahrung zugeordnet und in ihm verankert zu sein. Wie wir in den nächsten Kapiteln erklären werden, enthalten die Erfahrungen der Geburt, die voll reicher und komplexer physischer Empfindungen und Emotionen sind, die elementaren Themen für jedes nur erdenkliche COEX-System. Zusätzlich zu diesen perinatalen Komponenten können typische COEX-Systeme noch tiefere Wurzeln haben. Diese können weit in das pränatale Leben und in das Reich der transpersonalen Phänomene wie Erinnerungen an frühere Inkarnationen, die Archetypen des »kollektiven Unbewußten« und die Identifikation mit anderen Lebensformen und universalen Lebensprozessen hineinreichen. Meine Forschungsarbeit mit COEX-Systemen hat mich davon überzeugt, daß sie nicht nur dazu dienen, das individuelle Unbewußte zu organisieren, wie ich ursprünglich dachte, sondern die gesamte Psyche des Menschen strukturieren.
COEX-Systeme beeinflussen jedes Gebiet unseres emotionalen Lebens. Sie können darüber bestimmen, wie wir uns selbst, andere Menschen und die Welt um uns herum wahrnehmen. Sie bilden die

dynamischen Kräfte hinter unseren emotionalen und psychosomatischen Symptomen. Sie bereiten die Bühne für die Schwierigkeiten, die wir in der Beziehung zu uns selbst und anderen Menschen haben. Zwischen den COEX-Systemen in unserer inneren Welt und den Ereignissen in der äußeren Welt herrscht ein dauerndes Wechselspiel. Äußere Ereignisse können entsprechende COEX-Systeme in unserem Inneren aktivieren. Umgekehrt tragen COEX-Systeme dazu bei, unsere Wahrnehmungen von der Welt zu formen. Durch diese Wahrnehmungen handeln wir in einer Weise, die in der äußeren Welt Situationen entstehen läßt, die wie ein Echo auf Muster in unseren COEX-Systemen sind. Anders ausgedrückt: Unsere inneren Wahrnehmungen können wie komplexe Skripten funktionieren, durch die wir Kernthemen unserer eigenen COEX-Systeme in der äußeren Welt wiedererschaffen.

Die Funktion der COEX-Systeme in unserem Leben läßt sich am besten durch die Geschichte eines Mannes illustrieren, den ich Peter nennen werde. Es handelte sich um einen siebenunddreißig Jahre alten Tutor, der in unserer Abteilung in Prag immer wieder erfolglos behandelt wurde, bis er sich der psychedelischen Therapie unterzog. Seine Erfahrungen, die aus einer sehr dunklen Zeit in der Geschichte dieser Welt stammen, sind dramatisch, bildhaft und bizarr. Als Leser mögen Sie das Beispiel daher unangenehm finden. Aber die Geschichte ist im Rahmen unserer gegenwärtigen Erörterungen wertvoll, weil sie so deutlich die Dynamik der COEX-Systeme enthüllt und aufzeigt, wie es möglich ist, uns emotional von den Systemen zu befreien, die Schmerz und Leid verursachen.

Als wir damals mit den Erfahrungssitzungen begannen, konnte Peter kaum sein Alltagsleben meistern. Er war von der Vorstellung besessen, einen Mann mit bestimmten physiognomischen Zügen zu finden, der vorzugsweise schwarz gekleidet sein sollte. Er wollte sich mit diesem Mann anfreunden und ihm von seinem dringenden Verlangen erzählen, in einen dunklen Keller gesperrt und geistiger wie körperlicher Folter ausgesetzt zu werden. Er konnte sich oft auf nichts anderes konzentrieren, wanderte ziellos durch die Straßen, suchte öffentliche Anlagen, Bedürfnisanstalten, Bars und Bahnhöfe auf, um den »richtigen Mann« zu finden.

Einige Male gelang es ihm, Männer, die seine Kriterien erfüllten, zu überreden oder zu bestechen, seine Wünsche auszuführen. Da er eine besondere Begabung hatte, Menschen mit sadistischen Neigungen aufzuspüren, wurde er zweimal fast umgebracht, ein paarmal schwer verletzt und einmal ausgeraubt. Bei den Gelegenheiten, bei denen es ihm gelang, die ersehnte Erfahrung zu machen, war er extrem angstvoll und voll echter Ablehnung gegen die Folter, der er sich unterzog. Peter litt unter Depressionen mit Selbstmordtendenz, sexueller Impotenz und gelegentlichen epilepsieartigen Anfällen.

Als wir seine persönliche Geschichte durchgingen, entdeckte ich, daß seine Probleme in seiner Zeit als Zwangsarbeiter in Deutschland während des Zweiten Weltkriegs begonnen hatten. Als Bürger eines von den Nazis besetzten Gebiets wurde von ihm verlangt, reinste Sklavenarbeit zu verrichten, die zudem sehr gefährlich war. In dieser Zeit zwangen ihn zwei SS-Offiziere unter vorgehaltenem Gewehr zu homosexuellen Betätigungen. Als der Krieg vorbei war und Peter schließlich freigelassen wurde, stellte er fest, daß er weiterhin homosexuellen Geschlechtsverkehr in der passiven Rolle suchte. Dazu kam dann ein Fetischismus für schwarze Kleidung, und schließlich entwickelte sich das Ganze zu dem bereits beschriebenen Szenarium von Zwanghaftigkeit.

In seinem Bemühen, mit seinem Problem zurechtzukommen, unterzog Peter sich fünfzehn aufeinanderfolgenden psychedelischen Therapiesitzungen. In diesem Prozeß trat ein wichtiges COEX-System zutage, das uns den Schlüssel für die Lösung der Geschichte lieferte. In den oberflächlichsten Schichten dieses bestimmten COEX-Systems entdeckten wir, wie nicht anders zu erwarten, Peters neuere traumatische Erfahrungen mit seinen sadistischen Partnern.

Eine tiefere Schicht desselben COEX-Systems enthielt Peters Erinnerungen an das Dritte Reich. Bei seinen Sitzungen erlebte er die entsetzlichen Quälereien der SS-Offiziere wieder und konnte beginnen, die vielen komplexen Gefühle im Zusammenhang mit diesen Ereignissen aufzulösen. Zusätzlich durchlebte er noch einmal andere traumatische Erinnerungen an den Krieg und setzte sich mit der ganzen bedrückenden Atmosphäre dieser scheußlichen Zeit auseinander. Er hatte Visionen von pompösen Militärparaden, Naziversammlungen, Hakenkreuzfahnen, riesigen, ominösen Adlerwappen und Szenen aus Konzentrationslagern, um nur ein paar zu nennen.

Nach diesen Enthüllungen traf Peter auf eine noch tiefere Ebene seines COEX-Systems, auf der er Szenen aus seiner Kindheit wiederzuerleben begann. Er war oft auf brutale Weise von seinen Eltern bestraft worden, besonders von seinem alkoholabhängigen Vater, der gewalttätig wurde, wenn er betrunken war, und Peter oft mit einem schweren Lederriemen schlug. Seine Mutter schloß ihn zur Strafe oft stundenlang ohne Wasser oder Nahrung in einem dunklen Keller ein. Peter konnte sich nicht erinnern, daß sie je etwas anderes als schwarze Kleider getragen hätte. An diesem Punkt erkannte er das Muster seiner Zwanghaftigkeit: Er schien all die Elemente von Strafe zu ersehnen, die ihm seine Eltern zugefügt hatten.

Peters Erforschung seines entscheidenden COEX-Systems auf der Erfahrungsebene ging weiter. Er erlebte das Trauma seiner eigenen Geburt wieder. Lebhafte Erinnerungen an diese Zeit – wieder war physische Brutalität das zentrale Merkmal – enthüllten sich ihm als grundlegendes Muster oder Modell für all die Elemente der sadistischen Erfahrungen, die sein Leben danach beherrscht hatten. Seine Aufmerksamkeit war klar auf dunkle, umschlossene Räume, Beengung und Beschränkung seines Körpers, das Erdulden von extremer körperlicher und emotionaler Folter ausgerichtet.

Als Peter sein Geburtstrauma wiedererlebte, begann er, sich von seinen alten Zwängen befreit zu fühlen. Es war, als ob er nun, da er endlich die primäre Quelle dieses COEX-Systems gefunden hätte, dieses auseinandernehmen könnte. Schließlich war er in der Lage, die Befreiung von seinen schwierigen Symptomen zu genießen und sein normales Leben zu meistern.

Die Entdeckung der psychologischen Bedeutung von physischen Traumen hat dem breiten biographischen Bereich der Psyche wichtige neue Dimensionen hinzugefügt, aber diese Arbeit richtet sich noch immer primär auf ein in der traditionellen Psychiatrie und Psychologie wohlbekanntes Gebiet. Meine eigene Forschung mit geänderten Bewußtseinszuständen hat uns jedoch, ebenso wie die manch anderer Wissenschaftler, in riesige neue Territorien der Psyche geführt, mit deren Entdeckung die westliche Wissenschaft und die traditionelle Psychiatrie eben erst begonnen haben. Die mit offenem Geist und systematisch durchgeführte Untersuchung dieser Gebiete könnte weitreichende Konsequenzen haben – nicht nur für die menschliche Bewußtseinsforschung und die Psychiatrie, sondern auch für die Wissenschaftsphilosophie und die gesamte Kultur des Westens.[4]

Reisen nach innen: Die ferneren Reiche des Bewußtseins

In geänderten Bewußtseinszuständen verbringen Menschen ganz unterschiedlich viel Zeit damit, die frühe Kindheit zu erforschen. Wenn sie jedoch in diesen Zuständen weiterarbeiten, verlassen sie früher oder später die Arena der individuellen Geschichte nach der Geburt und begeben sich in ganz neue Territorien. Diese sind zwar von der akademischen Psychiatrie des Westens noch nicht anerkannt, der Menschheit als solcher aber durchaus nicht unbekannt. Sie sind im Gegenteil von den alten und präindustriellen Kulturen systematisch ergründet worden und stehen seit dem Anbeginn der Menschheit in hohem Ansehen.

Wenn wir uns über die biographischen Ereignisse der frühen Kindheit hinaus wagen, betreten wir einen Erfahrungsbereich, der mit dem Trauma der biologischen Geburt zusammenhängt. Beim Eintritt in dieses Territorium beginnen wir Emotionen und körperliche Empfindungen zu erfahren, die von so großer Intensität sind, daß sie oft weit über alles hinausgehen, was wir für menschenmöglich gehalten hätten. Hier begegnen wir Emotionen an zwei extremen Polen: einer merkwürdigen Verflechtung von Geburt und Tod. Es ist, als ob diese beiden Aspekte der menschlichen Erfahrung irgendwie eins wären. Zusammen mit dem Gefühl lebensbedrohlicher Enge kommt ein entschlossenes Ringen darum, sich zu befreien und zu überleben.

Da die meisten Menschen diese Erfahrung mit dem Trauma der biologischen Geburt identifizieren, bezeichne ich sie als den perinatalen Bereich der Psyche. Das Wort »perinatal« setzt sich aus der griechischen Vorsilbe *peri* und dem lateinischen *natalis* zusammen. *Peri* heißt wörtlich: um etwas herum oder bei, *natalis* heißt: die Geburt betreffend. Der Begriff *perinatal* wird in der Medizin allgemein verwendet, um biologische Prozesse kurz vor, während oder direkt nach der Geburt zu beschreiben. Da die traditionelle Medizin jedoch die Fähigkeit des Kindes leugnet, die Geburtserfahrungen im Gedächtnis aufzuzeichnen, kommt dieser Begriff in der traditionellen Psychiatrie nicht vor. Seine Verwendung in Verbindung mit Bewußtsein spiegelt meine eigenen Ergebnisse und ist vollkommen neu.

Die Erforschung veränderter Bewußtseinszustände hat überzeugende Beweise dafür geliefert, daß wir sehr wohl Erinnerungen an perinatale Erfahrungen in unserer Psyche speichern, oft auf einer tiefen, zellularen Ebene. Immer wieder haben Menschen, die ganz ohne intellektuelle Kenntnisse über ihren Weg ins Leben waren, überraschend detailliert bestimmte Umstände wie den Einsatz von Geburtszangen, Steißgeburten und die erste Reaktion der Mutter auf ihren Säugling wiedererlebt. Solche Erlebnisse ließen sich in vielen Fällen durch Einsicht in Krankenhausakten oder die Aussagen von bei der Geburt Anwesenden objektiv bestätigen.

Perinatale Erfahrungen beinhalten primitive Gefühle und Empfindungen wie Angst, biologischen Zorn, physischen Schmerz und Ersticken, die meist mit dem Geburtsvorgang assoziiert werden. Menschen, die ihre Geburt wiedererleben, manifestieren zumeist auch die entsprechenden Körperbewegungen: Sie bringen Arme und Beine in eine bestimmte Lage und drehen den Körper auf eine Weise, die genau der Mechanik einer bestimmten Form von Entbindung entspricht. Wir können das sogar bei Menschen beobachten, die als Erwachsene noch nie eine Geburt gesehen oder sich mit dem Vorgang vertraut gemacht haben. Außerdem können unerwartet Schwellungen, Prellungen und andere vaskuläre Veränderungen auf der Haut an den Stellen auftauchen, an denen die Zange angesetzt wurde, wo die Wand des Geburtskanals auf den Kopf drückte, oder wo die Nabelschnur um den Hals gewickelt war. All diese Details lassen sich bestätigen, wenn es gute Geburtsberichte oder verläßliche Zeugen gibt.

Diese frühen perinatalen Erfahrungen sind nicht auf den eigentlichen Geburtsvorgang beschränkt. Tiefe perinatale Erinnerungen können uns außerdem mit einem Zugang zu dem versehen, was C. G. Jung das kollektive Unbewußte genannt hat. Wenn wir die Qualen im Geburtskanal wiedererleben, können wir uns mit ähnlichen Ereignissen im Leben von Menschen in anderen Zeiten und Kulturen oder sogar mit dem Geburtsprozeß von Tieren oder mythologischen Gestalten identifizieren. Außerdem können wir eine tiefe Verbundenheit mit all denen spüren, die mißhandelt, eingesperrt, gefoltert oder in anderer Weise zum Opfer gemacht worden sind. Es ist so, als ob unsere eigene Verbindung zur universellen Erfahrung des Fötus, der um seine Geburt kämpft, uns eine enge, fast mystische Nähe zu allen Wesen liefert, die jetzt in ähnlichen Umständen sind oder jemals gewesen sind.

Perinatale Phänomene treten in vier deutlich unterscheidbaren Erfahrungsmustern auf, die ich perinatale Grundmatrizen nenne (Basic Perinatal Matrices). Jede der vier Matrizen ist eng an eine der vier aufeinanderfolgenden Phasen der biologischen Geburt gekoppelt. In jeder dieser Phasen macht das Baby Erfahrungen, die durch bestimmte Emotionen und physische Empfindungen charakterisiert sind; jede dieser Phasen scheint zudem mit spezifischen symbolischen Bildern assoziiert zu sein. Diese stellen stark individualisierte psychospirituelle Pläne dar, die die Art, in der wir unser Leben erleben, lenken. Sie können sich in individueller und gesellschaftlicher Psychopathologie oder in Religion, Kunst, Philosophie, Politik und anderen Gebieten des Lebens widerspiegeln. Und wir können natürlich durch veränderte Bewußtseinszustände Zugang zu diesen psychospirituellen Konstruktionsplänen, die uns die lenkenden Kräfte in unserem Leben viel deutlicher sehen lassen, gewinnen.

Die erste Grundmatrix, die als »Das amniotische Universum« bezeichnet werden kann, bezieht sich auf unsere Erfahrungen im Mutterleib vor dem Einsetzen des Geburtsvorgangs. Die zweite

Grundmatrix, »Kosmisches Verschlungenwerden und Ausweglosigkeit«, betrifft unsere Erfahrungen in der Zeit, in der die Wehen beginnen, aber der Muttermund sich noch nicht öffnet. Die dritte Grundmatrix, »Der große Kampf vor Tod und Wiedergeburt«, spiegelt unsere Erfahrungen auf dem Weg durch den Geburtskanal. Die vierte und letzte Grundmatrix, »Tod und Wiedergeburt«, hat mit den Erfahrungen zu tun, die wir machen, wenn wir tatsächlich den Mutterleib verlassen.

Jede perinatale Matrix hat ganz bestimmte biologische, psychologische, archetypische und spirituelle Aspekte. In den folgenden vier Kapiteln werden wir die perinatalen Grundmatrizen in der Reihenfolge erforschen, in der sie sich während einer Geburt entfalten würden. Jedes Kapitel beginnt mit einer persönlichen Beschreibung von Erfahrungen, die für diese Matrix typisch sind. Dann wird die biologische Grundlage für diese Erfahrung erörtert und beschrieben, wie diese Erfahrung innerhalb unserer Psyche in einen spezifischen Symbolismus übersetzt wird, und wie dieser unser Leben beeinflußt.

Wir sollten vermutlich darauf hinweisen, daß bei Erfahrungssitzungen die individuellen Matrizen nicht unbedingt in dieser natürlichen Reihenfolge auftreten. Da unser inneres Radarsystem über die Auswahl des perinatalen Materials entscheidet, kommt es individuell zu ganz unterschiedlichen Reihenfolgen. Der Einfachheit halber ist es jedoch nützlich, sich den Ablauf so vorzustellen, wie in den nächsten vier Kapiteln beschrieben.

Teil II
Die perinatalen Matrizen – Einflüsse, die das menschliche Bewußtsein vom pränatalen Leben bis zur Geburt formen

Der Traum ist die kleine verborgene Tür im Innersten und Intimsten der Seele, welche sich in jene kosmische Urnacht öffnet, die Seele war, als es noch längst kein Ichbewußtsein gab, und welche Seele sein wird, weit über das hinaus, was ein Ichbewußtsein je wird erreichen können.

C. G. Jung, *Erinnerungen, Träume, Gedanken*

2. Ganzheit und das amniotische Universum

Tiefen Frieden auf der rollenden Welle für dich
Tiefen Frieden auf der fließenden Luft für dich
Tiefen Frieden auf der stillen Erde für dich
Tiefen Frieden der leuchtenden Sterne für dich
Tiefen Frieden in der sanften Nacht für dich
Mond und Sterne ergießen ihr heilendes Licht auf dich
Tiefen Frieden für dich

Traditioneller gälischer Segen

Der Mann, ein Psychiater Mitte Dreißig, wurde unter Anleitung eines Therapeuten und einer ausgebildeten Krankenschwester in einen veränderten Zustand geführt, in dem er sich langsam aber sehr tiefgehend den verborgensten Nischen seines Bewußtseins näherte. Zunächst bemerkte er keine großen Veränderungen seiner Wahrnehmungen und Gefühle, sondern nur subtile körperliche Symptome, die in ihm den Verdacht weckten, er könnte eine Grippe ausbrüten. Er verspürte Unbehagen, Frösteln, einen sonderbaren, unangenehmen Geschmack im Mund, leichte Übelkeit und Beschwerden im Verdauungstrakt. Wellen von leichtem Zittern und Zucken erfaßten verschiedene Körpermuskeln, und er begann zu schwitzen.

Der Mann wurde ungeduldig. Er war überzeugt, daß nichts geschah, und besorgt, daß er sich einen Virus eingefangen haben könnte. Vielleicht, so seine Überlegungen, hatte er den falschen Zeitpunkt für diese Arbeit gewählt, da er ja nun mit einer Krankheit niederzukommen schien. Er beschloß, die Augen zuzumachen und genauer zu beobachten, was mit ihm geschah.

Als er die Augen schloß, spürte er sofort, daß er sich auf eine ganz andere und tiefere Bewußtseinsebene begab, die ihm vollkommen neu war. Er hatte die seltsame Empfindung, in der Größe zu schrumpfen, wobei sein Kopf in der Relation größer war als der

Rest seines Körpers und die äußeren Gliedmaßen. Und dann erkannte er, daß das, was er zunächst für eine beginnende Grippe gehalten hatte, nun zu einem ganzen Komplex von toxischen Angriffen auf ihn geworden war – nicht auf ihn als Erwachsenen, sondern auf ihn als Fötus! Er spürte, daß er in einer Flüssigkeit schwamm, die einige schädliche Substanzen enthielt. Sie drangen durch die Nabelschnur in seinen Körper ein, und er war sicher, daß sie giftig und feindlich waren. Er konnte die angreifenden Substanzen schmecken: eine merkwürdige Mischung aus Jod und zersetztem Blut oder schlecht gewordener Fleischbrühe.
Während all das geschah, beobachtete der erwachsene Teil von ihm, der Teil, der eine medizinische Ausbildung hatte und immer stolz auf seine disziplinierte wissenschaftliche Perspektive gewesen war, den Fötus aus objektiver Distanz. Der Mediziner in ihm wußte, daß die Giftangriffe in diesem sehr verletzbaren Stadium seines Lebens aus dem Körper seiner Mutter kamen. Gelegentlich konnte er eine der schädlichen Substanzen genau erkennen – mal waren es Gewürze oder andere Nahrungsteile, die nicht für einen Fötus geeignet waren, mal Elemente von Zigarettenrauch, den seine Mutter gerade inhaliert haben mußte, mal eine Spur Alkohol. Zudem wurde er sich der Gefühle seiner Mutter bewußt – einer Art chemischer Essenz ihrer Angst in der einen Minute, ihrer Wut in der nächsten, ihrer widersprüchlichen Gefühle in bezug auf die Schwangerschaft und sogar ihrer sexuellen Erregung.
Die Vorstellung, daß es im Fötus ein funktionierendes Bewußtsein geben könnte, widersprach allem, was er an der Universität gelernt hatte. Aber noch mehr überraschte ihn, daß er feine Nuancen in den Interaktionen zwischen seiner Mutter und sich selbst in dieser Zeit erkennen konnte. Dennoch konnte er nicht leugnen, daß diese Erfahrungen absolut konkreter Natur waren. All das stellte den Wissenschaftler in ihm vor einen ernsthaften Konflikt: was er erlebte, widersprach dem, was er »wußte«. Dann tauchte ganz plötzlich eine Lösung des Dilemmas auf, und alles wurde ihm ganz klar: Er mußte seine derzeitigen wissenschaftlichen Glaubenssätze einer Revision unterziehen – etwas, von dem er wußte, daß es im Laufe der Geschichte auch schon viele andere Menschen

getan hatten – und nicht die Relevanz seiner eigenen Erfahrung in Frage stellen.

Nach einer Zeit beachtlicher innerer Kämpfe gab er das analytische Denken auf und akzeptierte alles, was ihm widerfuhr. Seine Grippesymptome und die Verdauungsstörungen verschwanden. Er schien nun Verbindung zu den Erinnerungen an die ungestörten Zeiten in der Gebärmutter aufzunehmen. Sein Gesichtsfeld wurde klarer und heller, und er wurde immer ekstatischer. Es war, als ob vielfache Schichten dicker, schmutziger Spinnweben wie von Zauberhand zerrissen und aufgelöst würden. Die Szenerie öffnete sich, und eine unglaublich gewaltige Flut von Licht und Energie hüllte ihn ein und strömte in leichten Schwingungen durch sein ganzes Wesen.

Auf einer Ebene war er noch immer ein Fötus, der die absolute Vollkommenheit und Seligkeit eines guten Mutterleibs erlebt, oder ein neugeborenes Kind, das mit einer nährenden, lebensspendenden Brust verschmilzt. Auf einer anderen Ebene wurde er zum gesamten Weltall; er erlebte das Schauspiel des Makrokosmos mit unzähligen pulsierenden und vibrierenden Galaxien. Manchmal stand er draußen, sah sich all das als Zuschauer an; manchmal aber war er selbst Teil davon. Diese strahlenden und atemberaubenden kosmischen Bilder waren vermischt mit Erlebnissen des ebenso wunderbaren Mikrokosmos – vom Tanz der Atome und Moleküle, dann dem Auftauchen der biochemischen Welt und den Ursprüngen des Lebens und der individuellen Zellen. Er hatte das Gefühl, zum ersten Mal in seinem Leben das Universum als das zu erleben, was es wirklich ist – ein unergründliches Geheimnis, ein göttliches Spiel von Energie.

Dieses reiche und komplexe Erlebnis schien eine Ewigkeit anzudauern. Er schwankte zwischen dem Zustand eines bedrängten, sich elend fühlenden Fötus und einer seligen, heiteren Existenz in der Gebärmutter hin und her. Manchmal nahmen die schädlichen Einflüsse die Gestalt archetypischer Dämonen oder böswilliger Geschöpfe aus der Welt der Märchen an. Er gewann eine Flut neuer Einsichten darüber, warum Kinder so von mythischen Geschichten und deren Gestalten fasziniert sind. Manche dieser Einsichten hatten jedoch eine viel umfassendere Relevanz. Die Sehnsucht nach einem Zustand der vollkommenen Erfüllung wie man sie in einem guten Mutterleib oder in mystischer Verzückung erleben kann, war anscheinend die fundamentale Triebkraft in jedem Menschen. Dieses Prinzip liegt offenbar dem Ablauf der Märchen zugrunde, die unausweichlich einem glücklichen Ausgang zustreben, wie auch dem Traum des Revolutionärs von einem zukünftigen Utopia. Der Mann sah diese Sehnsucht auch in dem Bedürfnis des Künstlers nach Anerkennung und Geltung. Und er sah sie in dem ehrgeizigen Wettlauf um Besitz, Rang und Ruhm. Ihm wurde klar, daß hier die Antwort auf das grundlegende Dilemma der Menschheit lag. Diese unersättliche Sehnsucht, dieses unstillbare Verlangen, die hinter diesem Drang stehen, können durch keine Errungenschaft und keinen noch so großen Erfolg in der äußeren Welt befriedigt werden. Die einzige Antwort ist die Wiederherstellung der Verbindung mit diesem Ort im eigenen Unbewußten. Plötzlich verstand er die Botschaft so vieler spiritueller Lehrer, »die einzige Revolution«, die funktionieren könne, sei die innere Wandlung aller Menschen.

Während der Episoden, bei denen er positive Erinnerungen an seine fötale Existenz durchlebte, hatte er Gefühle der Identität, des Einsseins mit dem Weltganzen; es war das Tao, das Jenseits im Innern und das *Tat tvam asi* (Das bist du) der Upanischaden. Er verlor die Empfindung seiner Individualität. Sein Ich löste sich auf, und er umfaßte in sich die Gesamtheit aller Existenz. Manchmal war diese Erfahrung immateriell und inhaltslos; manchmal war sie von vielen schönen Visionen begleitet – archetypischen Bildern des Paradieses, der höchsten Fülle, des Goldenen Zeitalters oder der jungfräulichen Natur. Er wurde zu Fischen, die in kristallklarem Wasser schwimmen, zu Schmetterlingen, die über Bergwiesen treiben, und zu Möwen, die hinabstoßen und über die Meereskämme gleiten. Er war das Meer, die Tiere, Pflanzen, Wolken – manchmal das eine, manchmal das andere und manchmal alles gleichzeitig.

Danach geschah nichts Konkretes, außer daß er sich mit der Natur und dem Universum eins zu fühlen begann, in goldenes Licht gebadet, das langsam schwächer wurde. Nur widerwillig gab er diese Erfahrung auf und kehrte in sein Alltags-Bewußtsein zurück.

Er fühlte jedoch deutlich, daß bei dieser Sitzung etwas Bedeutsames mit ihm geschehen war und daß er nie wieder derselbe Mensch sein würde wie zuvor. Er gewann ein neues Gefühl der Harmonie und Selbstbejahung und ein umfassendes Verständnis des Seins, für das er keine Worte fand.

Noch Stunden nach diesem Erlebnis war er fest davon überzeugt, daß er ausschließlich aus reiner Energie und geistigen Schwingungen bestand, und er fand es schwierig, seinen alten Glauben an seine physische Existenz wiederzugewinnen. Spät am Abend jenes Tages kehrte sein Bewußtsein allmählich in einen – wie ihm schien – geheilten, gekräftigten und perfekt funktionierenden Körper zurück.

Für den Psychiater, der all das erlebte, tauchten in den nächsten Monaten mehr Fragen als Antworten auf. Es wäre vielleicht leicht gewesen, vieles von dem, was er erfahren hatte, einfach zu leugnen, wenn es nur intellektuell gewesen wäre. Intellektuelles Verständnis kann aus Büchern oder Filmen erwachsen. Aber es war mehr als das geschehen. Seine Erlebnisse waren vor allem sinnlich gewesen – außergewöhnliche körperliche Wahrnehmungen voller merkwürdiger taktiler Empfindungen, dem Licht und dem Dunkel des Lebens. Er hatte die Übelkeit gespürt, die die ihn im Mutterleib angreifenden Schadstoffe ausgelöst hatte, und dann das unerklärliche Aufreißen.

Zugegeben, ein Teil der Informationen über dieses Reich hätte aus Büchern oder aus Filmen stammen können, aber was war die Quelle seiner so überaus detaillierten Sinneswahrnehmungen? Wie konnte er wissen, wie er sich in der fötalen Phase seines Lebens *gefühlt* hatte? Sein Bewußtsein lieferte ihm ganz deutlich erstaunlich vielfältige, komplexe und konkrete Informationen, die er nicht im Traum für möglich gehalten hätte. Er hatte die Einheit des Universums, das Tao *gespürt.* Er hatte die Auflösung des Ichs und das Verschmelzen mit dem gesamten Universum erfahren. Aber wenn all das wahr war, mußte er das aufgeben, was er bis dahin geglaubt hatte, daß nämlich unser Geist uns nur mit Erinnerungen an Ereignisse bedienen kann, die wir selbst in der Zeit nach unserer Geburt erlebt haben.

Woher ich so viel über die Fragen weiß, die dem Psychiater durch den Kopf gingen? Ich weiß es, weil die oben beschriebenen Erfahrungen meine eigenen sind. Aber ich habe auch festgestellt, daß diese Erfahrungen in der tiefen Bewußtseinsforschung weder einzigartig noch ungewöhnlich sind. Im Gegenteil. Meine eigene Erzählung steht für ein bestimmtes Muster von menschlichen Erfahrungen, das bei Hunderten von anderen Leuten bei den Sitzungen aufgetreten ist, die ich in den letzten dreißig Jahren begleiten konnte.

Biologische und psychologische Merkmale der ersten Grundmatrix

Die zentralen Merkmale dieser Matrix reflektieren, ebenso wie die aus ihr entstehenden Bilder, die natürliche Symbiose zwischen Mutter und Kind in diesem Lebensabschnitt. Man muß unbedingt bedenken, daß wir in dieser Zeit sowohl biologisch als auch emotional so eng mit der Mutter verbunden sind, daß wir fast wie ein Organ in ihrem Körper sind. In den Phasen ungestörten Lebens in der Gebärmutter sind die Bedingungen für das Baby nahezu ideal. Die Plazenta liefert kontinuierlich den für das Wachstum nötigen Sauerstoff und die Nährstoffe und versorgt auch all die Abfallprodukte. Der Fötus ist durch das Fruchtwasser vor lauten Geräuschen und Erschütterungen gefeit, und die Temperatur im Mutterleib ist relativ gleichmäßig. Es gibt Sicherheit und Schutz. Alle Bedürfnisse werden sofort erfüllt, ohne daß man sich anstrengen müßte.

Dieses Bild vom Leben im Mutterleib mag wunderbar und rosig sein, aber so ist es nicht immer. Bestenfalls werden die optimalen Bedingungen nur selten und kurz aufgehoben. Die Mutter ißt beispielsweise gelegentlich etwas, was dem Fötus Unbehagen verursacht, trinkt etwas Alkohol oder raucht eine Zigarette. Vielleicht verbringt sie ein wenig Zeit in einer ungewöhnlich lauten Umgebung oder verursacht sich und ihrem Kind durch eine Autofahrt auf holprigen Straßen Unbehagen. Wie jeder andere Mensch auch, kann sie sich eine Erkältung oder eine Grippe einfangen. Zudem kann der Fötus auf irgendeiner Ebene besonders in den späteren Schwangerschaftsmonaten auch sexuelle Aktivitäten spüren.

Schlimmstenfalls kann das Leben in der Gebärmutter äußerst unbequem sein. Die Existenz des Kindes kann dadurch gefährdet sein, daß die Mutter unter einer schweren Entzündung, einer inneren oder einer Stoffwechselkrankheit oder einer schweren Vergiftung leidet. Wir können sogar von »giftigen Emotionen« wie starker Angst, Spannung oder gewalttätigen Wutausbrüchen sprechen. Die Qualität der Schwangerschaft kann von Streß in der Arbeit, chronischem Alkoholmißbrauch, Sucht oder grausamer Behandlung der Mutter beeinflußt werden. Die Umstände können so schlecht sein, daß eine spontane Fehlgeburt bevorsteht. In tiefer Erfahrungsarbeit haben Menschen sogar wohlgehütete Familiengeheimnisse entdeckt, wie die Tatsache, daß sie unerwünscht waren und die Mutter versucht hat, sie in ihren ersten Lebensstadien abzutreiben.

In der modernen Geburtshilfe gelten unsere negativen Erfahrungen in der fötalen Zeit nur aus körperlicher Sicht als wichtig, das heißt nur als potentielle Quelle einer biologischen Schädigung des Körpers. Wenn es Auswirkungen auf die psychische Entwicklung des Kindes gibt, behauptet man, diese seien die Folge irgendeiner organischen Schädigung des Gehirns. Die Erfahrungen jedoch, die von Menschen beschrieben werden, die diese Ebene in geänderten Bewußtseinszuständen wiedererleben können, lassen wenig Zweifel daran zu, daß das Bewußtsein des Kindes selbst in den frühesten Stadien des embryonalen Lebens von einem breiten Spektrum schädlicher Einwirkungen beeinflußt sein könnte. Wenn das der Fall ist, müssen wir davon ausgehen, daß es ebenso wie eine »gute« und eine »schlechte Mutterbrust« auch einen »guten« und einen »schlechten Mutterleib« gibt. In dieser Hinsicht scheinen positive Erfahrungen im Mutterleib mindestens eine so wichtige Rolle für die Entwicklung des Kindes zu spielen wie eine positive Stillerfahrung.

Während geänderter Bewußtseinszustände berichten viele Menschen in extrem lebhafter Sprache von ihren intrauterinen Erfahrungen. Sie erleben sich selbst als sehr klein mit einem charakteristischerweise im Vergleich zum sonstigen Körper sehr großen Kopf. Sie können das sie umgebende Fruchtwasser und manchmal sogar die Nabelschnur spüren. Wenn man Verbindung zu den Phasen des fötalen Lebens aufnimmt, in denen es keine Störungen gab, werden die Erfahrungen mit einem Bewußtseinszustand der Glückseligkeit assoziiert, in dem es kein Gefühl von Dualität zwischen Subjekt und Objekt gibt. Dies ist ein »ozeanischer« Zustand ohne Begrenzungen, in dem wir nicht zwischen uns selbst und dem mütterlichen Organismus oder uns selbst und der äußeren Welt unterscheiden.

Diese fötale Erfahrung kann sich in verschiedene unterschiedliche Richtungen entwickeln. Der ozeanische Aspekt des embryonalen Lebens kann eine Identifikation mit aquatischen Lebensformen wie Walen, Delphinen, Fischen, Quallen oder sogar Seetang fördern. Das Gefühl, ohne Begrenzungen zu sein, das wir im Mutterleib erfahren, kann auch das Gefühl vermitteln, wir seien »eins« mit dem Kosmos. Man kann sich mit dem interstellaren Raum, verschiedenen Himmelskörpern, einer ganzen Galaxie oder dem Universum als Ganzem identifizieren. Manche Leute fühlen sich auch als Astronauten, die schwerelos im Raum schweben und durch eine lebensspendende, nabelschnurartige Versorgungsleitung an das »Mutterschiff« angeschlossen sind.

Die Tatsache, daß ein guter Mutterleib bedingungslos die Bedürfnisse des Fötus erfüllt, ist die Grundlage für Symbolismen wie die endlose Fülle von »Mutter Natur« – einer schönen, sicheren und nahrhaften Wesenheit. Wenn wir fötale Erfahrungen in geänderten Zuständen wiedererleben, können sich diese plötzlich in hinreißende Bilder von üppigen tropischen Inseln, fruchtstrotzenden Obstgärten, wogenden Feldern reifen Getreides oder den reichen Gemüsegärten auf den Terrassen der Anden verwandeln. Eine andere Möglichkeit ist die, daß sich die fötale Erfahrung den archetypischen Regionen des kollektiven Unbewußten öffnet. Statt dem Himmel der Astronomen oder der Natur der Biologen begegnen wir dann überirdischen Reichen oder Paradiesgärten aus den Mythologien vieler verschiedener Kulturen dieser Welt. Der Symbolismus der ersten perinatalen Grundmatrix verknüpft auf vertrauliche und logische Weise verschiedene fötale, ozeanische, kosmische, natürliche, paradiesische und himmlische Elemente.

Der Zustand von Ekstase und kosmischer Einheit

Die Erfahrungen der ersten Grundmatrix haben meist stark mystische Anklänge; sie fühlen sich heilig an. Präziser wäre vielleicht der Begriff *numinos*, den C. G. Jung verwendete, um religiösen Jargon zu vermeiden. Wenn wir Erfahrungen dieser Art machen, haben wir das Gefühl, Dimensionen der Wirklichkeit begegnet zu sein, die einer höheren Ordnung angehören. Die erste Grundmatrix weist einen wichtigen spirituellen Aspekt auf, der oft als tiefes Gefühl kosmischer Einheit und Ekstase beschrieben wird und eng mit den Erfahrungen verbunden ist, die wir in einem guten Mutterleib haben können – Frieden, Gelassenheit, Ruhe, Freude und Seligkeit. Unsere Alltagswahrnehmungen von Raum und Zeit scheinen zu verblassen, und wir werden »reines Sein«. Die Essenz dieses Zustands ist sprachlich nicht vermittelbar, was dazu führt, daß die Menschen nur von »Unbeschreiblichem« oder »Unaussprechlichem« berichten.

Beschreibungen von kosmischer Einheit sind oft voller Widersprüche, die sich der aristotelischen Logik entziehen. So gehen wir im Alltagsleben beispielsweise davon aus, daß Dinge, denen wir begegnen, nicht gleichzeitig sie selbst und nicht sie selbst sein können, oder daß sie nichts anderes sein können als das, was sie sind. »A« kann nicht »Nicht-A« oder »B« sein. Dennoch kann eine Erfahrung kosmischer Einheit »ohne Inhalt sein, aber alles umfassen, was ist«. Oder wir können zugleich spüren, daß wir »ohne Ich« sind, daß sich aber unser Bewußtsein so weit ausgedehnt hat, daß es das gesamte Universum einschließt. Wir können ob unserer eigenen Bedeutungslosigkeit betroffen und voller Ehrfurcht sein und gleichzeitig das Gefühl von enormer Leistung und Wichtigkeit spüren, das so weit gehen kann, daß wir uns mit Gott identifizieren. Wir können uns selbst als existierend und doch auch nicht-existierend wahrnehmen und alle materiellen Objekte als leer sehen, während die Leere selbst voller Form zu sein scheint.

In diesem Zustand der kosmischen Einheit spüren wir direkten, unmittelbaren und unbeschränkten Zugang zu Wissen und Weisheit von universaler Bedeutung. Das bedeutet meist nicht zu konkreten

Informationen mit technischen Details, die praktisch angewandt werden könnten; es handelt sich vielmehr um komplexe, enthüllende Einsichten in die Natur der Existenz. Das geht üblicherweise mit einem Gefühl von Gewißheit einher, daß dieses Wissen letzten Endes relevanter und »wirklicher« ist als die Wahrnehmungen und Überzeugungen unseres Alltagslebens. Die altindischen Upanischaden sprechen von dieser tiefen Einsicht in die Geheimnisse der Existenz als vom »wissen Daß, das Wissen, das das Wissen von allem gibt«.

Die mit der ersten Grundmatrix verbundene Verzückung kann als »ozeanische Ekstase« bezeichnet werden. Wir lernen später in diesem Buch, in dem Kapitel über die dritte Grundmatrix, eine ganz andere Form von Verzückung kennen, die mit dem Prozeß von Tod und Wiedergeburt zu tun hat. Ich habe dafür den Begriff *vulkanische Ekstase* geprägt. Sie ist wild, dionysisch, verfügt über scheinbar unerschöpfliche Mengen explosiver Energie und einen starken Hang zu hektischer Aktivität. Die ozeanische Energie der ersten Matrix könnte man im Gegensatz dazu apollinisch nennen; sie beinhaltet ein friedliches Dahinschmelzen aller Begrenzungen, Stille und gelassenen Frieden. Wenn wir unsere Augen schließen und die Welt aussperren, manifestiert sie sich als unabhängige innere Erfahrung mit den bereits beschriebenen Merkmalen. Wenn wir die Augen öffnen, verändert sie sich zu einem Gefühl des Hineinfließens oder »Einswerdens« mit allem, was wir um uns herum wahrnehmen.

Im ozeanischen Zustand scheint sich die Welt in unbeschreiblichem Strahlen und unfaßbarer Schönheit zu manifestieren. Das Bedürfnis, die Dinge mit dem Verstand zu erfassen, ist erheblich reduziert, und das Universum wird zu »einem Geheimnis, das man erfahren, nicht zu einem Rätsel, das man lösen kann«. Es wird geradezu unmöglich, an der Existenz etwas Negatives zu finden; alles scheint absolut perfekt zu sein. Dies Gefühl von Vollkommenheit geht mit einem eingebauten Widerspruch einher, den Ram Dass einmal sehr treffend mit einem Satz seines eigenen Gurus aus dem Himalaya beschrieben hat: »Die Welt ist absolut vollkommen, einschließlich deiner eigenen Unzufriedenheit mit ihr und all dem, was du zu tun versuchst, um sie zu ändern«. Während man diese ozeanische Ekstase erlebt, erscheint die gesamte Welt als ein freundlicher Ort, in dem wir getrost und sicher eine kindliche und passiv-abhängige Haltung einnehmen können. In diesem Zustand scheint das Böse nur eine Randerscheinung zu sein, unbedeutend oder gar nicht vorhanden.

Die Gefühle von ozeanischer Ekstase sind eng mit dem verwandt, was Abraham Maslow als »Gipfelerlebnisse« bezeichnet hat. Er charakterisiert sie so: man fühlt sich ganz, vereint und integriert; entspannt und mühelos; ganz man selbst; schöpft die eigenen Kapazitäten voll aus; frei von Blockaden, Hemmungen und Ängsten; spontan und ausdrucksstark; im Hier und Jetzt; reine Psyche und Seele sein; keine Bedürfnisse und Wünsche; zugleich kindlich und reif; und in einer Weise gesegnet, die sich Worten entzieht. Während meine Beobachtungen von ozeanischer Ekstase in erster Linie den Erfahrungen entstammen, denen ich bei der rückführenden Erfahrungsarbeit begegnet bin, spiegeln Maslows Beschreibungen seine Erkundung von spontanen mystischen Erfahrungen im Leben von Erwachsenen. Die starken Parallelen zwischen diesen beiden Gebieten lassen vermuten, daß die Wurzeln einiger unserer stärksten motivierenden Kräfte viel weiter in unser frühes Leben zurückreichen, als die Psychologen dies ursprünglich für möglich hielten.

Die Qualen des »schlechten Mutterleibs«

Bisher haben wir den komplexen Symbolismus erforscht, der mit dem »guten Mutterleib« oder ungestörten intrauterinen Erfahrungen einhergeht. Pränatale Störungen weisen eigene, deutlich erkennbare Erfahrungsmerkmale auf; wenn sie nicht so extrem waren wie eine drohende Fehlgeburt, versuchte Abtreibung oder ernsthafte Vergiftungszustände sind ihre Symptome eher subtil. Man kann sie gewöhnlich gut von den dramatischeren unangenehmen Manifestationen unterscheiden, die mit dem Geburtsvorgang einhergehen wie z.B. Kriegsbildern, sadomasochistischen Szenen, Gefühlen des Er-

stickens, quälendem Druck und Schmerzen, heftigem Zittern und spastischen Kontraktionen großer Muskeln. Da die meisten Angriffe im Uterus auf chemischen Veränderungen beruhen, ergeben sich als vorherrschende Themen im Wiedererleben die verschmutzte oder gefährliche Natur, Vergiftung und heimtückische böse Einflüsse.
Die klare ozeanische Atmosphäre kann dunkel, trübe und bedrohlich werden und voll verborgener Meeresgefahren zu stecken scheinen. Da können groteske Geschöpfe der Natur oder unheimliche, trügerische und böswillige dämonische Wesenheiten auftauchen. Man kann sich mit Fischen oder anderen aquatischen Lebensformen identifizieren, die von der industriellen Verschmutzung der Flüsse bedroht sind, oder mit Hühnerembryos vor dem Schlüpfen, die unter ihren eigenen Abfallprodukten leiden. Der bei gutem Mutterleib gewöhnlich sternenübersäte Himmel kann ebenfalls plötzlich von einem häßlichen Film oder Nebel verschleiert werden. Die visuellen Störungen ähneln den verzerrten Bildern bei gestörtem Fernsehempfang.
Szenen von industrieller Luftverschmutzung, chemischer Kriegsführung, Giftmülldeponien sowie die der Identifikation mit sterbenden Gefangenen in den Gaskammern der Konzentrationslager gehören zu den typischen Erfahrungen im schlechten Mutterleib. Außerdem kann man die fast greifbare Existenz von übelwollenden Wesenheiten, außerirdischen Einflüssen und astrologischen Feldern spüren. Das Auflösen von Begrenzungen, das in den ungestörten Phasen des intrauterinen Lebens ein Gefühl von mystischer Vereinigung mit der Welt schafft, sorgt nun für Verwirrung und Bedrohung. Wir können uns offen und bösen Angriffen gegenüber verletzbar fühlen; im Extremfall führt diese Erfahrung zu einer paranoiden Verzerrung in unserer Wahrnehmung der Welt.

Ein Tor zu transpersonalen Erfahrungen

Wie wir in der Erzählung zu Beginn dieses Kapitels gesehen haben, dient die pränatale Welt der ersten Grundmatrix oft als Tor zu den

transpersonalen Bereichen der Psyche, die wir später noch ausführlich beschreiben werden. Während wir uns mit den Erfahrungen in einem guten oder einem schlechten Mutterleib identifizieren, können wir außerdem ganz bestimmte transpersonale Phänomene erleben, die die gleichen Gefühle und Körperempfindungen mit sich bringen wie diese Zustände. Diese Erfahrungen können manchmal weit in historische Zeiten zurückreichen und Episoden aus dem Leben unserer menschlichen oder tierischen Ahnen abbilden; außerdem können karmische Sequenzen und Rückblenden auf andere Perioden der Menschheitsgeschichte auftauchen. Bei anderen Gelegenheiten transzendieren wir vielleicht die Begrenzungen, die uns das Gefühl geben, vom Rest der Welt getrennt zu sein, und verschmelzen mit anderen Menschen, ganzen Gruppen, Tieren und Pflanzen oder sogar anorganischen Prozessen.
Von besonderem Interesse bei diesen Erfahrungen sind intensive Begegnungen mit verschiedenen archetypischen Gestalten, besonders glückseligen und zornerfüllten Gottheiten. Die Zustände von ozeanischer Ekstase gehen oft mit Visionen von glückspendenden Gottheiten wie der Göttin Mutter Erde und verschiedenen anderen großen Muttergöttinnen, oder dem Buddha, Apollo und anderen einher. Wie bereits erwähnt, treten beim Wiedererleben intrauteriner Störungen oft Dämonen aus verschiedenen Kulturen auf. In der fortgeschrittenen Erfahrungsarbeit stoßen die Teilnehmer oft auf Enthüllungen, die eine Integration von guten und schlechten Mutterleibserfahrungen mit dramatischen Einsichten verbinden, die sie den Sinn aller Gottheiten in der kosmischen Ordnung erkennen lassen.
Die Integration guter und schlechter Erfahrungen läßt sich durch einen Auszug aus einer Sitzung illustrieren, bei der ein Mann, Ben, beim Wiedererleben von Episoden aus seiner Zeit im Mutterleib von Begegnungen mit archetypischen Wesen berichtet. Diese Erfahrungen vermittelten ihm einige bemerkenswerte Einsichten in die Götter- und Dämonenwelt der indischen und der tibetischen Kultur. Er sah plötzlich eine verblüffende Verbindung zwischen dem Geisteszustand des Buddha, der in tiefer Meditation auf der Lotusblüte sitzt, und dem eines Embryos in einem guten Mutterleib.

Der Friede, die Ruhe und die Zufriedenheit des Buddha schienen zwar nicht mit der embryonalen Seligkeit identisch zu sein, aber doch einige gemeinsame Merkmale aufzuweisen, so als ob sie die »höhere Oktave« wären. Auch die Dämonen, die den Buddha auf den indischen und tibetischen Gemälden umgeben und potentiell seinen Frieden bedrohen, schienen Ben den schädlichen Einflüssen der ersten Grundmatrix zu entsprechen.
Ben konnte zwei verschiedene Arten von Dämonen unterscheiden: Blutrünstige, offen aggressive und wilde Dämonen mit Greifzähnen, Schwertern und Speeren symbolisierten die Schmerzen und Gefahren der biologischen Geburt; die heimtückischen, verschlagenen und hinterhältigen stellten die schädlichen Einflüsse im intrauterinen Leben dar. Auf einer anderen Ebene erlebte Ben Episoden, von denen er überzeugt war, daß es sich um Erinnerungen an frühere Inkarnationen handelte. Es schien ihm, als ob Elemente seines »bösen Karmas« in Form von embryonalen Störungen, dem Trauma der Geburt und negativen Stillerfahrungen in sein Leben getreten wären. Er sah die Erfahrungen des »schlechten Mutterleibes«, des Traumas der Geburt und der »schlechten Brust« als Transformationspunkte, durch die die karmischen Einflüsse in sein jetziges Leben traten.[5]
Die psychologischen und spirituellen Aspekte der ersten Grundmatrix gehen gewöhnlich mit charakteristischen körperlichen Symptomen einher. Während gute Erfahrungen im Mutterleib ein tiefes Gefühl von Gesundheit und physiologischem Wohlergehen vermitteln, gehört zum Wiedererleben von intrauterinen Traumen eine Vielzahl von unangenehmen physischen Manifestationen. Am häufigsten treten die Symptome auf, die denen einer schlimmen Erkältung oder Grippe gleichen – Schmerzen und Reißen in den Muskeln, Frösteln, leichte Zuckungen und ein allgemeines Unwohlsein. Ebenso häufig findet man Symptome wie die, die wir meist mit einem Kater assoziieren, Kopfschmerzen, Übelkeit, Verdauungsstörungen und Blähungen. Das kann mit einem unangenehmen Geschmack im Mund einhergehen, der als der von zersetztem Blut, Jod, Metall oder einfach »Gift« beschrieben wird. Bei unseren Bemühungen, diese Erfahrungen zu bestätigen, entdecken wir häu-

fig, daß sich die Mutter in der Schwangerschaft schlecht ernährt hat, krank war, in einer verseuchten Umgebung gewohnt oder gearbeitet oder regelmäßig Alkohol oder andere Drogen zu sich genommen hat.

Wo erwachsene und perinatale Erfahrungen verschmelzen

Zusätzlich zu all den bisher genannten Aspekten weist die erste perinatale Grundmatrix sehr interessante Assoziationen zu Erinnerungen an das postnatale Leben auf. Die positiven Aspekte dieser Matrix bilden eine natürliche Basis für die Aufzeichnung aller Erfahrungen von Zufriedenheit im Leben (positive COEX-Systeme). Bei systematischer Erfahrungsarbeit entdecken viele Menschen tiefe Verbindungen zwischen der ozeanischen Ekstase dieser Matrix und Erinnerungen an glückliche Zeiten in der Säuglings- und Kinderzeit wie sorglosem und freudigem Spiel mit Freunden oder harmonischem Zusammensein in der Familie. Auch befriedigende Romanzen und Liebesbeziehungen mit intensiver emotionaler und sexueller Erfüllung werden mit positiven fötalen Zeiten assoziiert. Bei der tiefen Erfahrungsarbeit vergleichen die Teilnehmer häufig die ozeanische Ekstase eines guten Mutterleibs mit bestimmten Formen der Verzückung, die wir als Erwachsene zum Ausdruck bringen können.

Viele mit dieser Matrix zusammenhängenden Erfahrungen können durch landschaftliche Schönheit – die Pracht eines herrlichen Sonnenauf- oder untergangs, der majestätische Frieden des Ozeans, die atemberaubende Herrlichkeit einer schneebedeckten Gipfelkette oder die mystische Atmosphäre des Polarlichts – ausgelöst werden. Auch über das unergründbare Geheimnis des sternenübersäten Himmels zu grübeln, neben einem Tausende von Jahre alten Mammutbaum zu stehen oder die exotische Schönheit einer tropischen Insel in sich aufzunehmen, kann Gefühle hervorrufen, die denen der ersten Matrix sehr ähnlich sind. Solche Geistesverfassungen können auch durch menschliche Schöpfungen von ungewöhnlichem ästhetischem und künstlerischem Wert wie inspirierter Musik, großen Gemälden oder der spektakulären Architektur eines alten Palastes, einer Kathedrale oder einer Pyramide bewirkt werden. Bilder wie diese tauchen oft spontan bei Sitzungen auf, die sich mit der ersten Grundmatrix befassen. Während die positiven Erfahrungen in unserem Erwachsenenleben uns in Verbindung mit den Erinnerungen an einen guten Mutterleib bringen können, stellen die negativen Erlebnisse einen Zugang zu intrauterinem Unbehagen her. Hier können wir beispielsweise Magen- und Darmbeschwerden durch Lebensmittelvergiftungen, einen Kater oder das mit einer Virusentzündung einhergehende Unwohlsein finden. Dazu kommen als weitere Faktoren verseuchte Luft und verschmutztes Wasser, sowie die Einnahme verschiedener Formen von Giften. Indirekt können Bilder der verschandelten und zerstörten Natur, industrieller Müllhalden und Schrottplätze die gleiche Wirkung haben. Taucherlebnisse bieten eine starke Erinnerung an die jeweilige Situation im Mutterleib. Die unschuldige Schönheit eines Korallenriffs mit Tausenden von farbenprächtigen tropischen Fischen kann die Gefühle von ozeanischer Ekstase wiedererwecken. Ebenso stellt das Tauchen in verschmutztem und trübem Wasser und die Begegnung mit Unterwassergefahren die psychische Situation im schlechten Mutterleib wieder her. Wenn man die Dinge aus dieser Perspektive betrachtet, ist es uns in den letzten Jahrzehnten ganz zweifellos gelungen, die gesamte Biosphäre unseres Planeten in Richtung schlechter Mutterleib zu verändern.

Eine neue Phase beginnt

Was auch immer man für Erfahrungen im Mutterleib gemacht haben mag, es kommt die Zeit, in der diese Situation zu einem Ende kommen muß. Der Fötus muß sich dem phänomenalen Wandel von einem symbiotischen, aquatischen Organismus zu einer ganz anderen Existenzform unterziehen. Selbst bei den allereinfachsten Geburten muß dies als eine beachtliche Aufgabe, eine wahrhafte Heldenreise gesehen werden, die erhebliche emotionale und körperliche Herausforderungen bietet. Wenn die Geburt beginnt, wird das Universum des Kindes im Mutterleib erheblich beeinträchtigt. Die ersten Störzeichen treten einigermaßen subtil in Form hormoneller Einflüsse auf. Sie werden jedoch mit dem Einsetzen der ersten Gebärmutterkontraktionen zunehmend dramatischer und spürbarer. Der Fötus beginnt intensives körperliches Unbehagen und extreme Not und Eile zu erleben. Die ersten Signale zu Beginn des Geburtsvorgangs führen das Bewußtsein des Fötus zu einem vollkommen neuen Muster von Erlebnissen, die ganz anders sind als das, was er bisher kannte. Das sind die Erfahrungen, die mit der zweiten perinatalen Grundmatrix assoziiert werden – mit dem Verlust des amniotischen Universums und der Beschäftigung mit dem Prozeß der Geburt. Diese Phase des frühen Lebensdramas ist Thema des nächsten Kapitels.

3. Die Vertreibung aus dem Paradies

Dabei litt ich die unerträglichsten Körperschmerzen. Ich habe in meinem Leben schon sehr große Schmerzen erduldet..., aber all dies war nichts im Vergleiche mit dem, was ich an jenem Orte empfand, besonders als ich sah, daß die Qualen dort ohne Ende, ohne alles Aufhören dauern würden. Und dies alles war noch nichts gegen den Todeskampf der Seele. Das ist eine Beklemmung, eine Angst, eine so schmerzliche Betrübnis, verbunden mit einem so verzweifelten, peinigenden Mißbehagen, daß ich nicht weiß, wie ich es genug aussprechen soll.

Teresa von Avila, *Leben*

Rasch betrat er die sorgenlose Welt eines zufriedenen Säuglings. All seine Wahrnehmungen, Gefühle und Empfindungen waren infantil. Die Erfahrung war unglaublich wirklich und authentisch; dazu gehörten automatisches Saugen, Lippenbewegungen, reichlich Speichelabsonderung und gelegentliches Aufstoßen. Dieser Zustand wurde immer wieder von Visionen unterbrochen, die verschiedene Aspekte der Welt der Erwachsenen zum Inhalt hatten – meist Szenen voller Spannung und Konflikte. Der Kontrast zwischen der einfachen Welt des Kindes und den Schwierigkeiten des Erwachsenenalters war schmerzhaft und schien ihn mit einer tiefen Sehnsucht danach zu erfüllen, wieder zu seinem kindlichen Glück zurückzukehren. Er sah Bilder von religiösen und politischen Versammlungen, bei denen Leute massenweise bei verschiedenen Organisationen und Ideologien Trost suchten. Plötzlich verstand er, was sie wirklich suchten; sie folgten einer inneren Sehnsucht, derselben, die er in bezug auf die primäre Erfahrung der ozeanischen Ekstase verspürte, die er im Mutterleib und an der Brust gekannt hatte.

Die Atmosphäre schien zunehmend bedrohlich und voll versteckter Gefahren. Das ganze Zimmer schien sich zu drehen, und er fühlte sich mitten in einen ominösen Wasserstrudel hineingezogen. Er mußte an Edgar Allen Poes Beschreibung einer ähnlichen Situation in »Sturz in den Mahlstrom« denken, die einen frösteln lassen kann. Die Gegenstände im Zimmer schienen in rotierenden Bewegungen um ihn herum zu fliegen, und vor seinem inneren Auge tauchte noch ein Bild aus der Literatur auf – der Zyklon, der Dorothy in Frank Baums *Der Zauberer von Oos* aus der Monotonie ihres Lebens in Kansas hinwegfegt und sie auf eine merkwürdige Abenteuerreise schickt. Er hegte keinerlei Zweifel, daß diese Erfahrung auch etwas damit zu tun hatte, in das Kaninchenloch in *Alice im Wunderland* hineinzusteigen, und er fragte sich voll zitternder Erregung, welche Welt er wohl auf der anderen Seite des Spiegels finden würde. Das gesamte Universum schien über ihm einzustürzen, und er konnte nichts tun, um dieses apokalyptische Verschlingen zu beenden.

Als er tiefer und immer tiefer in das Labyrinth seines eigenen Unbewußten sank, spürte er einen Anfall von Angst, die sich zu Panik entwickelte. Alles wurde dunkel, bedrückend und gefahrvoll. Es war, als ob das Gewicht der ganzen Welt auf ihm lastete; ein unglaublicher hydraulischer Druck drohte, seinen Schädel zu spalten und seinen ganzen Körper zu einem winzigen, kompakten Ball zu formen. Sein Unbehagen verwandelte sich in Schmerz, und die Schmerzen wuchsen sich zu Agonie aus; diese Folter wurde immer intensiver, bis sich jede Zelle seines Körpers so anfühlte, als würde sie mit einem diabolischen Zahnarztbohrer bearbeitet.[6]

Der verschlingende Mutterleib

Der obige Bericht beschreibt, wie ein Erwachsener das Einsetzen des Geburtsvorgangs wiedererleben kann. Er zeigt außerdem, wie die Erinnerung daran, aus dem Mutterleib vertrieben und hinausgeschickt worden zu sein, um sich den Schwierigkeiten im Geburtskanal zu stellen, sich mit Situationen im Erwachsenenleben vermischen kann, die einige wichtige Eigenschaften mit ihr gemeinsam haben. Biologische Basis für die zweite perinatale Grundmatrix sind die Beendigung des Lebens in der Gebärmutter und die Begegnung mit den nun erfolgenden Kontraktionen. Diese Veränderungen sind anfänglich überwiegend chemischer Art; später nehmen sie dann mehr mechanische Formen an. Die Entbindung kündigt sich durch Hormonsignale und andere chemische Veränderungen im Organismus von Mutter und Kind an; diesen folgt bald die intensive muskuläre Tätigkeit des Uterus.

Derselbe Mutterleib, der während der normalen Schwangerschaft ein relativ friedlicher Ort ohne größere Überraschungen war, erlebt nun starke, regelmäßige Kontraktionen. Die gesamte Welt des Fötus bricht über ihm zusammen und erdrückt ihn, was zu Angst und starkem körperlichen Unbehagen führt. Jede Kontraktion drückt die Arterien des Uterus zusammen und stört den Blutfluß zwischen Mutter und Kind. Das ist eine für den Fötus sehr erschreckende Situation, da sowohl die Zufuhr des lebensspendenden Sauerstoffs und der Nahrung unterbrochen wird als auch die bedeutsame Verbindung zum mütterlichen Organismus abgeschnitten ist. Die Kontraktionen, der zu dieser Zeit noch geschlossene Gebärmuttermund und die unzuträglichen chemischen Veränderungen schaffen miteinander eine schmerzhafte und lebensbedrohliche Umgebung, aus der der Fötus keine Fluchtmöglichkeit entdecken kann. Es ist kein Wunder, daß Tod und Geburt bei dieser Matrix so eng verwandt sind.

Die in dieser schwierigen, ausweglosen Situation verbrachte Zeit ist von Mensch zu Mensch sehr unterschiedlich. Bei manchen waren es wenige Minuten, bei anderen viele Stunden. Vor der Öffnung des Gebärmutterhalses festzustecken, ist ein ganz normales Vorkommnis, aber manchmal stockt der Prozeß in späteren Stadien, und die Geburt geht nicht so, wie sie sollte. Dafür kann es zahlreiche Gründe geben. Das Becken der Mutter kann zu schmal sein, die Kontraktionen des Uterus können zu wenig wirksam sein, die Plazenta kann vor der Gebärmutteröffnung liegen. Gelegentlich ist das Kind übermäßig groß, oder es liegt in einer anormalen Lage, die keine glatte Geburt erlaubt. All diese Umstände führen zu einer längeren und schwierigeren Geburt. Das führt zu einer deutlich traumatischeren Prägung des Kindes als eine leichte, normale Entbindung. Und natürlich finden all diese

Faktoren bei Erfahrungssitzungen, in denen jemand seine Geburt wiedererlebt, direkten Ausdruck.

Die biologischen Ereignisse bestimmen aber nicht als einzige Faktoren unser Erleben dieser Matrix. Berichte von Menschen in Therapiesitzungen und Workshops deuten darauf hin, daß wir auch die Angst und Verwirrung einer unerfahrenen Mutter oder ihre negative und stark ambivalente Haltung gegenüber dem Kind wiedererleben können; sie können diese Phase für beide Seiten schwieriger werden lassen. Es scheint so zu sein, daß die widersprüchlichen Emotionen der Mutter das physiologische Zusammenspiel zwischen Gebärmutterkontraktionen und Öffnung des Gebärmutterhalses stören können. Das kann die Geburt behindern, sie verlängern und eine Reihe von Komplikationen in die natürliche Dynamik des Geburtsvorgangs einbringen.

Gefangen in einer feindlichen Welt

Subjektiv bringt das Wiedererleben der ersten Phase der Entbindung intensive Besorgtheit und ein Gefühl direkt bevorstehender, vitaler Bedrohung mit sich. Unser gesamtes Universum scheint in Gefahr zu sein, aber die Quelle dieses Unheils bleibt mysteriös und entzieht sich unseren Bemühungen, sie zu identifizieren. Da die ersten Veränderungen chemischer Art sind, können sie sich wie eine Krankheit oder eine Vergiftung anfühlen. Im Extremfall kann man sich vorkommen, als sei man paranoid oder leide unter einem heimtückischen Angriff. In dem Versuch, eine Erklärung zu finden, kann man diese ominösen Gefühle irgendwelchen Giften, elektromagnetischer Strahlung, bösen Kräften, Geheimorganisationen oder sogar außerirdischen Einflüssen zuschreiben. Das spontane Auftauchen von Erinnerungen an Störungen in der Gebärmutter oder das Einsetzen der Geburt scheinen zu den wichtigen Ursachen für paranoide Zustände zu gehören.

Wenn diese bedrohlichen Erlebnisse weitergehen und tiefer werden, kann man die Vision eines gigantischen Strudels entwickeln: Man

steckt mitten drin und wird erbarmungslos in sein Zentrum hinabgezogen. Es kann einem auch so vorkommen, als wäre die Erde aufgesprungen und lasse den unfreiwilligen Abenteurer in den dunklen Labyrinthen einer erschreckenden Unterwelt verschwinden. Dieselben Gefühle können auch in der Form erscheinen, daß man meint, von einem archetypischen Ungeheuer gepackt oder von einem phantastischen Oktopus oder einer riesigen Tarantel eingewickelt zu werden. Die Erfahrung kann unglaubliche Ausmaße annehmen, als ob nicht nur ein einzelnes Individuum, sondern gleich die ganze Welt verschlungen würde. Die generelle Atmosphäre ist die eines apokalyptischen Ereignisses, das die friedliche Welt im Uterus zerstört und die ozeanische und kosmische Freiheit des Fötus in qualvolles Gefangensein verwandelt hat und ihm das Gefühl gibt, von unbekannten äußeren Kräften überwältigt worden zu sein.
Wer eine voll entwickelte zweite perinatale Grundmatrix erlebt, fühlt sich in einer klaustrophobischen Welt voller Alpträume gefangen. Das Sichtfeld ist dunkel und geheimnisvoll, und die allgemeine Stimmung ist die unerträglicher emotionaler und körperlicher Quälerei. Zugleich geht jede Verbindung zur linearen Zeit verloren; was immer geschieht, scheint ewig zu dauern, als ob es nie enden würde. Unter dem Einfluß der zweiten Matrix ist man selektiv auf die schlimmsten und hoffnungslosesten Aspekte der menschlichen Existenz eingestellt; die Psyche wird ganz deutlich der dunkelsten, häßlichsten und bösesten Aspekte des Universums gewahr und beschäftigt sich ausschließlich mit diesen. Unser gesamter Planet erscheint als ein apokalyptischer Ort, erfüllt von Schrecken, Leiden, Kriegen, Seuchen, Unglücksfällen und Naturkatastrophen. Zugleich ist es unmöglich, irgendwelche positiven Aspekte des menschlichen Lebens wie Liebe und Freundschaft, künstlerische und wissenschaftliche Leistungen oder Naturschönheiten zu würdigen. In diesem Zustand sieht man schöne Kinder miteinander spielen und denkt daran, daß sie alt werden und sterben. Oder man erblickt eine herrliche Rose und stellt sich vor, wie sie in wenigen Tagen welken wird.
Die zweite perinatale Grundmatrix verbindet Menschen in einem fast mystischen Sinne mit dem Leiden der Welt und gibt ihnen ein

Gefühl von Identität mit den Mühseligen und Beladenen, mit allen, die zum Opfer gemacht werden. In den von dieser Matrix beherrschten tiefen geänderten Zuständen können wir uns selbst in Gestalt der Tausenden von jungen Männern und Frauen erleben, die in all den Kriegen der Menschheitsgeschichte gefallen sind. Wir können uns mit all den Gefangenen identifizieren, die in den Kerkern, Folterkammern, Konzentrationslagern oder Irrenanstalten dieser Welt gelitten haben oder gestorben sind. Zu den mit dieser Matrix häufig verbundenen Themen gehören Szenen von Nahrungsmangel und Verhungern sowie das Unbehagen und die Gefahr, die mit schneidender Kälte, Eis und Schnee einhergehen. Das scheint mit der Tatsache zusammenzuhängen, daß die Kontraktionen die Blutzufuhr zum Kind unterbrechen – des Blutes, das Nahrung und Wärme bedeutet. Ein weiterer typischer Aspekt der zweiten Matrix ist die Atmosphäre der entmenschlichten, grotesken und absonderlichen Welt der Automaten, Roboter und mechanischen Geräte. Auch die Bilder von menschlichen Monstrositäten und Anomalien, wie sie in Schaustellerbuden auftreten sowie das Gefühl einer sinnlosen »Spielbuden-« oder »Kartenhaus«-Welt gehören zum charakteristischen Symbolismus dieser Matrix.

Die zweite perinatale Grundmatrix weist sehr deutliche körperliche Manifestationen auf. Dazu gehören Anspannung im ganzen Körper und eine Haltung, die das Gefühl vermittelt, der Mensch sei steckengeblieben und/oder befinde sich in einem vergeblichen Ringen. Man kann extrem starken Druck auf Kopf und Körper, Schwere auf der Brust und den Schultern und verschiedene Kombinationen von intensiven physischen Schmerzen verspüren. Der Kopf ist nach vorn geneigt, die Kiefer zusammengepreßt, das Kinn auf die Brust gedrückt; die Arme sind oft über der Brust gefaltet, die Hände fest zu Fäusten geballt. Die Knie sind häufig gebogen und die Beine so gekreuzt, daß insgesamt das Bild einer fötalen Haltung entsteht. Es kann zu einem Blutstau in den Hautkapillaren kommen, und auf verschiedenen Körperteilen können rote Flecken auftreten.

Wo Anfang und Ende eins werden

Menschen, die besonders auf die zweite perinatale Grundmatrix eingestimmt sind, scheint die menschliche Existenz oft vollkommen sinnlos zu sein. Die Tatsache, daß alles unbeständig ist, gibt ihnen das Gefühl, das Leben sei auf sehr grundlegende Weise bar jeder Bedeutung; jedes zielorientierte Streben ist naiv, leer und letzten Endes selbstbetrügerischer Wahn. Aus dieser Perspektive sind Anstrengungen, Ehrgeiz oder Zukunftsträume von vornherein vergeblich. In extremen Fällen scheinen Menschen nichts anderes als bedauernswerte, ewige Opfer zu sein, die in ihrem vergeblichen Kampf gegen Mächte, die größer als sie selbst sind, nicht die geringste Aussicht auf einen Sieg haben.

Bei der Geburt werden wir vollkommen ungefragt in die Welt befördert, und die einzige Gewißheit, die wir in all dem finden können, ist die, daß wir eines Tages sterben werden. Es gibt ein lateinisches Sprichwort, das die mißliche Lage des Menschen sehr treffend schildert: *Mors certa, hora incerta* (Der Tod ist gewiß, die Stunde ungewiß). Das Schwert der Sterblichkeit hängt über unseren Köpfen und erinnert uns fortwährend an die Unbeständigkeit aller Dinge. Wir kommen nackt in diese Welt, ohne jede Habe, voller Schmerzen und Not; und ziemlich genau so werden wir sie wieder verlassen. Diese grundsätzliche Gleichung bleibt bestehen, was auch immer wir mit oder in unserem Leben tun. Das ist die grausamste und entmutigendste Botschaft der zweiten Matrix.

Die Erlebnisse in dieser Matrix enthüllen meist die tiefe Verbindung zwischen den Qualen der Geburt und denen des Todes. Wenn man die Ähnlichkeit zwischen diesen beiden Situationen erkennt, führt das oft zu tiefgreifendem Nihilismus und einer existentiellen Krise. Die dazugehörigen Bildfolgen zeigen die Bedeutungslosigkeit und Absurdität des Lebens und die Vergeblichkeit auf, daran etwas ändern zu wollen. Wir können auf Szenen treffen, die das Leben und den Tod mächtiger Könige, siegreicher Feldherrn, berühmter Filmstars und anderer Menschen aufzeigen, die außergewöhnlich viel Ruhm und Erfolg hatten. Wenn der Tod kommt, sind diese Menschen nicht anders als alle anderen auch. Diese profunde existentielle Erkenntnis, die man durch das Wiedererleben dieser Matrix erlangt, läßt einen die tiefere Bedeutung von manchen Sprüchen verstehen »Du bist Staub und sollst wieder zu Staub werden« oder »*Sic transit gloria mundi* (So vergeht der Ruhm der Welt)«.

Individuelle Emotionen und kulturelle Spiegelungen der zweiten perinatalen Grundmatrix

Die Parallelen zwischen den Wahrnehmungen und Empfindungen, die das menschliche Bewußtsein in der auswegslosen Phase der Geburt prägen, und der Philosophie und Kunst von existentialistischen Schriftstellern wie Søren Kierkegaard, Albert Camus und Jean Paul Sartre sind faszinierend. Diese Philosophen haben die primären Themen dieser Matrix schmerzhaft gespürt und lebhaft zum Ausdruck gebracht, ohne die einzig mögliche Lösung sehen zu können – spirituelle Öffnung und Transzendenz. Viele Menschen, die von Elementen der zweiten Matrix in ihrer eigenen Psyche konfrontiert wurden, haben eine tiefe Verbindung zur Existentialphilosophie gespürt, die die Hoffnungslosigkeit und Absurdität dieses Zustandes meisterhaft porträtiert. Sartre hat für eines seiner berühmtesten Stücke sogar den Titel *Kein Ausgang* verwendet. In dem Zusammenhang ist erwähnenswert, daß Sartres Leben stark von einer schwierigen und nur mäßig aufgearbeiteten Sitzung mit der psychedelischen Substanz Meskalin beeinflußt war, einem aktiven Alkaloid aus dem mexikanischen Kaktus Peyote, das von den Einheimischen als Sakrament verwendet wird. Sartres persönliche Aufzeichnungen deuten darauf hin, daß die Sitzung von Erlebnissen geprägt war, die mit der zweiten Matrix zu tun hatten.
Menschen, die unter Symptomen wie tiefen Depressionen, Verlust der Initiative, einem Gefühl von Bedeutungslosigkeit, einem Mangel von Interesse am Leben und der Fähigkeit, etwas zu genießen, leiden, sind im allgemeinen stark von diesem Aspekt des Unbewußten beeinflußt. Selbst diejenigen unter uns, die keine klinische Depression erlebt haben, kennen ähnliche Gefühle von Getrennt-

sein, Entfremdung, Hilflosigkeit, Hoffnungslosigkeit und sogar metaphysischer Einsamkeit. Und die meisten Menschen kennen Minderwertigkeits- und Schuldgefühle, wenn die Lebensumstände uns zu bestätigen scheinen, daß wir nutzlos, wertlos oder schlicht böse sind. Die Intensität dieser Gefühle steht oft in keinem Verhältnis zu den vorausgegangenen Ereignissen – das erkennen wir aber erst dann, wenn genügend Zeit verstrichen ist, um ein objektives Urteil zu ermöglichen. Und doch sind wir zu dem Zeitpunkt, zu dem wir diese Emotionen erfahren, davon überzeugt, daß sie angemessen und gerechtfertigt sind, selbst dann noch, wenn sie die metaphysischen Dimensionen der biblischen Ursünde annehmen. Und wir kommen gar nicht auf den Gedanken, daß diese Gefühle den frühen Prägungen der zweiten perinatalen Grundmatrix auf unser Bewußtsein entstammen könnten.

Das Erleben der zweiten Matrix läßt sich am besten durch ein Dreigespann beschreiben: Angst vor dem Tod, Angst davor, nie zurückzukommen, und Angst davor, verrückt zu werden. Über die Vorherrschaft des Themas »Tod« habe ich bereits gesprochen; dazu gehört oft auch das Gefühl, das eigene Leben sei ernsthaft gefährdet. Wenn das eintritt, kann der Verstand jede Menge Geschichten fabrizieren, die eine rationale »Erklärung« dafür liefern, warum es geschieht – ein drohender Herzinfarkt oder Schlaganfall, im Falle von Drogen eine »Überdosis«, oder vieles andere. Die zellulare Erinnerung an die Geburt kann mit solcher Gewalt in das Bewußtsein eindringen, daß der Betroffene ganz zweifelsfrei davon überzeugt ist, der echte biologische Tod sei möglich und stünde direkt bevor.

Der mit dieser Matrix einhergehende Verlust eines linearen Zeitgefühls kann zu der Überzeugung führen, dieser unerträgliche Moment werde ewig anhalten. Diese Schlußfolgerung hat mit demselben Fehler zu tun, den wir bei den etablierten Religionen finden: Da erscheint Ewigkeit in Form eines Uhrzeit-Intervalls statt als eine Erfahrung von Zeitlosigkeit, das heißt davon, den Grenzen der Zeit ganz entflohen zu sein. In der zweiten Matrix gehören das Gefühl von Hoffnungslosigkeit und die Sorge, »nie mehr zurückzukommen«, einfach zu den Erfahrungsmerkmalen dieses Zustandes; sie

haben keinerlei Aussagewert im Hinblick auf den Ausgang dieser Erfahrung. Der schnellste Weg aus dieser Situation hinaus ist paradoxerweise der, die Hoffnungslosigkeit dieser Lage ganz anzunehmen, was in Wirklichkeit bewußtes Hinnehmen der ursprünglichen Gefühle des Fötus bedeutet.
Die Welt der zweiten perinatalen Grundmatrix ist – mit ihrem alles durchdringenden Gefühl von Gefahr, kosmischem Verschlungenwerden, absurden und grotesken Wahrnehmungen der Welt und dem Verlust der linearen Zeit – so anders als unsere Alltagsrealität, daß wir meinen können, wir stünden hart am Rande des Wahnsinns, wenn wir ihr begegnen. Wir sind sicher, alle mentale Kontrolle verloren zu haben oder bereits »jenseits« und in Gefahr zu sein, eine anhaltende Psychose zu entwickeln. Die Einsicht, daß diese extreme Form des Erlebens nur das Trauma der Geburt spiegelt, kann vielleicht dazu beitragen, besser mit der Situation fertigzuwerden, vielleicht aber auch nicht. Eine mildere Version dieses Zustandes ist, daß wir glauben, durch die Erfahrung der zweiten Matrix eine genaue und verbindliche Einsicht in die totale Absurdität der Existenz gewonnen zu haben und daß wir nie wieder zu der gnädigen Selbsttäuschung werden zurückkehren können, die für ein effektives Funktionieren in dieser Welt notwendig ist.

Spirituelle Bilder und Einsichten der zweiten perinatalen Grundmatrix

Die zweite Matrix hat, ebenso wie die erste, eine reiche spirituelle und mythologische Dimension. Archetypische Bilder, die die Qualität der Erfahrungen in dieser Kategorie zum Ausdruck bringen, finden sich in allen Kulturen dieser Welt. Das Motiv des unerträglichen emotionalen und körperlichen Leidens, das nie enden wird, finden wir am deutlichsten in den Bildern von Hölle und Unterwelt, die in fast allen Kulturen vorkommen. Die Einzelheiten dieser Bilder können von einer kulturellen Gruppe zur nächsten wechseln, aber die meisten weisen wichtige Ähnlichkeiten auf. Sie repräsentieren die negativen Gegenstücke und polaren Gegensätze zu den verschiedenen Paradiesen, die wir bei der ersten Grundmatrix gesehen haben. Die Atmosphäre dieser dunklen Unterwelten ist bedrückend. Entweder gibt es gar keine oder nur eine verdorbene, vergiftete und gefährliche Natur – Sümpfe und stinkende Bäche, stachelige Bäume mit giftigen Früchten, eisige Landschaften, brennende Seen und Flüsse voller Blut. Man kann Foltern beobachten oder erleben, bei denen Dämonen mit Schwertern, Speeren und Mistgabeln scharfe Schmerzen zufügen; die Sünder in Kesseln gekocht werden oder in eisigen Regionen erfrieren; andere werden stranguliert und zerquetscht. In der Hölle gibt es nur negative Emotionen – Angst, Verzweiflung, Hoffnungslosigkeit, Schuld, Chaos und Verwirrung.

Schmerzbringende archetypische Gestalten repräsentieren die ewige Verdammnis und Folter. Die alten Griechen scheinen einen besonders engen Kontakt zu dieser Dimension gehabt zu haben. Ihre Tragödien, die sich um Themen wie unauflösliche Verfluchungen, Schuld, die von einer Generation an die nächste weitergegeben wird, und die Unvermeidlichkeit des eigenen Schicksals ranken, beschreiben ziemlich genau die Atmosphäre der zweiten Grundmatrix. Die griechischen mythologischen Figuren, die ewige Qualen symbolisieren, erreichen heroische Ausmaße. Sisyphos, der sich vergeblich müht, einen schweren Steinblock auf den Hügel hinaufzurollen, verliert ihn sofort wieder, wenn er auch nur den leisesten Verdacht hat, Fortschritte zu machen. Ixion ist auf ein brennendes Rad gefesselt, das ewig durch die Unterwelt wirbelt. Tantalos steht in einem klaren Teich, die Trauben hängen über seinem Kopf, aber er wird von quälendem Hunger und Durst gepeinigt, weil alles zurückweicht, sobald er danach greift. Und der an einen Felsen geschmiedete Prometheus wird von einem Adler gefoltert, der aus seiner immer wieder nachwachsenden Leber Stücke heraushackt.

In der christlichen Literatur kommt die zweite Matrix in der »dunklen Nacht der Seele« zum Ausdruck, die Mystiker wie Johannes vom Kreuz als wichtiges Stadium in der spirituellen Entwicklung sahen. Von besonderer Bedeutung ist die Geschichte von Adam und Eva, ihrer Vertreibung aus dem Paradies und dem Ursprung des Sündenfalls. Im Alten Testament verbindet Gott diese Situation ganz gezielt mit der Geburt und den Wehenschmerzen, wenn er Eva verkündigt »Du sollst mit Schmerzen Kinder gebären«. Der Verlust des himmlischen Reiches wird in der Geschichte vom Fall der Engel beschrieben, die zur Erschaffung der Polarität zwischen Himmel und Hölle führt. Christliche Beschreibungen der Hölle weisen spezifische Verbindungen zu den Erfahrungen der zweiten perinatalen Grundmatrix auf.

In veränderten Bewußtseinszuständen haben viele Leute die Einsicht, daß die religiösen Lehren über die Hölle den Erlebnissen der zweiten Matrix entsprechen, was den ansonsten ziemlich unglaubwürdig erscheinenden theologischen Konzepten einen Anklang von Wahrheit verleiht. Diese Verbindung zu den frühen unbewußten Erinnerungen könnte erklären, warum die Bilder von Hölle und Unterwelt Kinder und Erwachsene so stark beeindrucken. In der Bibel sind die Beschreibung von Hiobs Qualen und der Folter, Verzweiflung, Erniedrigung und Kreuzigung Christi eng mit der zweiten Grundmatrix verwandt.

In der spirituellen Literatur des Buddhismus findet sich der Symbolismus der zweiten Matrix in der Geschichte von den »Vier Erscheinungen« aus dem Leben des Buddha. Diese bezeichnen vier einflußreiche Ereignisse, die den Entschluß Gautama Buddhas auslösten, seine Familie und das luxuriöse Leben im königlichen Palast aufzugeben, um auf die Suche nach Erleuchtung zu gehen. Während seiner Wanderungen in der Umgebung der Stadt sah er nacheinander vier Szenen, die einen unauslöschlichen Eindruck auf ihn machten. Zuerst sah er einen alten, hinfälligen Mann mit Zahnstummeln, grauem Haar und gebeugtem, verkrümmtem Körper. Diese Szene steht für Buddhas Konfrontation mit der Tatsache des Alterns. Die zweite war seine Begegnung mit einem Menschen, der, von Krankheit gepeinigt, im Straßengraben lag; seine Konfrontation mit Krankheit. In der dritten Szene sah er einen Leichnam, was für sein volles Erkennen der Existenz des Todes und der Unbeständigkeit steht. Bei seiner vierten Wanderung begegnete er schließlich einem Mönch mit geschorenem Kopf in einem ockerfarbenen Gewand, der etwas ausstrahlte, das all das fleischliche Leid zu transzendieren schien. Das plötzliche Gewahrsein dessen, daß das Leben vergänglich, der Tod eine Tatsache ist und Leiden existiert, gab Gautama Buddha den Impuls, der Welt zu entsagen und sich auf seine spirituelle Reise zu begeben.

In der Erfahrungsarbeit mit der zweiten perinatalen Grundmatrix geraten viele Menschen in dieselben Krisen wie Buddha bei den »Vier Erscheinungen«. Während solcher Episoden liefert das eigene Unbewußte die Bilder von Alter, Krankheit, Tod und Vergänglichkeit, die schließlich die existentielle Krise beschleunigen. Der Mensch sieht die Sinnlosigkeit eines Lebens ohne Spiritualität, beschränkt nur auf oberflächliche Vergnügungen und weltliche Ziele. Diese Entdeckung ist ein wichtiger Schritt auf eine spirituelle Öffnung hin, die beginnt, wenn sich der Gebärmutterhals öffnet und die ausweglose Situation der zweiten Grundmatrix sich ändert.

Künstlerische Ausdrucksformen der zweiten perinatalen Grundmatrix

Viele Leute bezeichnen Dantes *Inferno* als eine dramatische Beschreibung der zweiten Matrix. Sie verstehen die gesamte *Göttliche Komödie* als Bericht über die transformierende Reise und die spirituelle Öffnung. Zu den weiteren künstlerischen Leistungen, die die Atmosphäre dieses Gebiets vermitteln, gehören die Romane und Erzählungen von Franz Kafka, die abgrundtiefe Schuld und Seelenqualen widerspiegeln, und Passagen aus den Schriften von Emile Zola, die die dunkelsten und abstoßendsten Aspekte der menschlichen Natur beschreiben. Auch die Gruselgeschichten von Edgar Allen Poe porträtieren oft Elemente der zweiten Matrix wie etwa in »Grube und Pendel«. Der Fluch des Fliegenden Holländers und des Ewigen Juden Ahasver, die verurteilt sind, bis ans Ende der Welt zu leben und herumzuziehen, sind ebenfalls relevante Beispiele aus der Welt der Künste.

Zu den Gemälden, die die Atmosphäre der zweiten Matrix einfangen, gehören die Bildnisse der Hölle in der christlichen, der buddhistischen und der moslemischen Kunst sowie Darstellungen der Ecce-Homo-Szene, des Kreuzweges und der Kreuzigung Jesu. Hieronymus Boschs Welt voll bizarrer, alptraumartiger Geschöpfe, Francisco Goyas Gemälde von den Schrecken des Krieges und viele surrealistische Bilder gehören gewiß in diese Kategorie. Besonders stark sind die Arbeiten von Hansruedi Giger, einem Schweizer Künstler, der im perinatalen Bereich ein echtes Genie ist. Seine Bildwelten wechseln zwischen der zweiten und der (im nächsten Kapitel ausführlich beschriebenen) dritten Grundmatrix und repräsentieren den Symbolismus der perinatalen Matrizen in einer bestechend deutlichen und leicht erkennbaren Form. Giger erhielt einen Goldenen Oscar für seine makabren künstlerischen Entwürfe für den Film *Alien*, die allesamt dramatische perinatale Züge aufweisen. Für den Nachfolgefilm, *Aliens*, erschuf er ein phantastisches archetypisches Bild der Verschlingenden Mutter – ein erschreckendes, spinnenähnliches außerirdisches Weib mit ihrer diabolischen Brutanstalt. Auch in den Filmen von Frederico Fellini, Ingmar Bergman, George Lucas, Steven Spielberg und vielen anderen finden sich reichlich perinatale Themen.

Die zweite perinatale Grundmatrix und die Opferrolle im Alltagsleben

Wie auch bei der ersten Matrix entstehen bei dieser ebenfalls Verbindungen zu Erinnerungen aus späteren Lebensjahren, die den hier gemachten Erfahrungen ähneln. Die in engem Zusammenhang mit der zweiten Matrix gespeicherten Ereignisse sind unangenehme Situationen, in denen wir uns bedroht und ohne Hoffnung fühlen, in denen eine überwältigend destruktive Kraft über uns hereinbricht und in der unsere Rolle als hilfloses Opfer betont wird. Besonders bedeutsam sind Erinnerungen an Vorfälle, bei denen das physische Wohlbefinden und das Überleben auf dem Spiel standen, sei es durch chirurgische Eingriffe, körperliche Mißhandlung, einen Autounfall oder Kriegsverletzungen. Diese werden wegen ihrer Ähn-

lichkeit zu bestimmten Aspekten des Geburtstraumas meist so im Gedächtnis gespeichert, daß sie mit der zweiten Matrix verbunden sind oder diese teilweise überlappen.
Wenn wir solche traumatischen Ereignisse erleben, trägt uns das gegenwärtige Geschehen zurück zum entsprechenden perinatalen Material und reaktiviert unseren alten emotionalen und physischen Schmerz. Wir reagieren dann nicht nur auf die momentane Situation, sondern auch auf ein frühes, fundamentales Trauma in unserem Leben. Das kann erklären, wie tief der psychologische Schaden nach Kriegen, Naturkatastrophen, Zeit in Konzentrationslagern oder Kidnapping durch Terroristen reicht, und welch anhaltende negative Folgen damit einhergehen. Diese Situationen sind nicht nur ohnehin traumatisch, was bereits ernst genug ist, sondern berauben außerdem die Opfer der Abwehrmechanismen, die sie gewöhnlich vor den schmerzhaften Elementen des unbewußten Materials schützt, das sie in ihrer Psyche beherbergen. Um wirksam mit diesen Zuständen zu arbeiten, muß man eine unterstützende Umgebung schaffen und Techniken anwenden, die diesen Menschen erlauben, nicht nur die jüngeren Traumen aus der Erwachsenenzeit, sondern auch die darunter liegenden ersten Erinnerungen an das Opfersein, die mit der zweiten Matrix zusammenhängen, wiederzuerleben und durchzuarbeiten.
Auf einer subtileren Ebene kann die zweite Matrix auch Erinnerungen an ernsthafte psychische Frustrationen, besonders Verlassenwerden, Ablehnung, Entzug, emotional bedrohliche Ereignisse und beengende oder unterdrückende Situationen in der Kernfamilie und im späteren Leben bergen. In der Familie, aus der man stammt, im Klassenzimmer, in intimen Beziehungen, bei der Arbeit und in der Gesellschaft im allgemeinen in der Rolle des Opfers zu stehen, wird die Erinnerung an das ausweglose Stadium der Geburt verstärken und weitertragen und sie psychologisch relevanter und bewußter Erfahrung zugänglicher machen. Die zweite Matrix ist auch mit einer Vielfalt von unangenehmen Empfindungen und Spannungen in den Körperbereichen verbunden, die Freud die erogenen oder lusterzeugenden Zonen nannte. Auf der oralen Ebene kann es sich bei diesen Empfindungen um Hunger und/oder Durst handeln; im

analen Bereich treten unangenehme Empfindungen im Mastdarm und Kolon auf wie Verstopfung, Kolitis oder Hämorrhoiden; im urogenitalen Trakt zeigen sich sexuelle Frustration oder Schmerzen, deren Ursache in Infektionen oder chirurgischen Eingriffen liegen, sowie schmerzhaftes Zurückhalten von Urin.

Der Weg von der Hölle zum Fegefeuer

In diesem Stadium der Geburt zieht jede Uteruskontraktion die Cervix über den Kopf des Kindes und weitet die Gebärmutteröffnung. Wenn die Öffnung schließlich so groß ist, daß der Kopf des Kindes ins Becken rutscht, verändert sich nicht nur das biologische, sondern auch das psychische Erleben der Geburt. Die Auswegslosigkeit der zweiten Matrix verwandelt sich in einen langsamen Weg durch den Geburtskanal, der die nächste Matrix kennzeichnet. Im nächsten Kapitel werden wir die reiche und farbenfrohe Welt dieser dritten perinatalen Grundmatrix und ihre Auswirkungen auf unser individuelles und kollektives Leben erforschen.

4. Das Ringen um Tod und Wiedergeburt

Bist du bereit, weggewischt,
ausradiert, gelöscht, zu Nichts
gemacht zu werden?
Bist du bereit, zu Nichts gemacht,
in Vergessenheit getaucht zu werden?
Wenn nicht, wirst du dich nie wirklich ändern.
D. H. Lawrence, *Phoenix*

Zwar konnte er den Geburtskanal nie ganz deutlich sehen, aber er spürte den quetschenden Druck auf seinem Kopf und überall, und er wußte mit jeder Zelle seines Körpers, daß er sich im Geburtsvorgang befand. Die Spannung stieg bis in Dimensionen, die er nie für menschenmöglich gehalten hatte. Stirn, Schläfen und Hinterhaupt standen unter unnachgiebigem Druck – als ob sie in stählernen Klammern gefangen wären. Die Spannungen in seinem Körper waren zudem von brutal mechanischer Art; er stellte sich vor, daß er durch einen riesigen Fleischwolf oder eine gigantische Presse voller Zahnräder und Zylinder gedreht würde. Bilder von Charlie Chaplin, der in *Moderne Zeiten* Opfer einer technologischen Welt wird, flitzten ihm durch den Kopf. Durch seinen Körper schienen mächtige Energieströme zu fließen, sich zu verdichten und in explosionsartigen Entladungen freizusetzen.
Er spürte eine erstaunliche Mischung von Gefühlen; er war am Ersticken, ängstlich und hilflos, aber auch wütend und auf merkwürdige Weise sexuell erregt. Ein weiterer wichtiger Aspekt dieser Erfahrung war die vollkommene Verwirrtheit, in der er sich befand. Einerseits meinte er ein in einen erbitterten Überlebenskampf verwickelter Säugling zu sein und erkannte, daß das, was ihm bevorstand, seine Geburt war. Andererseits erlebte er sich selbst als gebärende Mutter. Verstandesmäßig wußte er, daß er als Mann nie würde gebären können, zugleich aber hatte er das Gefühl, eine

Grenze zu überschreiten, hinter der das Unmögliche Wirklichkeit wurde. Es stand außer Frage, daß er Verbindung zu etwas Ursprünglichem hatte – einem alten weiblichen Archetyp, dem der gebärenden Mutter. Zum Bild seines Körpers gehörten ein großer Schwangerschaftsbauch und weibliche Genitalien mit all den Nuancen biologischer Empfindungen. Er war frustriert, daß er sich diesem elementaren Prozeß nicht hingeben konnte – zu gebären und geboren zu werden, loszulassen und das Baby herauszulassen.

Aus der Unterwelt seiner Psyche tauchten massenweise Aggressionen auf; es war, als ob ein kosmetischer Chirurg plötzlich einen Abszeß aufgeschnitten hätte, der nur aus Bösem bestand. Er wurde von einem Werwolf oder Berserker in Besitz genommen; Dr. Jekyll verwandelte sich in Mr. Hyde. Er sah viele Bilder von Opfern und Mördern in einer Person, so wie er zuvor nicht zwischen dem Kind und der gebärenden Mutter unterscheiden konnte. Er war ein gnadenloser Tyrann, ein Diktator, der seine Untergebenen unvorstellbaren Grausamkeiten aussetzte, und er war zugleich der Revolutionär, der die wütenden Massen anführte, um den Tyrann zu stürzen. Er wurde zum Verbrecher, der kaltblütig mordet, und zum Polizisten, der den Kriminellen im Namen des Gesetzes erschießt. Er erlebte die Schrecken der Konzentrationslager im Dritten Reich. Als er die Augen öffnete, sah er sich selbst als SS-Offizier. Er hatte ein tiefes Gefühl, daß er, der Nazi, und er, der Jude, ein und derselbe Mensch waren. In seinem Inneren konnte er einen Hitler und einen Stalin spüren, und er fühlte sich für die Grausamkeiten in der Menschheitsgeschichte voll verantwortlich. Er erkannte, daß das Problem der Menschheit nicht in der Existenz von bösartigen Diktatoren liegt, sondern in diesem versteckten Killer, den wir alle in unserer eigenen Psyche finden, wenn wir tief genug schauen.

Dann veränderte sich die Qualität der Erfahrung und nahm mythologische Ausmaße an; statt des Bösen in der Menschheitsgeschichte spürte er nun eine Atmosphäre von Hexerei und die Anwesenheit von dämonischen Elementen. Seine Zähne verwandelten sich in lange Hauer, gefüllt mit einem mysteriösen Gift, und er flog als gefährlicher Vampir auf großen Fledermausflügeln durch die Nacht. Dem folgten bald wilde, berauschende Szenen aus einem

Hexensabbat. In diesem dunklen, sinnlichen Ritual schienen all die sonst verbotenen und unterdrückten Impulse an die Oberfläche zu drängen, um erfahren und ausgelebt zu werden. Als das Dämonische allmählich aus der Erfahrung schwand, fühlte er sich noch immer sehr erotisiert und beschäftigte sich mit endlosen Bildern wilder Orgien und sexueller Phantasien, bei denen er selbst alle Rollen spielte. Während dieser ganzen Erlebnisse war er weiterhin gleichzeitig das Kind, das sich durch den Geburtskanal kämpft, und die Mutter, die es gebärt. Ihm wurde vollkommen klar, daß Sexualität und Geburt eng zusammenhängen und daß außerdem satanische Kräfte wichtige Verbindungen zur Situation im Geburtskanal haben.

Er rang und kämpfte in vielen verschiedenen Rollen und gegen viele Feinde. Manchmal fragte er sich, ob dies Elend je ein Ende finden würde. Dann tauchte in seinem Erleben ein neues Element auf. Sein gesamter Körper war von irgendeinem glitschigen biologischen Unrat bedeckt. Er konnte nicht erkennen, ob es sich um Fruchtwasser, Schleim, Blut oder vaginale Absonderungen handelte. Dasselbe Zeug schien in seinen Mund und sogar in seine Lungen gelangt zu sein. Er würgte, rang nach Luft, schnitt Grimassen und spuckte, um es aus seinem System heraus und weg von seiner Haut zu bekommen. Gleichzeitig empfing er eine Botschaft, daß er nicht kämpfen müsse; der Prozeß hatte einen eigenen Rhythmus, und dem brauchte er sich nur zu unterwerfen. Es war so, als hätte ihn seine Geburt irgendwie darauf programmiert, das Leben als viel komplizierter und gefährlicher anzusehen, als es in Wirklichkeit ist. Er meinte, diese Erfahrung habe ihm dafür die Augen geöffnet, und nun könne sein Leben viel leichter und spielerischer werden als früher.[7]

Der gefährliche Durchgang beginnt

Wie bei den obigen Erfahrungen zu sehen, ist die dritte perinatale Grundmatrix extrem dynamisch und reich an positiven wie negativen Bildern. Auf der biologischen Ebene gibt es Gemeinsamkeiten mit der zweiten Matrix, besonders durch die anhaltenden Uteruskontraktionen und das allgemeine Gefühl von Beengtheit und Bedrängtheit. Wie in den früheren Phasen behindert auch jetzt jede Kontraktion die Sauerstoffversorgung des Fötus. Komplikationen wie eine um den Hals gewickelte oder zwischen Kopf und Becken eingeklemmte Nabelschnur können zusätzliche Erstickungsgefahren bilden.

Zwar gibt es zwischen dieser und der letzten Matrix gewisse Parallelen, aber es gibt auch entscheidende Unterschiede, auf die sorgfältig zu achten ist. In der vorigen Matrix war die Cervix geschlossen; nun ist sie offen und läßt den Fötus durch den Geburtskanal. Der Kampf ums Überleben geht weiter, aber nun gibt es Hoffnung, den Glauben, daß der Kampf ein Ende haben wird.

In diesem Stadium wird der Kopf des Kindes in die Beckenöffnung gedrückt, die so eng ist, daß der Weg selbst unter normalen Bedingungen langsam und mühevoll ist. Die Muskulatur der Gebärmutter ist sehr stark, und der Druck der Kontraktionen liegt zwischen 50 und 100 Pfund. Das schafft eine Atmosphäre von widersprüchlichen und gegeneinander wirkenden Energien und starken hydraulischen Druck. Der Organismus der Mutter und der des Kindes sind noch immer auf vielen Ebenen eng verbunden; aus diesem Grund kann es, wie der obige Bericht zeigt, zu einer starken Identifikation zwischen den beiden kommen. Im Erinnerungsspeicher dieser Matrix haben wir kein Gefühl von Grenzen zwischen uns selbst und unserer Mutter. Bisher hat weder die körperliche noch die psychische Trennung stattgefunden. Mutter und Kind sind noch eines Bewußtseins. Daher ist es möglich, all die Gefühle und Empfindungen des Kindes zu erleben, sich vollkommen mit der gebärenden Mutter zu identifizieren und eine Verbindung zum Archetypus der gebärenden Mutter herzustellen.

Die Geburtserfahrung und Sexualität

Diese Matrix ist durch das Erleben von intensiven körperlichen Schmerzen, Angst, Aggression, einem seltsamen Gefühl von Aufregung und drängender Energie gekennzeichnet, aber auch, und das ist zweifellos der überraschendste Aspekt des gesamten Geburtsvorgangs, durch sexuelle Erregung. Dies bedarf deutlich einer Erklärung, zumal diese Tatsache wichtige Implikationen für das Verständnis dessen mit sich bringt, was ansonsten wie sehr verwirrende Formen von Sexualverhalten wirkt. Da der Genitalbereich der Mutter intensiv an der Geburt beteiligt ist, kann man leicht nachvollziehen, daß ihre Erfahrung eine sexuelle Komponente beinhaltet. Darüber hinaus folgen der Aufbau und das Loslassen von Spannung im Laufe des Prozesses einem natürlichen Zyklus, der dem des sexuellen Orgasmus ähnelt. Viele Frauen, die ihre Kinder unter idealen Bedingungen zur Welt gebracht haben, bezeichnen dies als die stärkste sexuelle Erfahrung ihres Lebens. Aber es ist viel schwieriger zu verstehen oder gar zu glauben, daß die Geburt auch beim Baby sexuelle Gefühle auslöst.

Mit der Bekanntgabe seiner Entdeckung, daß die Sexualität nicht erst in der Pubertät, sondern bereits in der frühen Kindheit beginnt, hat Sigmund Freud damals die Welt schockiert. Hier nun sind wir aufgefordert, unsere Vorstellungskraft noch weiter zu strapazieren und zu akzeptieren, daß wir schon vor der Geburt sexuelle Empfindungen haben! Die Beobachtungen von Menschen, die in veränderten Bewußtseinszuständen die dritte perinatale Grundmatrix erleben, liefern klare Hinweise darauf, daß das stimmt. Die Beweise legen nahe, daß der menschliche Körper einen Mechanismus beherbergt, der extremes Leiden, besonders wenn es mit Erstickungsgefühlen einhergeht, in einen der sexuellen Erregung ähnlichen Zustand übersetzt. Beschreibungen davon stammen von Patienten mit sadomasochistischen Beziehungen, Kriegsgefangenen, die gefoltert wurden, und von Menschen, die nach einem erfolglosen Versuch, sich zu erhängen, überlebt haben. In all diesen Situationen kann Agonie eng mit Ekstase einhergehen, was sogar, wie bei den Flagellanten und religiösen Märtyrern, zu einer Erfahrung der Transzendenz führen kann.

Was bedeutet das im Hinblick auf unsere Alltagsrealität? Zunächst muß man verstehen, daß unser erstes Erleben von Sexualität in einem lebensbedrohlichen Zusammenhang erfolgt. Zur gleichen Zeit machen wir auch die Erfahrung zu leiden, Schmerz zuzufügen, uns zu ängstigen und blinde Aggressionen zu spüren. Außerdem erlebt das Kind auf dem Weg durch den Geburtskanal den Kontakt mit verschiedenen biologischen Produkten wie Schleim, Blut und manchmal sogar Urin und Fäkalien. Das bildet, in Verbindung mit anderen Ereignissen, eine natürliche Basis für die Entwicklung einer Vielfalt von sexuellen Störungen und Abweichungen im späteren Leben. Die Erfahrungen der dritten Matrix können, wenn sie durch traumatische Erlebnisse als Säugling und Kleinkind verstärkt werden, sexuelle Dysfunktionen sowie zwanghaftes Verhalten und Sadomasochismus, die Assoziation von Urin und Fäkalien mit Sexualität und selbst kriminelle Sexualität begünstigen.

Die titanische Dimension der dritten Matrix

Die dritte perinatale Grundmatrix verfügt, ebenso wie die anderen, über einen eigenen Symbolismus, der weltliche, mythologische und spirituelle Themen umfaßt. Diese lassen sich in fünf gut unterscheidbare Kategorien einteilen die titanische, die aggressive und sadomasochistische, die sexuelle, die dämonische und die skatologische. Alle fünf haben jedoch auch ein gemeinsames Thema: die Begegnung mit dem Tod und der Kampf darum, geboren zu werden. Meistens sind die mit der dritten Matrix zusammenhängenden Erlebnisse eine Mischung aus mit der Geburt verwandten Empfindungen und Emotionen sowie archetypischem Symbolismus, wie der Bericht am Anfang dieses Kapitels zeigt.

Der vielleicht eindrucksvollste Aspekt dieser Matrix ist die Atmosphäre des titanischen Kampfes, der häufig katastrophale Dimensionen erreicht. Er spiegelt deutlich das gewaltige Ausmaß der in diesem Stadium des Geburtsvorgangs miteinander in Konflikt stehenden Energien, die wir zu entladen suchen. Die Intensität der schmerzhaften Spannung erreicht einen Grad, der weit über das hinauszugehen scheint, was ein Mensch ertragen kann. Man kann Sequenzen einer extremen Verdichtung und Fokussierung von Energie erleben, die wie Hochspannungsstrom durch den Körper fließt. Diese Energie kann sich stauen oder einen Kurzschluß auslösen, was zu enormen Spannungen in einzelnen Körperteilen führt, die sich explosionsartig entladen können. Bei manchen Menschen geht das mit Bildern aus der modernen Technologie und den von Menschen verursachten Katastrophen einher – riesigen Elektrizitätswerken, Hochspannungsleitungen, Explosionen von Atombomben, dem Start von Raketen, Artilleriekämpfen, Luftangriffen und anderen Kriegsszenen.

Andere nehmen während dieser Erfahrung Verbindung zu vernichtenden Naturkatastrophen wie explodierenden Vulkanen, zerstörerischen Erdbeben, tosenden Hurrikanen und Wirbelstürmen, spektakulären elektrischen Stürmen, Kometen oder Meteoriten und kosmischen Umwälzungen auf. Wir haben schon Vergleiche mit den letzten Tagen von Pompeji oder dem Vulkanausbruch auf Krakatau gehört. Bilder von Zerstörungen durch Wasser sind weniger häufig, beschreiben dann aber ähnlich schreckliche Szenarien: tobende Meeresstürme, riesige Flutwellen, reißende Flüsse mit Hochwasser oder einstürzende Staudämme, die zur Überflutung von ganzen Städten führen. Manche Menschen haben mythologische Bilder beschrieben: den Untergang von Atlantis, das Ende von Sodom und Gomorrha oder sogar das biblische Armageddon.

Perinatale Wurzeln von Gewalt

Die aggressiven und sadomasochistischen Aspekte der dritten Matrix scheinen logische Produkte der Situation, in der sich das Kind im Geburtskanal befindet. Die nach außen gerichtete Aggression spiegelt den biologischen Zorn eines Organismus, dessen Überleben durch drohendes Ersticken in Gefahr ist. Das läßt sich weder psychologisch erklären noch hat es eine ethische Bedeutung. Es ist dem Geisteszustand vergleichbar, in den jeder von uns geraten würde, wenn man uns den Kopf unter Wasser hielte und wir nicht mehr atmen könnten. Wird dieser Aspekt der Matrix in veränderten Zuständen aktiviert, findet er seinen Ausdruck in zahlreichen Bildern von Kriegen, Revolutionen, Massakern, Metzeleien, Foltern und Mißbrauch unterschiedlichster Art, bei denen wir die aktive Rolle spielen.

Außerdem geht mit dieser Matrix eine Form von nach innen gerichteter Aggression einher. Diese Aggression, die in selbstzerstörerischen Phantasien und Impulsen zum Ausdruck kommt, scheint die Internalisierung von Kräften zu sein, die uns ursprünglich von außen auferlegt wurden – von den Gebärmutterkontraktionen und dem Widerstand im Geburtskanal. Die Erinnerung an diese Erfahrung überlebt in uns als ein Gefühl von emotionaler und körperlicher Bedrängnis und als Unfähigkeit, unser Leben ganz zu genießen. Manchmal nimmt sie die Form eines grausamen inneren Richters an, der Bestrafung fordert, eines grausamen Teils des Über-Ichs, das den Betroffenen zu extremer Destruktivität gegen sich selbst führen kann.

Ich möchte an dieser Stelle auf einige wichtige Unterschiede zwischen den Erfahrungen der zweiten und der dritten Matrix hinweisen. Bei der zweiten Matrix sind wir ausschließlich Opfer, bei der dritten können wir uns abwechselnd mit dem Opfer und dem Täter identifizieren. Zusätzlich stecken wir manchmal in der Rolle des Beobachters, der die Szenen von außen betrachtet. Das sehen wir in dem Bericht am Anfang dieses Kapitels, in dem sich der Mann sowohl als das jüdische Opfer wie als der Nazi-Täter sieht. Menschen, die auf diesen Aspekt ihres Geburtsvorgangs stoßen, sagen häufig, sie könnten sich dadurch tatsächlich mit grausamen Kriegsherren und Tyrannen wie Dschingis Khan, Hitler oder Stalin oder sogar mit heutigen Massenmördern identifizieren und Mitgefühl mit ihnen empfinden.

Die sadomasochistischen Assoziationen dieser Matrix spiegeln die Beziehung zwischen dem Verursachen und dem Zufügen von Schmerz einerseits und dem Leiden und sexueller Erregung andererseits, wie sie oben beschrieben wurde. Dies erklärt die für den

Sadomasochismus charakteristische Verknüpfung von sexuellen Gefühlen und Schmerz. Sadismus und Masochismus treten nie als klar abgegrenzte Phänomene auf; sie sind vielmehr in der menschlichen Psyche miteinander verbunden und stellen die zwei Seiten der einen Münze dar. Die mit sadomasochistischen Erfahrungen verbundenen Bilder handeln von Vergewaltigung, sexuellen Morden und sadomasochistischen Praktiken, bei denen man Schmerzen zugefügt bekommt oder selbst austeilt.

Die Agonie und die Ekstase der Geburt

Wenn die mit dieser Matrix einhergehenden Erfahrungen stärker werden, beginnen sich die ursprünglich polar entgegengesetzten Gefühle und Empfindungen (beispielsweise Schmerz und Lust) zu überschneiden. Sie können allmählich zu einem einzigen undifferenzierten Geisteszustand verschmelzen, der alle möglichen Dimensionen menschlicher Erfahrungen enthält. Intensives Leiden und exquisite Freude werden dasselbe; brennende Hitze fühlt sich an wie schneidende Kälte; mörderische Aggression und leidenschaftliche Liebe werden eins; und die Agonie des Todes wird zur Ekstase der Geburt. Wenn das Leiden seinen Höhepunkt erreicht, scheint diese Agonie merkwürdigerweise zu enden. Statt dessen wird die Intensität der Erfahrung in wilde, ekstatische Verzückung verwandelt, die man als »dionysische« oder »vulkanische Ekstase« bezeichnen kann.

Diese vulkanische Ekstase oder Verzückung kann so weit gehen, daß sie transzendentale Ausmaße annimmt. Im Gegensatz zu der mit der ersten Matrix einhergehenden ozeanischen Ekstase gehört zu der vulkanischen eine riesige explosive Spannung mit sowohl aggressiven wie selbstzerstörerischen Elementen. Diese Form von Verzückung kann man beim Gebären, bei Unfällen oder in Ritualen mit physisch schmerzhaften Vorgängen erleben, wie bei den Praktiken der Flagellanten oder dem Sun Dance der amerikanischen Indianer, bei denen man sich freiwillig über einen längeren Zeitraum intensiven Schmerzen unterzieht. Eine bestimmte Ebene vulkanischer Ekstase kann man auch bei den Zeremonien der Urvölker erreichen, zu denen wilde Tänze und laute, berauschende Musik gehören, oder sogar bei ihren modernen Gegenstücken, den Rockkonzerten.

Der sexuelle Aspekt der dritten Matrix wird meist als allgemeine Erotisierung erlebt, die man nicht nur in den Genitalien, sondern im ganzen Körper spürt. Viele beschreiben eine Verzückung, die der Anfangsphase des sexuellen Orgasmus ähnelt, aber tausendmal stärker ist. In diesem Fall können die Empfindungen auch über viel längere Zeit anhalten und sind oft von zügellosen erotischen Bildern begleitet. Die hier geschilderte Sexualität ist durch die enorme Intensität der instinkthaften Triebe gekennzeichnet, die kein bestimmtes Ziel aufweisen. Sie ist keinesfalls mit der Erotik zu verwechseln, wie wir sie bei Liebesbeziehungen erleben, in denen es tiefe gegenseitige Achtung, Verständnis und Gefühle von Zuneigung gibt, die in einer sexuellen Vereinigung münden. Hier liegt die Betonung vielmehr auf einer selbstbezogenen Befriedigung primitiver sexueller und oft von der Norm abweichender Triebe auf jede erdenkliche Weise und mit wenig Rücksicht auf den Partner.

Die Bilder und Erfahrungen der dritten perinatalen Grundmatrix tragen oft pornographische Züge oder verbinden Sex mit Gefahr und Schmutz. Während dieser Sequenzen kann man sich mit Haremsbesitzern, Zuhältern und Prostituierten oder unzähligen historischen und legendären sexuellen Gestalten wie Casanova, Rasputin, Don Juan oder Maria Theresia identifizieren. Man wird Zeuge von und Teilnehmer an Szenen aus Soho, Pigalle und anderen berühmten Rotlichtbezirken. Da diese Matrix auch eine dynamische spirituelle Komponente aufweist, begegnen wir gelegentlich scheinbar widersprüchlichen Erfahrungen, die Sex und Transzendenz verbinden. Hier können Visionen von Fruchtbarkeitsritualen, Anbetung des Phallus und Tempelprostitution vorkommen.

Das vielleicht sonderbarste an den Erfahrungen der dritten Matrix ist die emotionale Nähe von Tod und Sexualität. Man sollte meinen, der Gedanke an den Tod würde alle libidinösen Gefühle wegwischen. Soweit es diese Matrix betrifft, scheint das Gegenteil zu stimmen. Beobachtungen aus der klinischen Psychiatrie, Erfahrungen von Menschen, die in Gefängnissen und Konzentrationslagern gefoltert wurden, und die Akten von Amnesty International belegen die Tatsache, daß es starke Beziehungen zwischen der ekstatischen Verzückung bei Sex und Geburt und der extremen Bedrohung der Unversehrtheit und des Überlebens gibt. In dem Prozeß von Tod und Wiedergeburt wechseln sich Motive aus all diesen Gebieten ab oder bestehen sogar in unterschiedlichen Kombinationen nebeneinander.

Begegnungen mit dem Grotesken, dem Satanischen und dem Skatologischen

Manchmal werden die sexuellen Aspekte der dritten Grundmatrix in einer karnevalistischen Atmosphäre erlebt, voll leuchtender Farben, exotischer Kostüme und verführerischer Musik. Die charakteristische Kombination der Motive von Tod, vom Makabren und vom Grotesken mit denen der Freude und des Festlichen ist ein sehr passender symbolischer Ausdruck für die Geistesverfassung unmittelbar vor der Wiedergeburt. In diesem Stadium werden lange unterdrückte sexuelle und aggressive Energien freigesetzt, und die Erinnerung an die vitale Bedrohung verliert ihre Herrschaft über den Körper und die Psyche. Die Beliebtheit von Mardi Gras, Karneval und ähnlichen Ereignissen könnte sehr wohl auf der Tatsache beruhen, daß diese nicht nur Unterhaltung und einen Rahmen bieten, in dem angestaute Spannungen losgelassen werden können, sondern uns auch Verbindung zu dem Archetypus der Wiedergeburt in den Tiefen unserer Psyche aufnehmen lassen.
Erlebnisse aus den letzten Stadien des Prozesses von Tod und Wiedergeburt bieten außerdem interessante Einsichten in bestimmte Formen von Hexerei und satanischen Praktiken. Der Kampf im Geburtskanal läßt sich mit Visionen assoziieren die an die Rituale von Schwarzen Messen und Hexensabbat erinnern. Das Eindringen des satanischen Elements zu eben dieser Zeit scheint mit der Tat-

sache zusammenzuhängen, daß die dritte Grundmatrix mit diesen Ritualen eine seltsame Kombination von Emotionen und körperlichen Empfindungen gemeinsam hat. Zum Kampf im Geburtskanal gehören extremer Schmerz, eine Begegnung mit Blut und verschiedenen Sekreten sowie Aufregung und sexuelle Erregung. Er kann das Kind in die Nähe des Todes bringen, birgt aber zugleich das Versprechen von Befreiung und Transzendenz. All diese Elemente sind eng mit der Vorstellung verknüpft, »dem Dunklen Gott zu dienen«. Die Verbindung zwischen solchen Praktiken und der perinatalen Ebene des Unbewußten sollte bei jeder ernsthaften Untersuchung satanischer Kultformen, eines Phänomens, das sowohl in der Öffentlichkeit wie bei Fachleuten zunehmend Aufmerksamkeit zu finden scheint, berücksichtigt werden. Eine weitere wichtige Erfahrung in derselben Kategorie ist die Versuchung durch böse Mächte. Dieses Motiv findet sich in der spirituellen Literatur vieler Religionen in aller Welt.

Da das Neugeborene in den letzten Stadien der Geburt Kontakt mit Körperflüssigkeiten und manchmal auch Urin und Fäkalien hat, sind skatologische Eindrücke ein integraler Teil der dritten Grundmatrix. Im Prozeß von Tod und Wiedergeburt können die skatologischen Begegnungen so übertrieben werden, daß sie all die am wenigsten annehmbaren Produkte einschließen, die die Biologie zu bieten hat. Auch wenn er bei seiner Geburt nur minimalen Kontakt mit diesen Stoffen hatte, kann derjenige, der diesen Aspekt wiedererlebt, Bilder davon haben, daß er durch Abwassersysteme kriecht, sich förmlich im Dreck wälzt, Blut trinkt oder sich mit Szenen von Fäulnis und Verwesung beschäftigt.

Mythologische und spirituelle Themen

Die mythologischen und spirituellen Aspekte dieser Matrix sind besonders reichhaltig und vielfältig. Der titanische Aspekt kann sich in archetypischen Bildern von der Konfrontation zwischen den Kräften des Guten und des Bösen oder der Zerstörung und der

Neuerschaffung der Welt zeigen. Eine andere Form des Ringens um ein Gleichgewicht zwischen gut und böse findet sich im Archetypus des Göttlichen Urteils. Die aggressiven Sequenzen werden oft mit destruktiven Gottheiten wie Kali, Shiva, Satan, Coatlicue oder Mars assoziiert. Besonders charakteristisch ist eine enge Identifikation mit mythologischen Gestalten, die Tod und Wiedergeburt repräsentieren und die in jeder größeren Kultur vorkommen – Osiris, Dionysos, Persephone, Wotan, Baldur und viele andere. Jede Kultur hat ihre eigene Variante dieses Themas; in der unseren ist es die Geschichte vom Tode und der Wiederauferstehung Jesu Christi. Im Erleben der dritten Grundmatrix haben viele Menschen Visionen einer Kreuzigung oder identifizieren sich vollkommen mit Jesus am Kreuz. Auch Szenen von Opferung oder Selbstopferung einschließlich der entsprechenden Götter, besonders solche der Azteken und Mayas, kommen in diesem Stadium häufig vor.

Es kann Bilder von männlichen und weiblichen Gottheiten geben, die für Sexualität und Fortpflanzung stehen, und solche von bacchanalischen Festen. Bereits erwähnt habe ich die Motive, die sowohl Sexualität als auch Spiritualität enthalten, etwa Fruchtbarkeitsriten, Anbetung des Phallus, Tempelprostitution, rituelle Vergewaltigung und verschiedene Stammeszeremonien von Naturvölkern, bei denen Sinnlichkeit und Sexualität im Vordergrund stehen. Der skatologische Aspekt zeigt sich mythologisch in Bildern wie dem des Herkules, der den unvorstellbaren Dreck aus dem Stall des König Augias kehren muß, oder dem der Tlacolteutl, Verschlingerin des Unrats, der aztekischen Göttin der Geburt und der Fleischeslust.

Der Übergang von der dritten zur vierten Matrix geht oft mit Visionen von verzehrenden Feuern einher. Diese Flammen zerstören alles Korrupte und Verdorbene in unserem Leben und bereiten uns auf Erneuerung und Wiedergeburt vor. Interessanterweise haben viele Mütter im entsprechenden Stadium der Entbindung das Gefühl, ihre Vagina stünde in Flammen. Viele Menschen, die dieses Stadium in der passiven Rolle wiedererleben, meinen, ihr Körper brenne, müsse durch ein Feuer oder eine Reinigung. Das kommt besonders gut im Mythos vom Phönix zum Ausdruck, dem Fabel-

Vogel der arabischen Legenden, der sich im Alter von fünfhundert Jahren selbst auf einem Scheiterhaufen verbrennt. Aus seiner Asche steigt dann ein neuer Phönix empor. Das reinigende Feuer ist auch für die religiösen Bilder des Fegefeuers charakteristisch.

Die dritte perinatale Grundmatrix und die Kunst

Die Erfahrungen der dritten Matrix sind vermutlich schon seit der Morgenröte der Menschheit eine unerschöpfliche Inspirationsquelle für Künstler vieler verschiedener Richtungen. Die Beispiele hierfür sind so zahlreich, daß man nur eine magere Auswahl anbieten kann: die Atmosphäre intensiver Emotionen an der Grenze zum Wahnsinn, die sich meisterhaft in den Romanen von Fjodor Dostojewski und in vielen von William Shakespeares Dramen, besonders *Hamlet*, *Macbeth* und *König Lear*, findet; das dionysische Element und der Machthunger in den Werken von Friedrich Nietzsche. Leonardo da Vincis Zeichnungen von diabolischen Kriegsmaschinen, die alptraumartigen Visionen von Francisco Goya, die makabre Kunst von Hansruedi Giger und die ganze Schule der surrealistischen Malerei sind hervorragende visuelle Darstellungen der Atmosphäre in der dritten Matrix. Ähnlich in der Musik: die Opern von Richard Wagner sind voller starker Sequenzen, die diese Stimmung einfangen. Dazu gehören die orgiastischen Venusbergszenen im *Tannhäuser*, die magische Feuersequenz in der *Walküre* und besonders Siegfrieds Tod und das Feuer in Walhall in der letzten Szene der *Götterdämmerung*. Die für diese Matrix typische Kombination von Hochdramatischem mit Sex und Gewalt dient auch in vielen modernen Filmen als Zauberformel.

Die Verbindung zu postnatalen Erfahrungen

Wie auch die anderen perinatalen Matrizen hat die dritte spezifische Verbindungen zu Erinnerungen an das nachgeburtliche Leben. Bei Menschen, die einen Krieg miterlebt haben oder daran beteiligt waren, vermischen sich die Erinnerungen an echte Schrecken mit den titanischen, aggressiven und skatologischen Aspekten dieser Matrix. Umgekehrt kann ein Kriegserlebnis im richtigen Leben die entsprechenden perinatalen Elemente im Unbewußten aktivieren, was später zu ernsthaften emotionalen Problemen führen kann, wie sie häufig bei Soldaten auftreten, die im Kampf waren. Die spezifische Form von Aufregung samt Angst und Gefahr verbindet die dritte Matrix mit spannenden, aber gewagten Situationen wie Fallschirmspringen, Autorennen, Achterbahnfahrten, exotischen Jagdabenteuern, Boxen und Ringen. Die erotischen Aspekte der dritten Matrix sind mit den COEX- Systemen verknüpft, die mit intensiven sexuellen Erlebnissen unter gefährlichen Umständen wie beispielsweise Vergewaltigung, Unzucht und anderen riskanten sexuellen Abenteuern oder Besuchen im Rotlichtbezirk zu tun haben. Die skatologische Facette ist mit erzwungenem Sauberkeitstraining, Kindheitsmißgeschicken wie Blasen- oder Darminkontinenz, dem Aufsuchen von Müllhalden, Schrottplätzen und anderen unhygienischen Orten und dem Anblick von Verwesung und aufgeschlitzten Bäuchen im Krieg oder bei Autounfällen assoziiert.

Erfahrungen der dritten Matrix gehen zudem mit spezifischen Manifestationen in den Freudschen erogenen Zonen einher. Diese sind mit einer großen Bandbreite von Aktivitäten verwandt, die nach längerer Spannung oder Streß plötzliche Erleichterung, Vergnügen und Entspannung bringen. Auf der oralen Ebene gehören dazu Essen zu beißen, zu zerkauen und zu schlucken sowie die Katharsis durch Erbrechen; im analen Bereich die natürlichen Prozesse des Stuhlgangs und des Gasablassens; in der Region der Harnröhre, das Harnlassen nach langem Zurückhalten. Und entsprechende genitale Phänomene schließlich sind der Erregungsaufbau vor dem sexuellen Orgasmus und bei Frauen auch die im zweiten klinischen Stadium der Entbindung entstehenden Gefühle.

Die dritte Matrix repräsentiert eine riesige Ansammlung problematischer Emotionen und schwieriger Empfindungen, die in Kombination mit späteren Ereignissen in der frühen und frühesten Kindheit zur Entwicklung einer Vielfalt von Störungen führen können. Dazu gehören bestimmte Formen von Depressionen und Zustände, die mit Aggression und gewalttätigen selbstzerstörerischen Verhaltensweisen einhergehen. Außerdem scheinen sexuelle Störungen und Abweichungen, Zwangsneurosen, Phobien und hysterische Manifestationen über wichtige Wurzeln in dieser Matrix zu verfügen. Welche der vielen Formen möglicher emotionaler Störungen sich letzten Endes manifestiert, scheint von der Natur späterer biographischer Erfahrungen mitbestimmt zu werden, die selektiv die aggressiven, selbstzerstörerischen, sexuellen oder skatologischen Aspekte der dritten perinatalen Grundmatrix verstärken können.

Der Kampf geht zu Ende

Wenn sich der quälende Kampf um die Befreiung aus dem Geburtskanal dem Ende nähert, erreichen die Spannung und das Leiden einen Höhepunkt. Diesem folgt eine explosionsartige Befreiung, wenn der Säugling plötzlich aus der Beckenöffnung freikommt und seinen ersten Atemzug tut. Im allgemeinen birgt dieser Augenblick das Versprechen enormer Entspannung, aber in welchem Umfang diese tatsächlich eintritt, hängt von einigen spezifischen Umständen der Geburt ab, wie etwa der Gelegenheit zu liebevollem Kontakt mit der Mutter, Blickkontakt als »Brückenschlag« auf dem Weg zur Bindung und anderen Faktoren. Von den Erfahrungsaspekten dieses Übergangs handelt das nächste Kapitel.

5. Die Erfahrung von Tod und Wiedergeburt

Die Seele schaut und kostet in dieser göttlichen Vereinigung ein Übermaß unschätzbarer Reichtümer und erfreut sich der vollen Ruhe und ersehnten Erquickung. Sie bekommt Einblicke in die Geheimnisse und wunderbaren Erkenntnisse Gottes... Sie erkennt die furchtbare Allmacht Gottes, vor der jede andere Macht und Kraft verschwindet; sie kostet eine wunderbare Süßigkeit und Geisteswonne und findet wahre Beruhigung in der göttlichen Erleuchtung.

Johannes vom Kreuz, *Geistlicher Gesang*

Er geriet allmählich in starke Verwirrung, wurde von Hitzewellen und Schweißausbrüchen überrollt. Er begann zu zittern und Übelkeit zu verspüren. Dann plötzlich befand er sich auf dem höchsten Punkt einer Achterbahn und wurde allmählich in den Abgrund gezogen, verlor die Kontrolle und stürzte hinab. Da fiel ihm der Vergleich ein, daß dies so war, als würde man eine Dynamitpatrone schlucken, deren Lunte schon angezündet ist. Die Patrone würde bald explodieren, ohne daß er irgendetwas dagegen tun könnte. Alles geschah völlig außerhalb seiner Kontrolle.

Er erinnerte sich, daß das Letzte, was er hörte, bevor sein Wagen in den Abgrund stürzte, Musik war, die klang, als ob sie aus einer Million Kopfhörer käme. Sein Kopf war in diesem Augenblick riesengroß, er hatte tausend Ohren, und aus jeder Hörmuschel drang eine andere Musik. Das war die größte Verwirrung, die er je in seinem Leben gespürt hatte. Er wußte, daß er im Begriff war zu sterben und nichts dagegen tun konnte. Das einzig Mögliche war, dem Tod entgegenzugehen. Die Worte *vertraue und gehorche* drangen zu ihm durch, und in Blitzesschnelle (so schien es ihm) lag er nicht mehr auf der Couch und besaß nicht mehr seine gewöhnliche Identität. Mehrere Szenen begannen gleichzeitig abzulaufen.

In der ersten Szene fiel er in einen Sumpf voll gräßlicher Geschöpfe. Diese Geschöpfe bewegten sich auf ihn zu, aber sie waren nicht imstande, ihn zu erreichen. Am besten könnte man diese Achterbahn und den Kontrollverlust damit vergleichen, daß man sich auf einer extrem rutschigen Oberfläche bewegt. Zunächst waren da ein paar feste Flächen, aber dann war nichts mehr fest, alles glatt; es gab nichts mehr, um sich daran festzuhalten. Er rutschte und rutschte und fiel immer tiefer in die Vergessenheit hinein. Er war im Sterben.

Aber dann stand er plötzlich mitten auf einem Platz in einer mittelalterlichen Stadt. Der Platz war umgeben von den Fassaden gotischer Kathedralen. Er sah all die Tiere, Personen, Geschöpfe, halb Tier, halb Mensch, Teufel und Geister – alles Gestalten wie auf einem Gemälde von Hieronymus Bosch – aus ihren Nischen herabsteigen. Sie marschierten auf ihn zu!

Während all diese Geschöpfe ihn immer enger umzingelten, erlebte er fürchterliche Qualen und Schmerzen, Panik, Schrecken und Entsetzen. Zwischen seinen Schläfen fühlte er einen heftigen Druck, er war im Sterben. Er war absolut sicher, daß er im Sterben lag. Und dann starb er. Sein Tod war vollendet, als der Druck ihn überwältigte und er in einem großen Rutsch in eine andere Welt hinausgetrieben wurde.

Die neue Welt, der er nun begegnete, ähnelte den vorigen in keiner Weise. Die Panik und der Schrecken waren verschwunden. Da war neuer Schmerz, aber in dem steckte er nicht allein. Irgendwie nahm er am Tod aller Menschen teil. Er begann das Leiden Jesu zu erleben. Er war Jesus Christus, aber er war auch Jedermann, und sie alle schritten im Trauermarsch gen Golgatha. Zu diesem Zeitpunkt gab es kein verwirrendes Durcheinander mehr; die Visionen waren vollkommen deutlich.

Der Schmerz und die Qualen waren herzzerreißend. Dann kam der Augenblick, da sich in Gottes Auge eine blutige Träne zu bilden schien. Er konnte das Gesicht Gottes nicht sehen, aber er konnte die Träne sehen, und diese Träne begann über die Welt hinauszufließen, da Gott selbst am Tod und am Leiden aller Menschen teilhatte, die je gelebt hatten. Die Prozession zog weiter nach Gol-

gatha, und dort wurde er mit Christus und allen Menschen ans Kreuz geschlagen. Er war Christus; er war alle Menschen. Er wurde gekreuzigt und starb.
Sobald alle gestorben waren, hörte er die himmlischste Musik, die er je in seinem Leben gehört hatte. Es waren Engelsstimmen, die sangen, und alle die Gestorbenen begannen sich langsam zu erheben. Das war wie eine Geburt; der Tod am Kreuz vollzog sich, und es gab einen sausenden Laut, als der Wind vom Kreuz in eine andere Welt fuhr. Allmählich begannen sich alle zu erheben. Es gab große Prozessionen in ungeheuren Kathedralen voller Kerzen und Licht und Gold und Weihrauch. Er hatte zu diesem Zeitpunkt kein Bewußtsein seiner persönlichen Existenz. Er war in all den Prozessionen, und all die Prozessionen waren in ihm. Er war in jedem Mann und in jeder Frau.
Gemeinsam mit allen anderen stieg er auf zum Licht, höher und höher, durch majestätische weiße Marmorpfeiler. Sie ließen das Blau, das Grün, das Rot, das Purpur und das Gold der Kathedralen und die vielen Farben in den Kleidern der Leute hinter sich. Sie stiegen ins Weiße empor, schritten zwischen großen, rein weißen Säulen voran. Die Musik war erhaben, alle sangen, und dann kam eine Vision. Das Auferstehungsgewand Christi berührte ihn. Aber es berührte nicht nur ihn, sondern alle Menschen; und doch berührte es ihn eben dadurch, daß es alle berührte.
Als die Berührung erfolgte, geschahen mehrere Dinge gleichzeitig, wie das viele Male während dieser Erfahrung der Fall war. Er wurde ganz klein, so klein wie eine Zelle, so klein wie ein Atom. Alle wurden sehr demütig und beugten sich nieder. Er war erfüllt von Frieden und von Gefühlen der Freude und Liebe; er liebte Gott ganz und vollkommen. Die Berührung des Gewandes war wie der Kontakt zu einer Hochspannungsleitung. Alles explodierte, und die Explosion schleudert die Leute zum höchsten Ort hinauf, den es gibt, dem Ort des absoluten Lichts. Plötzlich war es still. Die Musik verklang. Alle Töne verschwanden. Es war, wie wenn man sich mitten im Zentrum der Energiequelle befände. Es war, wie wenn man in Gott wäre – nicht nur in der Gegenwart Gottes, sondern *in Gott* und teilhabend an Gott.

Dies dauerte nicht lang (wenn er auch wußte, daß Zeit bei dieser Erfahrung nichts bedeutete), und sie begannen den Abstieg. Es war kein Abstieg in eine ihm bekannte Welt; es war ein Abstieg in eine Welt von sehr, sehr großer Schönheit. Während des Gesangs der Chöre, während des Sanctus, des Gloria und des Hosianna, war gelegentlich die Stimme eines Orakels zu vernehmen: »Wünsche nichts, wünsche nichts« und »Strebe nach nichts, strebe nach nichts«.

Während dieser Zeit gab es noch viele andere Visionen. Eine der wichtigsten war die, daß er durch die Erde hindurch auf die Fundamente des Universums blickte. Er ging hinab in die Tiefen und entdeckte das Geheimnis, daß Gott aus den Tiefen wie aus den Höhen gepriesen wird. Auch in den Tiefen des Alls kann das Licht erblickt werden. In den Tiefen des Universums gibt es viele Gefängniszellen. Als er durch diese Zellen ging, öffneten sich deren Türen, und die Gefangenen kamen heraus und priesen Gott.

Eine andere mächtige Vision in dieser Sitzung war die einer Gestalt, die in einem breiten, schönen Fluß in einem tiefen und weiten Tal wandelte. Weiße Lilien wuchsen aus der Oberfläche des Flusses empor, und der Fluß strömte ruhig und sanft dahin. Das Tal war von sehr hohen Bergen umgeben, mit vielen, vielen Wasserläufen, die in den Talgrund mündeten. In diese Szene hinein kam eine Stimme »Der Fluß des Lebens fließt zum Mund Gottes.« Er hatte den sehr starken Wunsch, in dem Fluß zu sein, und konnte doch nicht sagen, ob er im Fluß ging oder ob er selber der Fluß war. Der Fluß strömte dahin, und während er dem Mund Gottes zuströmte, kamen Scharen von Menschen und Tieren – die ganze Schöpfung – die Wasserläufe herab und ergossen sich in den Hauptstrom des Lebensflusses.

Als diese Sitzung sich dem Ende zuneigte, gewann er seine Orientierung wieder und fühlte sich in den Sitzungsraum zurückversetzt. Er war noch immer erfüllt von Ehrfurcht und Demut, von Frieden, Seligkeit und Freude. Er hatte deutlich die Empfindung, mit Gott im Kraftzentrum des Universums gewesen zu sein. Noch immer war die Überzeugung in ihm stark, daß alle Menschen eins sind und der Fluß des Lebens wirklich in Gott mündet, daß es keine

Unterschiede zwischen den Menschen gibt – Freunde und Feinde, Schwarze und Weiße, Männer und Frauen: Alle sind eins.[8]

Das war der Bericht eines Pfarrers über eine tiefe Erfahrungssitzung, bei der er der vierten perinatalen Matrix begegnet ist. Seine Bilder und Symbole sind zwar entschieden christlich, aber dieselben wesentlichen Themen dieser Erfahrungen treten immer wieder bei Menschen aller Religionen und ethnischen Herkünfte auf. Das Thema von Tod und Wiedergeburt ist hier vorherrschend, wir finden Konfrontationen mit zornigen Dämonen und göttlichen Wesen, die Identifikation mit allem menschlichen Leiden und Enthüllungen über die wahre Natur des Universums. Wie die anderen Matrizen stellt auch die vierte eine Kombination aus Erinnerungen an die grundlegenden biologischen Ereignisse im Zusammenhang mit der Geburt und den spirituellen und mythologischen Parallelen dar.

Biologische Realitäten

Die biologische Basis für die vierte perinatale Grundmatrix bilden der Höhepunkt des Kampfes im Geburtskanal, der Augenblick der Geburt selbst und die Situation unmittelbar nach der Entbindung. Wenn sich die Reise durch den Geburtskanal ihrem Ende nähert, tauchen erst der Kopf und die Schultern auf, denen dann der restliche Körper folgt. (Bei einer Steißgeburt ist der Verlauf natürlich anders: zuerst kommt der Po – oder die Beine.) Von der ursprünglichen Einheit mit der Mutter bleibt nur die Verbindung durch die Nabelschnur. Schließlich wird auch sie durchtrennt, was für immer die biologische Bindung, die Einheit mit dem mütterlichen Organismus aufhebt.

Wenn wir unseren ersten Atemzug tun, öffnen und entfalten sich unsere Lungen und Atemwege; das Blut, das vom Körper der Mutter mit Sauerstoff angereichert, mit Nahrung versorgt und von giftigen Stoffen befreit wurde, wird nun auf unsere eigene Lungen, unseren Verdauungstrakt und unsere Nieren umgeleitet. Sind diese

entscheidenden physischen Trennungsschritte vollzogen, beginnt unsere Existenz als anatomisch eigenständiges Individuum.
Sobald das physiologische Gleichgewicht wiederhergestellt ist, erweist sich diese neue Situation als ein entschiedener Fortschritt gegenüber den beiden vorigen Stadien der zweiten und dritten Matrix. Verglichen mit dem Stand der Dinge vor dem Beginn der Geburt (erste Matrix) haben sich einige Bedingungen jedoch verschlechtert. Die biologischen Bedürfnisse werden nicht mehr so kontinuierlich befriedigt, wie das einst geschah, als wir noch eins mit dem Körper unserer Mutter waren. In der pränatalen Zeit bot der Mutterleib immer Sicherheit; nach der Geburt ist die beschützende Gestalt der Mutter nicht immer anwesend. Wir sind nicht mehr beständig vor extremen Temperaturen, störenden Geräuschen, wechselnder Lichtstärke oder unangenehmen taktilen Empfindungen geschützt. Unser Wohlbefinden hängt entscheidend von der Qualität des Bemutterns ab, aber selbst die beste Mutter kann nicht die Bedingungen in einem guten Mutterleib herstellen.

Tod, Wiedergeburt und das Ich

Wie schon bei den anderen Matrizen nehmen Menschen, die diese vierte wiedererleben, oft Verbindung zu sehr genauen Details ihrer ursprünglichen Geburtserfahrung auf. Ohne vorheriges intellektuelles Wissen über die Umstände ihrer Geburt können sie entdecken, daß sie mit Hilfe einer Zange, in Steißlage oder mit der Nabelschnur um den Hals auf die Welt kamen. Sie können oft die Art von Narkosemittel identifizieren, das ihren Müttern verabreicht wurde. Und sie können häufig auch bestimmte Ereignisse aus der Zeit gleich nach der Geburt in allen Einzelheiten wiedererleben. In vielen Fällen war es uns möglich, die Genauigkeit solcher Berichte zu verifizieren.
Die vierte perinatale Grundmatrix hat zudem eine klare symbolische und spirituelle Dimension. Psychologisch nimmt das Wiedererleben des Augenblicks der Geburt die Form einer Erfahrung von

Tod und Wiedergeburt an. Die in der zweiten und dritten Matrix erlittenen Schmerzen und Qualen gipfeln jetzt im »Ich-Tod«, einem Erleben des vollständigen Auslöschens auf allen Ebenen – körperlich, emotional, intellektuell und spirituell.

Nach der Freudschen Psychologie ist das Ich der Teil von uns, der es uns erlaubt, die äußere Realität korrekt wahrzunehmen und im Alltagsleben gut zu funktionieren. Menschen, die dieses Konzept vom Ich teilen, betrachten den Ich-Tod oft als erschreckendes und überaus negatives Ereignis – als den Verlust der Fähigkeit, in der Welt zu agieren. Was jedoch in diesem Prozeß wirklich stirbt, ist der Teil von uns, der eine grundlegend paranoide Sicht von uns selbst und der Welt um uns herum hat. Alan Watts bezeichnete diesen Aspekt, der ein Gefühl der absoluten Getrenntheit von allem anderen beinhaltet, als das »von Haut umhüllte Ich«. Es setzt sich aus den inneren Wahrnehmungen unseres Lebens zusammen, die wir während des Kampfes im Geburtskanal und bei verschiedenen schmerzhaften Begegnungen nach der Geburt gelernt haben.

In diesen frühen Situationen scheint die Welt uns feindlich gesonnen zu sein; sie schließt sich über uns zusammen, vertreibt uns aus dem einzigen Leben, das wir bisher kannten, und verursacht emotionalen und körperlichen Schmerz. Diese Erfahrungen haben in uns ein »falsches Ich« geschmiedet, das die Welt weiterhin als gefährlich ansieht und diese Haltung in zukünftige Situationen hineinträgt – selbst wenn die Bedingungen dann radikal anders sind. Das Ich, das in der vierten Matrix stirbt, weist den Zwang auf, immer stark zu sein, Kontrolle zu haben und stets auf alle möglichen Gefahren vorbereitet zu sein – selbst auf die, die wir nie vorhersehen könnten, und die rein eingebildeten. Es gibt uns das Gefühl, daß die Umstände nie richtig sind, nichts genug ist, und wir die Verwirklichung von ganz gewaltigen Projekten verfolgen müssen, um uns selbst und anderen etwas zu beweisen. Die Vernichtung des falschen Ichs hilft uns daher, ein realistischeres Bild von der Welt und neue Zugangsstrategien zu entwickeln, die angemessener und lohnender sind.

Die Erfahrung des Ich-Todes, der den Übergang zwischen der dritten und der vierten Grundmatrix kennzeichnet, ist meistens dramatisch und katastrophenartig. Da können Bilder aus Vergangenheit und Gegenwart auf uns einstürmen, bei deren Bewertung wir das Gefühl haben, nie etwas richtig gemacht zu haben und absolute Versager zu sein. Wir sind davon überzeugt, daß wir jämmerlich und machtlos sind und daß nichts, was wir denken oder tun, unsere verzweifelte Situation ändern könnte. Unsere gesamte Welt scheint zusammenzubrechen, und wir verlieren alle bedeutungsvollen Bezugspunkte im Leben – persönliche Leistungen, geliebte Menschen, Unterstützungssysteme, Hoffnungen und Träume scheinen allesamt wertlos. Der Weg zur Befreiung von der empfundenen Verzweiflung und Hoffnungslosigkeit heißt Kapitulation – genau das, was unser Ich bekämpft. Die Erfahrung, sich vollständig zu ergeben, ist eine notwendige Vorbedingung dafür, Verbindung zu einer transpersonalen Quelle aufzunehmen. Alkoholiker und andere Süchtige, die sich auf dem Wege der Besserung befinden, kennen diesen Ort als den Moment, in dem man sich die vollständige Machtlosigkeit eingesteht und die Höhere Kraft entdeckt.

Wenn wir ganz unten angelangt sind, überkommen uns plötzlich Visionen von übernatürlich leuchtendem und strahlendem blendend weißem oder goldenem Licht. Wir haben das Gefühl, der Raum um uns herum würde sich erweitern, und wir sind randvoll gefüllt mit Empfindungen von Befreiung, Erlösung, Rettung und Vergebung. Wir fühlen uns so erleichtert, als ob wir gerade von allem Schweren in unserem Leben befreit worden seien; Schuldgefühle, Aggressionen, Angst und andere Formen von schwierigen Emotionen scheinen von uns abzufallen. Wie verspüren vielleicht überwältigende Liebe für unsere Mitmenschen, tiefe Wertschätzung für die Wärme menschlicher Kontakte, Solidarität mit allem Leben und ein Gefühl von Einssein mit der Natur und dem Universum. Arroganz und Abwehr nehmen langsam ab, wenn wir die Macht der Bescheidenheit entdecken, die uns vielleicht dazu anregt, anderen zu dienen. Übertriebener Ehrgeiz sowie das Verlangen nach materiellem Reichtum, Rang und Macht scheinen plötzlich kindische, absurde und sinnlose Eitelkeiten zu sein.

Die Mythologie von Tod und Wiedergeburt

Wenn wir uns als Erwachsene in der Regressionstherapie, einer psychospirituellen Krise oder intensiver Meditation der vierten Grundmatrix stellen, ist sie gewöhnlich nicht auf das Wiedererleben der biologischen und emotionalen Aspekte der Geburt beschränkt. Das Thema Tod und Wiedergeburt schließt viele andere Arten von Erfahrungen ein, die dieselbe Beschaffenheit von Emotionen und Empfindungen aufweisen. Üblich ist eine Kombination der ursprünglichen Geburtserinnerungen, symbolischen Bilder des Geborenwerdens, Szenen aus der Menschheitsgeschichte, Identifikationen mit verschiedenen Tieren und mythologischen Sequenzen. All das kann mit Erinnerungen an spätere Ereignisse im Leben durchsetzt sein, die die Parallelen zwischen der vierten Matrix und bestimmten Formen von Erfahrungen spiegeln.

Der mit dieser Matrix einhergehende spirituelle und mythologische Symbolismus ist reichhaltig und vielfältig, und wie bei den anderen Matrizen auch können die Bilder aus buchstäblich jeder kulturellen Tradition stammen. Der Ich-Tod kann als Opfer für die furchterregende Göttin Kali oder den aztekischen Sonnengott Huitzilopochtli erlebt werden. Oder man identifiziert sich mit einem Baby, das zusammen mit anderen Kindern, die bei diesem Opferritual den Tod gefunden haben, von seiner Mutter in die verschlingenden Flammen des biblischen Moloch geworfen wird. Den legendären Phönix, das uralte Symbol der Wiedergeburt, habe ich bereits erwähnt; in veränderten Bewußtseinszuständen treten häufig Visionen von diesem mythischen Vogel oder Identifikationen mit ihm auf. Spirituelle Wiedergeburt kann man auch als eine Vereinigung mit bestimmten Gottheiten erfahren, beispielsweise mit dem ägyptischen Osiris, dem aztekischen Quetzalcoatl oder Adonis, Attis oder Dionysos aus der griechischen Tradition. Zu den häufigsten Erlebnissen der vierten Grundmatrix gehört die Identifikation mit dem Tode und der Wiederauferstehung Christi, wie auch der Bericht am Anfang dieses Kapitels aufzeigt. Die Seligkeit dieser unerwarteten spirituellen Öffnung, die eine Fülle erstaunlicher Einsichten in sich birgt, kann als prometheische Erfahrung bezeichnet werden.

Das Geheimnis der Reise feiern

Jemand, der die wahnsinnigen Belastungen der zweiten und dritten Matrix überwunden hat und die mit der vierten einhergehende Erfahrung der Wiedergeburt genießt, steckt gewöhnlich voll triumphierender Gefühle. Diese können durch heroische Gestalten aus der Mythologie verkörpert werden, etwa den Heiligen Georg als Drachentöter, Theseus, der den Minotaurus vernichtet, oder Herkules, der die gefährlichen Schlangen überwältigt, die ihn nach seiner Geburt angreifen. Viele Menschen berichten von glänzendem Licht mit geradezu überirdischem Gleißen, das göttliche Intelligenz ausstrahlt, oder erleben Gott als rein spirituelle Energie, die alles durchdringt. Andere beschreiben einen durchsichtigen, himmelblauen Nebel, wunderbare Regenbögen oder spektakuläre Darstellungen von verwickelten, pfauenfederähnlichen Mustern. Es kann zu grandiosen Bildern der göttlichen Epiphanie mit Engeln und anderen Himmelswesen kommen. Und dann ist dies auch eine sehr angemessene Zeit für das Erscheinen der Großen Muttergöttin aus verschiedenen Kulturen, die Liebe und Schutz ausstrahlt – die Jungfrau Maria, Isis, Cybele oder Lakshmi.

Gelegentlich wird die spirituelle Wiedergeburt mit einer ganz besonderen Form von Erfahrung assoziiert der in den alten hinduistischen Schriften beschriebenen Vereinigung von Atman und Brahman. Hier spüren die Betroffenen eine tiefe Verbindung zum innersten spirituellen Kern ihres Seins. Die Illusion des individuellen Selbst (*Jiva*) verblaßt, und sie genießen die Wiedervereinigung mit ihrem göttlichen Selbst (*Atman*), das auch das universale Selbst (*Brahman*), die kosmische Quelle aller Existenz ist. Dies stellt einen direkten und unmittelbaren Kontakt her mit dem »Jenseits, das im Innern ist«, mit Gott oder mit dem, was in den Upanischaden als *Tat tvam asi* (Das bist du) bezeichnet wird. Diese Erkenntnis der fundamentalen Identität des individuellen Bewußtseins mit dem kreativen Prinzip des Universums ist eine der profundesten Erfahrungen, die ein Mensch machen kann. Die spirituelle Wiedergeburt, die wir in der vierten Grundmatrix erleben können, kann uns wieder das Tor zur ozeanischen Ekstase

der ersten Matrix öffnen, und durch sie erfahren wir kosmische Einheit.
Die symbiotische Vereinigung mit der Mutter, die meist der Erfahrung der Geburt folgt (»gute Mutterbrust«) ist der der ungestörten intrauterinen Existenz (»guter Mutterleib«) sehr nahe; manchmal wechseln sie sich auch ab oder bestehen sogar nebeneinander. Die Erlebnisse der vierten Matrix können auch von Gefühlen begleitet sein, mit dem Rest der Welt zu verschmelzen, wodurch sie der Erfahrung von Einheit ähneln, die wir im Zusammenhang mit der ersten Matrix besprochen haben. In diesem Zustand ist die uns umgebende Realität von numinoser Beschaffenheit. Während wir uns mit allem vereint fühlen, das ist, nimmt die Wertschätzung natürlicher Schönheit und eines einfachen, unkomplizierten Lebens den Vorrang vor den meisten anderen Belangen ein. Die Weisheit derjenigen Lehrer und Denksysteme, die diese Werte betonen – die Philosophien von Jean Jacques Rousseau, Ralph Waldo Emerson und Henry David Thoreau oder die Lehren des Taoismus und Zen-Buddhismus – scheinen selbsterklärend und unanfechtbar.
Unter ganz idealen Bedingungen können der Ich-Tod und die Wiedergeburt weitreichende und oft anhaltende Konsequenzen haben. Sie befreien uns von der paranoiden, defensiven Haltung gegenüber der Welt, die wir als Ergebnis bestimmter Aspekte unserer Geburt und schmerzhafter Erfahrungen danach entwickelt haben. Es ist so, als seien wir die Filter und verzerrenden Linsen losgeworden, die gewöhnlich unsere Wahrnehmung unserer selbst und der Welt begrenzen. Alles, was wir sehen, riechen, hören, schmecken und fühlen, scheint unvorstellbar intensiver, lebhafter und genußvoller zu sein. Wir können sogar meinen, die Welt zum ersten Mal im Leben richtig zu sehen. Alles um uns herum, selbst gewöhnliche und vertraute Szenen, scheinen ungewöhnlich stimulierend und aufregend zu sein. Manche Leute berichten von einer vollkommen neuen Art und Weise, die von ihnen geliebten Menschen, die Töne der Musik, die Schönheiten der Natur und die endlosen Freuden, die die Welt unseren Sinnen bietet, zu schätzen und zu genießen. Höhere motivierende Kräfte, wie das Streben nach Gerechtigkeit, die Wertschätzung von Harmonie und Schönheit und der Wunsch,

diese zu erschaffen, eine neue Toleranz und Respekt für andere sowie Gefühle von Liebe werden in unserem Leben immer wichtiger. Und darüber hinaus nehmen wir diese als direkte, natürliche und logische Ausdrucksformen unserer wahren Natur und der universalen Ordnung wahr. Sie lassen sich nicht mit Kategorien wie psychischer Abwehr erklären, etwa der Freudschen »Reaktions-Bildung« (vorgeben, liebevoll zu sein, wenn wir in Wirklichkeit Aggression oder Haß spüren) oder der »Sublimation« von primitiven, instinkthaften Trieben (viele Stunden damit verbringen, anderen zu helfen, um mit unseren eigenen sexuellen Spannungen fertigzuwerden). Interessanterweise gibt es beeindruckende Parallelen zwischen diesen Bewußtheiten und dem, was Abraham Maslow »Metawerte« und »Metamotivationen« nannte. Er beobachtete regelmäßig Veränderungen dieser Art bei Leuten, die spontane mystische oder »Grenzerfahrungen« hatten. Solche positiven Nachwirkungen sind in den Tagen und Wochen direkt nach dem spirituellen Durchbruch am intensivsten und lassen mit der Zeit meist etwas nach; auf einer subtileren Ebene wirken sie jedoch anhaltend transformierend.

Wer die Sequenz von Tod und Wiedergeburt erfolgreich beendet hat, spürt tiefe Entspannung, stille Erregung, Gelassenheit und inneren Frieden. Gelegentlich geht der Prozeß allerdings nicht ganz bis zum Ende und führt vorübergehend zu einem Zustand, der einer Manie ähnelt. Der Betroffene kann übererregt, hyperaktiv oder bis an den Punkt einer schmerzhaften Karikatur euphorisch sein. Beispielsweise laufen manche Leute nach einem unvollständigen Durchbruch in die vierte Matrix in der Gegend herum, verkünden lauthals ihre Erkenntnisse und versuchen sie unterschiedslos mit allen in ihrer Umgebung zu teilen. Manche wollen andere bekehren, suchen nach besonderen Ehren, versuchen große Feiern zu arrangieren und machen grandiose Pläne, die Welt zu verändern.

Das kommt besonders häufig im Rahmen von psychospirituellen Krisen vor, bei denen es meist an Verständnis, Unterstützung und Anleitung mangelt. Wenn die Entdeckung der eigenen Göttlichkeit an das Körper-Ich gebunden bleibt, kann sie die Form psychotischen Größenwahns statt echter mystischer Einsicht annehmen. Diese Art von Verhalten weist darauf hin, daß der Betroffene noch keine vollständige Verbindung zur vierten Matrix aufgenommen hat und noch einige problematische Elemente aus der dritten Matrix durcharbeiten und integrieren muß. Wenn diese übriggebliebenen negativen Aspekte vollständig gelöst sind, wird die Wiedergeburt in ihrer reinen Form der stillen Verzückung in Gelassenheit und Ruhe erfahren. Dieser Zustand ist vollkommen befriedigend und selbsterfüllend und bedarf keines dringenden Handelns in der Welt.

Wo die Gegenwart Verbindung zur Vergangenheit schafft

Zu den gemeinsamen Nennern, die Erinnerungen aus dem späteren Leben mit den Erfahrungen verbindet, die mit der vierten Matrix einhergehen, gehören Elemente wie größere Siege, Erfolg bei schwierigen Vorhaben und glückliches Entrinnen aus gefährlichen Situationen. Wir haben wiederholt beobachten können, wie bei Menschen, die den Augenblick der Geburt wiedererleben, Erinnerungen an das Ende eines Krieges oder einer Revolution, das Überleben bei einem Unfall oder das Überwinden einer großen Herausforderung auftauchten. Auf einer anderen Ebene können sie sich auch des Endes einer schwierigen Ehe und des Beginns einer neuen Liebesbeziehung entsinnen. Gelegentlich kommt eine ganze Serie von Erfolgen im späteren Leben in Form eines verdichteten Überblicks vor.

Eine unkomplizierte Geburt scheint das Schnittmuster für den Umgang mit allen späteren schwierigen Situationen im Leben zu liefern. Verschiedene Komplikationen wie eine sehr lange und schwächende Entbindung, der Einsatz von Geburtszangen oder starken Anästhetika scheinen Entsprechungen im Umgang mit spezifischen Problemen bei zukünftigen Projekten aller Art aufzuweisen. Dasselbe gilt für eingeleitete Geburten, Frühgeburten und Kaiserschnitte.

Was die Freudschen erogenen Zonen betrifft, wird die vierte Matrix mit Genuß und Befriedigung nach dem Freisetzen von Spannung assoziiert. Auf der oralen Ebene würde der körperliche Aspekt dieses Zustandes dem Stillen von Hunger und Durst oder der Erleichterung ähneln, die wir verspüren, wenn wir intensivem Unwohlsein dadurch ein Ende bereiten können, daß wir erbrechen. Auf der analen und urethralen Ebene ist es die Befriedigung, die entsteht, wenn wir nach langem Zurückhalten endlich Harn oder Kot ausscheiden. Auf der genitalen Ebene korrespondiert dieser Zustand mit der Freude und der Entspanntheit nach einem guten sexuellen Orgasmus. Und bei gebärenden Frauen entspricht er der orgiastischen Freisetzung, die sie gleich nach der Entbindung erfahren können.

Andere Welten, andere Wirklichkeiten

Das Gebiet des Unbewußten, das wir mit diesen vier perinatalen Matrizen verbinden, stellt eine Schnittfläche zwischen unserer individuellen Psyche und dem her, was C. G. Jung das kollektive Unbewußte nannte. Wie wir gesehen haben, kombinieren die mit den einzelnen Matrizen verwandten Erfahrungen oft Erinnerungen an diverse Aspekte der biologischen Geburt mit Sequenzen aus der Menschheitsgeschichte oder der Mythologie und mit der Identifikation mit verschiedenen Tieren. Diese Elemente gehören zum transpersonalen Bereich, der jenseits des biographischen und des perinatalen in einem Reich mit einer neuen Topographie liegt. Hierbei handelt es sich um das derzeit kontroverseste Gebiet der modernen Bewußtseinsforschung.

Transpersonale Erfahrungen bilden eine Herausforderung für die Überzeugung, das menschliche Bewußtsein sei durch die Reichweite unserer Sinne und die bei der Geburt betretene Umwelt begrenzt. Die traditionelle Psychologie glaubt, unser mentales Funktionieren und Erfahren sei das direkte Ergebnis der Fähigkeit unseres Gehirns zu selektieren, Bedeutung zuzuordnen und die von unseren Sinnen angelieferten Informationen zu speichern. Die transpersonale Forschung bietet dagegen Beweise dafür, daß wir unter bestimmten Umständen Zugang zu buchstäblich unbegrenzten Informationsquellen über das Universum haben, die Entsprechungen in der physischen Welt haben können, oder auch nicht. Dieses faszinierende Gebiet werden wir im nächsten Teil dieses Buches erkunden.

Teil III
Das transpersonale Paradigma

Das Schönste, was wir erleben können, ist das Geheimnisvolle.
Das ist die Quelle aller wahren Kunst und Wissenschaft.

Albert Einstein, *What I believe*

6. Ein Überblick über das transpersonale Paradigma

> *Bewußtsein kann nicht auf ichbezogene Selbstkonzepte begrenzt werden. Die existentielle Identität ist insofern praktisch, als sie es möglich macht, mit den gewöhnlichen Aufgaben des Lebens in dieser Welt fertigzuwerden – so wie die Newtonsche Physik praktisch ist, wenn man eine Brücke bauen will. Die ausschließliche Identifizierung mit dem existentiellen Selbst als unabhängiger Einheit macht hingegen angesichts von Bewußtseinszuständen, die die gewöhnlichen Begrenzungen von Raum und Zeit transzendieren und in einer Realität operieren, die sich besser in der Sprache der subatomaren Physik beschreiben läßt, keinen Sinn.*
>
> Frances Vaughan, *Die Reise zur Ganzheit*

Wenn wir das transpersonale Reich verstehen wollen, müssen wir vollkommen anders über Bewußtsein denken. Wir müssen uns von dem Vorurteil befreien, Bewußtsein sei etwas im menschlichen Gehirn Geschaffenes, das demgemäß in dem knöchernen Behältnis unserer Schädel stecke. Wir müssen die Vorstellung hinter uns lassen, Bewußtsein existiere nur als das Ergebnis unserer individuellen Leben. Wenn wir das Konzept des Transpersonalen verstehen, beginnen wir Bewußtsein als etwas zu sehen, das außerhalb und unabhängig von uns besteht und in seiner Essenz nicht an Materie gebunden ist. Im Gegensatz zu unserer Alltagserfahrung ist es unabhängig von unseren physischen Empfindungen, obgleich es in unserer Wahrnehmung des Lebens durch sie vermittelt wird.
Transpersonales Bewußtsein ist nicht begrenzt, sondern endlos. Es erstreckt sich über die Grenzen von Raum und Zeit hinaus. Die Gesamtdimensionen des transpersonalen Reiches zu erfassen, stellt für unseren Alltagsverstand vielleicht eine ebensolche Herausforderung dar, wie in einer sternklaren Nacht im Freien zu liegen und zu versuchen, die Breite und Höhe des riesigen, unergründlichen

Raumes zu begreifen, in dem die Himmelskörper wohnen. Hier, unter dem kosmischen Schirm des Nachthimmels, beginnen wir zu erkennen, daß die Begrenzungen, die wir wahrnehmen, in unserem Denken liegen, nicht *da draußen* in dem endlosen, unbegrenzten Universum. Und was für das äußere Weltall der Astronomen gilt, trifft auch für den inneren Raum der menschlichen Psyche zu. Es ist schwierig, uns nicht an unsere tief verwurzelten Vorstellungen gebunden zu fühlen, das Universum müsse endlich sein, jedes einzelne Bewußtsein sei deutlich eigenständig, von anderen getrennt und in unseren Gehirnen eingeschlossen. Außerdem bereitet es uns große Schwierigkeiten anzuerkennen, daß Denken und Bewußtsein vielleicht keine ausschließlichen Privilegien der Menschheit sind, sondern daß sie die gesamte Natur durchdringen und in allem existieren – in den einfachsten wie in den komplexesten Strukturen. Wir bemühen uns redlich und scheinen doch unfähig, uns von den vorgefaßten Meinungen zu befreien, die uns unsere Kultur und das, was wir für gesunden Menschenverstand halten, mitgegeben haben. Um aber an diesen Illusionen festzuhalten, müßten wir ungezählte Beobachtungen und Informationen aus der modernen Bewußtseinsforschung und anderen wissenschaftlichen Disziplinen schlechterdings ignorieren. All diese Quellen liefern überzeugende Beweise dafür, daß das Universum und die menschliche Psyche keine Grenzen und kein Ende kennen. Ein jeder von uns ist mit der gesamten Existenz verbunden und eine ihrer Ausdrucksformen.

Die transpersonale Natur des Bewußtseins anzunehmen, heißt, viele fundamentale Konzepte unserer Gesellschaft in Frage zu stellen, auch solche, die uns alle auf zutiefst persönlichen Ebenen betreffen. Wenn wir diese neue Sicht von Bewußtsein akzeptieren, schließt das unser Eingeständnis mit ein, daß unser Leben nicht nur von den unmittelbaren Einflüssen der Umwelt seit dem Tage unserer Geburt geformt ist, sondern mindestens ebenso sehr von denen unserer Ahnen, der Kultur, des Spirituellen und des Kosmos – und all das in einem Ausmaß, das bei weitem überschreitet, was wir mit unseren Sinnen wahrnehmen können.

Historische Vorläufer

Das transpersonale Bewußtsein gilt erst seit etwa zwanzig Jahren als Thema für ernsthafte wissenschaftliche Forschung. Davor wurden transpersonale Erfahrungen im Rahmen von Spiritualität, Mystik, Religion, Magie oder paranormalen Phänomenen diskutiert. Dafür waren nicht die Wissenschaftler zuständig, sondern Priester und Mystiker. Trotz der Vorurteile gegen die ernsthafte wissenschaftliche Erforschung des transpersonalen Reiches hat es eine ganze Reihe von Bewußtseinspionieren gegeben, die genau dieser ihr Leben widmeten. Einer der vernehmlichsten und offensten unter ihnen war der hochgeschätzte Schweizer Psychiater C. G. Jung. Gegen Ende seines Lebens sagte Jung, seine ausgereifteste Arbeit sei aus den transpersonalen Erfahrungen erwachsen, von denen er in den erstmalig 1916 in einer limitierten Edition veröffentlichten *Septem Sermones ad Mortuos* (Die sieben Belehrungen der Toten) berichtet. In diesem Text beschreibt er, wie er die Grenzen des Alltagsbewußtseins überwand und eine Welt betrat, deren Existenz er sich zuvor nicht einmal hätte vorstellen können. In dieser Welt begann er mit einer Gestalt zu kommunizieren, die sich »Basilides« nannte. Als Jung ihn nach seiner Herkunft befragte, antwortete Basilides, er habe in Alexandria gelebt, viele Jahrhunderte vor Jungs Geburt. Basilides war es, der Jung vom »Pleroma« erzählte, einem transpersonalen Konzept, das später in Jungs Vorstellung vom »kollektiven Unbewußten« Widerhall fand.

Das Pleroma ist anfang und ende der Creatur. Es geht durch sie hindurch, wie das sonnenlicht die luft überall durchdringt… Wir sind aber das Pleroma selber, denn wir sind ein theil des ewigen und unendlichen … Auch im kleinsten punkt ist das Pleroma unendlich, ewig und ganz, denn klein und groß sind eigenschaften, die in ihm enthalten sind. Es ist das Nichts, das überall ganz ist und unaufhörlich.[9]

Zwar hat Jung aus der Kommunikation mit seinem inneren Führer Basilides viel gelernt, aber es war seine Verbindung zu einer zweiten Wesenheit, der er auf der transpersonalen Ebene begegnete, die letzten Endes tieferen Einfluß auf seine Arbeit nahm. Diese »Geistgestalt«, die sich Philemon nannte, versorgte Jung für den Rest seines Lebens mit Rat und Führung für seine Arbeit. In seinen späten Jahren schrieb Jung denn auch einen Großteil seiner erfolgreichsten und kreativsten Arbeit der Verbindung mit Philemon zu. Ein weiterer Vorbote für die transpersonalen Erfahrungsebenen findet sich in der Lebensarbeit von Abraham Maslow zum Thema Gipfelerlebnisse oder Grenzerfahrungen. Er betonte immer wieder die Notwendigkeit, die Psyche zu »entpathologisieren«, das heißt, den »inneren Kern« unseres Seins nicht als Ursprung metaphysischer Dunkelheit oder Krankheit zu betrachten, sondern als Quelle der Gesundheit und der menschlichen Kreativität. Er war davon überzeugt, daß die Zivilisation des Westens die Wichtigkeit dieses inneren Kerns dadurch verschleiert hatte, daß sie sich ihm mehr wie einem Aberglauben als wie einer Wirklichkeit genähert oder ihn als die Quelle böser, gefährlicher, neurotischer oder psychotischer Impulse behandelt hatte – als etwas, das unterdrückt oder gezügelt werden mußte.

Maslow demonstrierte durch seine Arbeit mit Menschen, die in hohem Maße »selbstverwirklicht« waren, daß das volle Potential nicht dadurch realisiert wird, daß die Signale des inneren Kerns unterdrückt werden, sondern im Gegenteil dadurch, daß man lernt, auf sie zu hören. Seine Untersuchungen weisen darauf hin, daß die »Stimmen und Impulse« von diesem inneren Kern (wie Jungs Philemon) zwar »schwach, subtil und zart« seien, daß sie »sehr leicht durch Angelerntes, kulturelle Erwartungen und Angst vor Ablehnung« untergehen können, daß aber dennoch »... authentische Selbstheit teilweise so definiert werden kann, daß man fähig ist, diese Impuls-Stimmen in sich selbst zu hören...«. Er sagte: »Psychische Gesundheit ist nur dann möglich, wenn dieser essentielle Kern des Menschen grundsätzlich akzeptiert, geliebt und respektiert wird.«[10]

Vor fast hundert Jahren dachte William James, einer der Väter der modernen psychologischen Forschung, darüber nach, wie wir selbst willkürliche Grenzen ziehen, die dann unsere Psyche einzäunen. Wie Jung und Maslow plädierte er dringend dafür, uns den unendlichen Möglichkeiten zu öffnen, die in uns schlummern.

Die meisten Menschen leben ... in einem sehr eingeschränkten Kreis ihres potentiellen Seins. Sie machen nur von einem sehr kleinen Teil ihres möglichen Bewußtseins und der Ressourcen ihrer Seele allgemein *Gebrauch*, ganz wie ein Mann, der sich angewöhnt, von seinem ganzen Körperorganismus nur den kleinen Finger zu bewegen und zu benutzen.[11]

Die transpersonale Welt erforschen und Landkarten erstellen

In unseren gewöhnlichen Bewußtseinszuständen oder in denen, die wir für normal halten, erfahren wir unser Leben als etwas, das nur innerhalb des Spektrums von Gewahrsein stattfindet, das uns unsere fünf Sinne bietet. Hier, in unserem normalen Bewußtseinszustand, definieren wir die Realität durch das Erblicken, Hören, Tasten, Schmecken und Riechen unserer Umwelt. Unsere Wahrnehmung der Welt ist also auf den gegenwärtigen Augenblick und den gegenwärtigen Ort begrenzt. Wir können uns natürlich an Vergangenes erinnern oder darüber phantasieren, was uns wohl in der Zukunft begegnen wird, wir können uns auch der Dinge gewahr sein, die außerhalb unserer fünf Sinne passieren. Aber wir haben nicht das Gefühl, die Ereignisse in der Vergangenheit, in der Zukunft oder an entfernten Orten direkt zu erfahren. Diese anderen Zeiten und Orte existieren nur in unseren Vorstellungen. Wir erschaffen sie, so wie ein Schriftsteller Charaktere und Landschaften in seinem Buch zusammensetzt.

Wenn wir das Reich der transpersonalen Erfahrungen betreten, durchbrechen wir Barrieren, die wir in unserem Alltagsleben als gegeben hinnehmen. An diesem Punkt scheinen verschiedene historische Ereignisse, Augenblicke aus der Zukunft und Elemente einer Welt, die wir normalerweise als außerhalb der Reichweite unseres Bewußtseins liegend betrachten würden, so wirklich und authentisch wie irgendetwas anderes zu sein, das wir je erlebt haben. Wir können nicht mehr davon ausgehen, daß es sich bei dem, was wir hier antreffen, um Produkte unserer Vorstellungskraft handelt.

Die Welt des Transpersonalen existiert vollkommen unabhängig von uns. Jung beobachtete das bei seinen ersten Begegnungen mit seinem Geistführer Philemon und sagte, es sei deutlich der Führer und nicht Jung gewesen, der gesprochen hatte. Philemon erklärte, daß Jung Gedanken so behandele, als seien sie von ihm selbst erzeugt, während für Philemon »Gedanken wie Tiere im Wald oder Menschen in einem Zimmer oder Vögel in der Luft« waren. Jung schloß daraus, Philemon habe ihn »die psychische Objektivität, die Wirklichkeit der Seele« gelehrt. Das half Jung zu verstehen, »daß etwas in mir ist, was Dinge aussprechen kann, die ich nicht weiß und nicht meine«.[12]

Im transpersonalen Reich erleben wir eine Erweiterung oder Ausdehnung unseres Bewußtseins weit über die üblichen Grenzen sowohl unseres Körpers und unseres Ichs als auch über die physischen Beschränkungen des Alltagslebens hinaus. Je weiter ich dieses Reich in meiner eigenen Forschungsarbeit erkundet habe, desto mehr war ich davon überzeugt, daß Erfahrungen im transpersonalen Bewußtsein das gesamte Spektrum der Existenz selbst einschließen können.

Wie bei jedem neuen Territorium muß man auch das transpersonale Reich mit einem gewissen Maß an Vorsicht und Sorge untersuchen. Die Sorge entsteht aus der Erkenntnis, daß wir das Unbekannte betreten. Die Vorsicht erwächst aus dem Wissen, daß dies ein Pionierunterfangen in unbekanntem Gelände ist und wir uns im Voranschreiten möglicherweise Veränderungen unterwerfen müssen. Diejenigen, die ihren Weg in dies neue Gebiet bereits gegangen sind, haben anderen gegenüber die Verantwortung, Landkarten von den neuen Regionen zu erstellen, damit andere vielleicht ermutigt werden, ihnen zu folgen. Natürlich funktioniert das beim menschlichen Bewußtsein anders als bei geographischen Gebieten, aber wir können unterwegs Wegzeichen und Markierungen hinterlassen, die anderen helfen, zu erkennen, wo sie sind und was sie zu erwarten haben.

Ich persönlich fand es beim Erfassen des transpersonalen Reiches nützlich, von drei Erfahrungs-*Regionen* auszugehen: 1. einer Erweiterung oder Ausdehnung des Bewußtseins *innerhalb* des All-

tagskonzeptes von Raum und Zeit; 2. einer Erweiterung oder Ausdehnung des Bewußtseins über das Alltagskonzept von Raum und Zeit *hinaus*; und 3. »psychoiden« Erfahrungen.
Die Liste steht für die Arten von transpersonalen Erfahrungen, die ich in meiner eigenen Forschungsarbeit miterlebt habe und die wiederholt von verschiedenen angesehenen Autoritäten auf diesem Feld bestätigt wurden. Wir werden die unterschiedlichen Arten transpersonaler Phänomene getrennt besprechen, aber in der Praxis treten sie oft in allen möglichen Kombinationen miteinander oder mit perinatalen oder biographischen Erlebnissen auf. So finden wir beispielsweise karmische Erfahrungen und die Gestalten diverser archetypischer Gottheiten oft zum ersten Mal in Verbindung mit den perinatalen Grundmatrizen. Ebenso können embryonale Erfahrungen in Kombination mit phylogenetischen Erinnerungen, mit dem Erleben der kosmischen Einheit oder mit Visionen verschiedener glückseliger Gottheiten oder Dämonen erscheinen.
In den folgenden Kapiteln werden wir die drei wichtigsten Kategorien transpersonaler Erfahrungen näher untersuchen. Dabei beginnen wir mit der Erweiterung des Bewußtseins innerhalb der Alltagskonzepte von Raum und Zeit und gehen dann über die Raum/Zeit hinaus zu den psychoiden Erfahrungen, die wir an den hinteren Rändern des transpersonalen Bewußtseins finden können.

7. Reisen über physische Grenzen hinaus

Die Psyche funktioniert zeitweilig jenseits des raumzeitlichen Kausalgesetzes. Daraus ergibt sich, daß unsere Vorstellungen von Raum und Zeit und damit auch der Kausalität unvollständig sind. Ein vollständiges Weltbild müßte sozusagen noch um eine andere Dimension erweitert werden...

Erinnerungen, Träume, Gedanken von C. G. Jung

In unserem Alltagsleben meinen die meisten von uns, die Welt, in der wir leben, setze sich aus hoch individualisierten physischen Körpern zusammen – belebten wie unbelebten –, von denen ein jeder seine eigenen festen und absoluten Grenzen aufweise. All unsere Sinne – Sehen, Hören, Riechen, Schmecken und Tasten – scheinen uns zu sagen, wir seien zumindest physisch von dem getrennt, was wir durch sie wahrnehmen. Es gibt zwischen uns selbst und anderen Leuten und zwischen uns selbst und dem All einen Unterschied, der darauf hinzuweisen scheint, daß jeder von uns ein souveränes, autonomes Einzelwesen ist. Die Bewußtseinsforschung der letzten Jahre hat jedoch allmählich gezeigt, daß unsere physischen Grenzen vielleicht viel eher illusorisch als wirklich sind. Wie das sprichwörtliche Trugbild der kühl sprudelnden Quelle, das den durstigen Reisenden in der Wüste foppt, können auch die Grenzen, die wir zwischen uns selbst und dem Rest des Universums sehen, am besten als Produkte unseres Geistes eingeordnet werden.

In den fortgeschrittensten Bereichen der Bewußtseinsforschung entdecken wir, daß die Wissenschaft uns quasi im Kreis wieder zu einer Sicht unseres Lebens geführt hat, die stark der von den weisen Alten vergangener und orientalischer Kulturen ähnelt. Sri Aurobindo meinte dazu, daß wir alles Werden als Entwicklung der Bewegung in unserem wahren Selbst sehen müssen. Dieses Selbst wohne allen Körpern inne und nicht nur unserem eigenen. Wir müssen in unseren Beziehungen zu dieser Welt bewußt das sein, was wir wirklich sind – dieses eine Selbst, das zu allem wird, das wir wahrnehmen. Wir müssen alle Bewegung, alle Energien, alle Formen, alle Geschehnisse als solche unseres einen und wirklichen Selbst in vielen Existenzformen sehen.

Ähnlich reflektiert Albert Einstein dasselbe Thema: Ein Mensch sei ein Teil des Ganzen, das wir »Universum« nennen – ein in Raum und Zeit begrenzter Teil. Er erlebe sich selbst, seine Gedanken und Gefühle als etwas vom Rest getrenntes – eine Art optischer Täuschung des Bewußtseins.

Es gibt nur wenige Menschen, die nicht bereits unter bestimmten Umständen eine Ausweitung ihrer Alltagsgrenzen erfahren hätten. In solchen Zeiten verschwimmen und verblassen unsere Illusionen von Getrenntheit wie die letzten Sonnenstrahlen am Ende des Tages. In ihrem Nachglühen verschmelzen wir einige flüchtige Momente lang mit anderen Menschen und identifizieren uns damit, wie sie die Welt erleben. Oder wir stellen fest, daß wir uns auf das Bewußtsein einer ganzen Gruppe von Leuten einstimmen, uns mit den Freuden und Sorgen einer ganzen Gesellschaft, einer Rasse oder der gesamten Menschheit identifizieren. Auf ähnliche Weise können wir uns selbst in der freien Natur verlieren, vielleicht bei einer Bergwanderung oder tief in einem Wald mit uralten Bäumen. Dann springen wir über die Begrenzungen unserer ausschließlich menschlichen Existenz hinaus und erfahren ganz deutlich das Leben von Tieren, Pflanzen oder sogar anorganischen Objekten oder Prozessen. Im folgenden Ausschnitt aus Eugene O'Neills Stück *Eines langen Tages Reise in die Nacht* erzählt Edmund von einer Nachtfahrt auf einem Segelschiff. Dies ist ein wundervolles Beispiel für einen transpersonalen Zustand, der die gewöhnlichen Grenzen der menschlichen Erfahrung transzendiert.

Ich lag vorne am Bugsprit, schaute achtern aus, das Wasser schäumte unter mir, und die Maste über mir türmten sich hoch auf mit ihren weißen Segeln im Mondlicht. Ich war wie trunken von all der Schönheit und dem singenden Rhythmus des Ganzen. Für einen kurzen Augenblick verlor ich mich selbst – wirklich, ich verlor mein Leben. Ich war befreit, war frei!

Ich löste mich auf im Meer, wurde weißes Segel und fliegende Gischt, wurde Schönheit und Rhythmus, Mondlicht und das Schiff und der hohe mit Sternen übersäte, verschwimmende Himmel. Ich gehörte, ohne Gegenwart und ohne Zukunft, mit hinein in den Frieden und die Einheit und in eine wilde Freude, in etwas, das größer war als mein eigenes Leben, größer als das Menschenleben überhaupt, ich gehörte zum Leben selbst! Zu Gott, wenn du willst...
Wie wenn eine unsichtbare Hand den Schleier weggezogen hätte von den Dingen. Für eine Sekunde sieht man – und wenn man das Geheimnis erkennt, ist man selbst das Geheimnis. Für einen Moment ist Sinn![13]

In veränderten Bewußtseinszuständen wird diese Wahrnehmung der Welt dominant und zwingend. Sie macht die Alltagsillusion der Newtonschen Wirklichkeit vollkommen zunichte, in der wir ein »von Haut umhülltes Ich« zu sein scheinen, das in einer Welt voneinander unabhängiger Wesen und Objekte existiert. Bei den extremen Formen transpersonaler Wahrnehmung können wir uns selbst als die gesamte Biosphäre unseres Planeten oder das ganze materielle Universum erleben.

Identifikation mit anderen Menschen

Die transpersonale Erfahrung, die den meisten wohl am ehesten vertraut ist, ist die, die wir in Beziehungen mit Menschen machen, die uns sehr nahestehen. Bei der Liebe oder anderen gemeinsamen ekstatischen Momenten scheinen sich die Grenzlinien zwischen *Ich und Du* zu verflüchtigen. Wir merken plötzlich, daß das Bewußtsein ganz vom Körper losgelöst ist. Unser beider Bewußtsein verschmilzt, wird eins, stellt die physischen Grenzen in Frage, die wir meist als gegeben hinnehmen. Während dies geschieht, können wir uns auch mit der kreativen Quelle vereint fühlen, der wir entstammen und von der wir alle ein Teil sind.
Die Art transpersonaler Verbindung, die wir mit einem anderen Menschen fühlen, kann man als »Zweieinigkeit« oder »duale Einheit« bezeichnen. Solche Erfahrungen können beim Ausüben spi-

ritueller Praktiken, besonders des tantrischen Yoga, in Zeiten großer emotionaler Schocks oder außergewöhnlicher Freude, etwa beim Tod eines geliebten Menschen oder bei der Geburt eines Kindes, oder durch die Einnahme von psychoaktiven Substanzen auftreten. Sie sind außerdem häufig zwischen Mutter und Kind während der Schwangerschaft und in der Stillzeit zu beobachten. Bei den Erfahrungen der Zweieinigkeit haben wir das Gefühl, vollkommen zu verschmelzen und eins mit dem anderen zu werden, aber dabei zugleich unsere eigene Identität zu wahren.

In klinischen Situationen habe ich bereits in vielen Hunderten von Fällen verschiedene Formen dieser Zweieinigkeit miterleben können. Ein besonders interessantes Beispiel war eine Klientin namens Milada, die ihre eigene Zeit im Uterus und an der Mutterbrust wiedererlebte und dabei vollkommen mit ihrer Mutter verschmolz.

Während der Sitzung rollte sie sich in einer fötalen Haltung zusammen, die für einen Menschen im Zustand starker Regression ganz charakteristisch ist. Aus ihrem Gesicht schien jede Falte zu verschwinden, und sie sah aus wie ein winziger Säugling. Mit schwacher Stimme beschrieb sie mir, wie nah sie sich nun ihrer Mutter fühlte. Sie hatte das wunderbare Erlebnis, tatsächlich ein Teil von ihr zu werden, mit ihr zu verschmelzen, bis es keinen Unterschied zwischen den Gefühlen ihrer Mutter und ihren eigenen mehr gab. Sie konnte ungehindert abwechselnd sie selbst und ihre Mutter sein. Manchmal war sie das Baby im Mutterleib oder an der Brust. Dann wechselte sie die Rolle, wurde zu ihrer schwangeren oder stillenden Mutter. Sie konnte die Erfahrung machen, gleichzeitig ihre Mutter und sie selbst als Baby zu sein, als handele es sich um ein Kontinuum, einen einzigen Organismus, einen einzigen Geist.

Während sie diese Zweieinigkeit, das symbiotische Verschmelzen mit der Mutter erlebte, öffnete sie plötzlich die Augen und sah mich sehr überrascht an. Sie erklärte, sie hätte das Gefühl, meine Gedanken lesen zu können und zu wissen, was ich empfand – als ob alle Grenzen zwischen uns verschwunden seien. Und als sie dann meine Gedanken beschrieb, stellte sich heraus, daß sie sie ziemlich genau erfaßt hatte.[14]

Dies war übrigens für Milada ein entscheidender Durchbruch. Durch die Erfahrung der Zweieinigkeit mit ihrer Mutter und dann mit mir, gewann sie eine neue Sichtweise ihres frühen Lebens und erlaubte sich selbst, eine tiefere Ebene von Vertrauen und Kommunikation zu mir herzustellen. Genau dieses Erleben der Zweieinigkeit ist es oft, das uns hilft, in unseren Beziehungen zu Verwandten und geliebten Menschen stärkeres Vertrauen und mehr Verständnis für andere zu erreichen. Man kann auch getrost davon ausgehen, daß dieser Aspekt des menschlichen Bewußtseins die Grundlage für das ist, was wir Empathie oder Mitgefühl nennen.

Eng mit dieser Erfahrung der Zweieinigkeit hängt die der *vollständigen Identifikation mit einer anderen Person* zusammen. Das geschieht, wenn wir uns so stark mit einem anderen Menschen identifizieren, daß wir das Bewußtsein unserer eigenen Identität verlieren und zu diesem anderen werden. Ein lebhaftes Beispiel für diese Art von Identifikation widerfuhr meiner Frau Christina während wir am Esalen-Institut im kalifornischen Big Sur lebten.

Christina lag damals im Bett, um sich von einer fiebrigen Viruserkrankung zu erholen. Einer unserer Freunde, der ebenfalls in Esalen lebte, war der verstorbene Anthropologe und Universaldenker Gregory Bateson. Während eines diagnostischen Eingriffs hatten die Chirurgen in seiner Lunge einen bösartigen Tumor von der Größe einer Pampelmuse entdeckt. Die Ärzte hielten ihn für inoperabel und gaben Gregory noch vier Wochen zu leben. Während seines Aufenthaltes in Esalen erhielt er viele alternative Anwendungen und lebte im Endeffekt noch zweieinhalb Jahre länger, als man ihm prophezeit hatte. Während dieser Zeit verbrachten Christina und ich viel Zeit mit Gregory und seiner Familie, und wir wurden gute Freunde.

An diesem Morgen hatte Christina nun ein überwältigendes Gefühl, sie verwandele sich in Gregory. Sie hatte seinen großen Körper, seine riesigen Hände, seine Gedanken und seinen unerschütterlichen britischen Humor. Sie spürte auch die Schmerzen, die der Krebs bereitete, und wußte irgendwie mit jeder Zelle ihres Körpers, daß er im Sterben lag. Darüber war sie erstaunt, da es nicht ihrer bewußten Einschätzung seiner Situation entsprach.

Später an diesem Tag traf Christina unseren Freund Dr. Carl Simonton, der zu Besuch in Esalen war. Carl hatte an dem Morgen mit Gregory gearbeitet und dabei eine Methode der Visualisierung angewandt, die er als Ergänzung zu seiner Arbeit als Onkologe und Radiologe entwickelt hatte. Nun erzählte er Christina, was bei dieser Sitzung geschehen war. Mitten drin hatte Gregory plötzlich erklärt: »Ich möchte nicht mehr weitermachen, ich will sterben.« Daraufhin riefen sie Gregorys Frau Lois herbei und fingen an, über das Sterben statt über das Bekämpfen von Krebs zu sprechen. Der Zeitpunkt dieses Geschehens fiel genau mit Christinas Identifikationserlebnis zusammen.

Dieses Verschmelzen individueller Grenzen kann viel weiter gehen und eine ganze Gruppe von Menschen einschließen, die etwas gemeinsam haben; sie können derselben Rasse oder Nationalität angehören, aus derselben Kultur stammen, oder durch ein bestimmtes Glaubenssystem, den beruflichen Hintergrund oder die Vorsehung miteinander verbunden sein. Kurzfristige und oberflächliche Formen solcher *Identifikation mit einem Gruppenbewußtsein* können ohne länger anhaltende oder tiefgreifende Veränderungen des Bewußtseins stattfinden. So überkommt häufig die Besucher des Konzentrationslagers von Auschwitz, in dem Millionen von Juden gequält und getötet wurden, das überwältigende Gefühl, an dem Schrecken, dem Kummer und den grausamen Entbehrungen all jener teilzuhaben, die dort gefangengehalten und umgebracht wurden. Ebenso teilen die Menschen, die das Vietnam-Denkmal in Washington besuchen, und sei es auch einen kurzen Augenblick lang, das Leiden all der jungen Männer und Frauen, die ihr Leben in diesem Krieg verloren.

In veränderten Bewußtseinszuständen können transpersonale Erfahrungen wie diese sehr tiefgreifend, lebhaft und bildreich sein und wenige Minuten oder einige Stunden anhalten. Es ist beispielsweise möglich, zu all den Müttern zu werden, die im Krieg ihre Kinder verloren haben, zu all den Soldaten, die je auf den Schlachtfeldern gefallen sind, oder zu all den Flüchtlingen und Ausgestoßenen der Menschheitsgeschichte. Auch wenn es jemandem, der solche Erlebnisse nie gemacht hat, vielleicht schwer fällt, sich das

vorzustellen, kann man unter diesen Bedingungen das absolut überzeugende Gefühl haben, all diese Individuen auf einmal zu werden. Man wird zu einem einzigen Bewußtsein, das Hunderte oder vielleicht sogar Millionen von Individuen enthält.
Visionäre Erfahrungen dieser Art wurden immer wieder in den heiligen Schriften und der mystischen Literatur aller Jahrhunderte beschrieben. Aber sie sind nicht das exklusive Privileg der großen Gestalten der Religionsgeschichte – noch sind sie, wie Skeptiker zuweilen behaupten, die phantasievollen Erfindungen einer ränkevollen Priesterklasse, die Mittel und Wege sucht, die leichtgläubigen Massen zu manipulieren. Eine der überraschendsten Entdeckungen der modernen Bewußtseinsforschung war die Entdeckung, daß solche visionären Erfahrungen unter bestimmten Bedingungen wie etwa veränderten Bewußtseinszuständen buchstäblich jedem von uns offenstehen – dank der transpersonalen Potentiale des menschlichen Bewußtseins.
Der folgende Text ist ein zeitgenössisches Beispiel für die visionären Erfahrungen eines Fachmanns auf dem Gebiet der geistigen Gesundheit, der die Ruinen der alten Maya im mexikanischen Palenque besuchte. Der Bericht ist etwas länger und beinhaltet auch die Transzendenz von Zeit und die Begegnung mit archetypischen Wesenheiten, die wir bisher noch nicht behandelt haben. Ich habe ihn dennoch ungekürzt aufgenommen, weil es sich dabei um ein besonders prägnantes Beispiel dafür handelt, welche Arten von visionären Fähigkeiten uns durch transpersonales Bewußtsein zugänglich sind.

Ich fand es zunehmend schwieriger, mich inmitten dieser Ruinen einfach als bewundernder Tourist zu fühlen. Wellen tiefer Angst und ein fast metaphysisches Gefühl des Unterdrücktseins durchdrangen mein ganzes Sein. Mein Sichtfeld wurde immer dunkler, und ich begann festzustellen, daß die Objekte in meiner Umgebung mit ehrfurchtserregender Energie ausgestattet waren und sich nun in ausgesprochen bedrohlicher Weise zu bewegen begannen.
Ich erkannte, daß Palenque ein Ort war, an dem Tausende von Menschenopfern dargebracht worden waren, und spürte, daß das Leiden der Jahrhunderte irgendwie noch immer wie eine schwere Wolke über dieser

Stätte hing. Da waren zornige Götter, die nach Blut dürsteten. Sie verlangten offensichtlich nach neuen Opfern und schienen anzunehmen, ich sei dafür auserwählt. So überzeugend dieses Gefühl auch war, hatte ich doch genug kritische Einsicht, um zu merken, daß es eine innere, symbolische Erfahrung und mein Leben nicht wirklich in Gefahr war.
Ich schloß die Augen, um besser feststellen zu können, was sich in meiner Psyche abspielte. Ganz plötzlich schien Geschichte lebendig zu werden; ich sah Palenque nicht mehr in Trümmern, sondern als blühende heilige Stadt auf der Höhe ihres Ruhms. Ich wurde Zeuge eines rituellen Opfers mit allen unglaublichen Details; aber dabei war ich nicht nur Beobachter, sondern zugleich das Opfer. Darauf folgte sofort eine ähnliche Szene, und dann noch eine. Ich erhielt erstaunliche Einsichten in die präkolumbianische Religion und die Rolle, die die Opferhandlungen in diesem System innehatten. Meine individuellen Grenzen schienen vollkommen verschwunden zu sein, und ich fühlte mich zunehmend so sehr mit all jenen verbunden, die im Laufe der Jahrhunderte in Palenque gestorben waren, daß ich schließlich eins mit ihnen wurde.
Ich erlebte mich selbst als ein riesiges Sammelbecken all ihrer Emotionen; darin war ein ganzes Spektrum von Gefühlen enthalten – Bedauern über den Verlust des jungen Lebens, ängstliche Ahnungen und seltsame Ambivalenz gegenüber den Ausführenden, aber auch merkwürdige Ergebenheit gegenüber dem eigenen Schicksal und sogar Aufregung und neugierige Erwartung dessen, was kommen würde. Ich spürte sehr deutlich, daß die Vorbereitung für das Ritual die Einnahme von bewußtseinsverändernden Drogen einschloß, die die Erfahrung auf eine höhere Ebene anhoben.

Er war von den Dimensionen der Erfahrung und der damit einhergehenden Fülle der Einsichten fasziniert. Er stieg auf den Hügel und legte sich neben den Sonnentempel, um sich besser auf die Geschehnisse konzentrieren zu können. Sein Bewußtsein wurde weiterhin von unglaublich kraftvollen Szenen aus der Vergangenheit bombardiert. Die ursprüngliche Faszination verwandelte sich bald in tiefe metaphysische Angst. Laut und deutlich schien er eine Botschaft zu erhalten »Du bist hier nicht als Tourist, der in die Geschichte hineinhorcht, sondern als rituelles Opfer, wie all die anderen, die hier in der Vergangenheit ihr Leben gaben. Du wirst diesen Ort nicht lebendig verlassen.« Er spürte die überwältigende Gegenwart der Gottheiten, die nach Opfern verlangten. Selbst die

Mauern der Gebäude schienen nach weiterem Blut zu dürsten – nach seinem Blut. In seinem Bericht heißt es weiter:

Ich hatte bereits bei meinen psychedelischen Sitzungen veränderte Bewußtseinszustände kennengelernt und wußte, daß die schlimmsten Ängste bei diesen Erfahrungen keine objektiv existierenden Gefahren reflektieren und gewöhnlich verschwinden, wenn man wieder seine normale Geistesverfassung erreicht. Dieses Erlebnis war zwar sehr überzeugend, aber ich wollte glauben, es sei »einfach ein weiteres von dieser Sorte«. Das Gefühl von drohendem Unheil wurde jedoch zunehmend wirklicher. Ich öffnete die Augen und geriet in solche Panik, daß mir schier das Blut stockte. Mein ganzer Körper war von Riesenameisen bedeckt, und auf der Haut wuchsen Hunderte von roten Beulen. Dies hier geschah nicht nur in meinem Kopf; es geschah wirklich.
Diese unerwartete Komplikation fügte dem Ganzen ein Element hinzu, das meine Befürchtungen nun wirklich überzeugend machte. Ich hatte bezweifelt, daß mich diese Erfahrung allein umbringen würde, aber nun war ich nicht sicher, was große Mengen Gift von Hunderten von mexikanischen Riesenameisen bei jemandem in einem veränderten Bewußtseinszustand bewirken können. Ich beschloß fortzulaufen, den Ruinen zu entfliehen, mich dem Einfluß der Götter zu entziehen. Aber die Zeit schien so langsam geworden zu sein, daß sie fast stillstand, und mein ganzer Körper war schwer wie Blei.
Ich versuchte verzweifelt, so schnell wie möglich zu rennen, aber es schien, als ob ich mich nur in Zeitlupe bewegen würde. Ich hatte den Eindruck, im Transportstrahl eines Raumschiffs gefangen zu sein; die Götter und die Ruinen hatten mich fest im Griff und hielten mich mit ihrem Fluch gefangen. Während dies geschah, geisterten mir immer noch Bilder aus der Geschichte von Palenque durch den Kopf. Ich konnte den Parkplatz voller Autos sehen, der mit einer schweren Kette von den Ruinen abgegrenzt war. Dort war die vorhersagbare rationale Welt meiner Alltagsrealität. Ich richtete in dem Gefühl, so mein Leben retten zu können, all mein Denken auf die Aufgabe, dorthin zu gelangen. Damals betrachtete ich die Ketten als Grenzen, an denen die magische Welt der alten Götter endete. Hat unsere moderne Welt nicht schließlich die auf dem Glauben an mythische Wirklichkeiten beruhenden Reiche erobert und unglaubwürdig gemacht?[15]

Seine Erwartungen erwiesen sich als richtig. Es schien eine Ewigkeit zu dauern, und er mußte sich gewaltig anstrengen, aber schließlich erreichte er den Parkplatz. Und in dem Moment war ihm, als ob ein schweres Gewicht – ein physisches, psychisches und spirituelles – von ihm genommen würde. Er fühlte sich leicht, ekstatisch, wiedergeboren, und er steckte voll überschäumender Lebensenergie. Seine Sinne waren gereinigt und weit offen; der herrliche Sonnenuntergang auf der Rückfahrt aus Palenque, das Abendessen in einem kleinen Restaurant in Villahermosa, bei dem er das pulsierende Leben in den Straßen betrachten konnte, und der Geschmack der Fruchtsäfte an den örtlichen Ständen waren wahrhaft ekstatische Erfahrungen. Einen Großteil der Nacht verbrachte er allerdings unter der kalten Dusche, um die Schmerzen und das Brennen der vielen Ameisenbisse zu lindern.

Etliche Jahre später erzählte ihm ein befreundeter Anthropologe, der sich intensiv mit der Kultur der Mayas beschäftigt hatte, die Ameisen hätten in deren Mythologie eine wichtige Rolle gespielt und seien tief mit der Erdgöttin und dem Prozeß der Wiedergeburt verbunden gewesen.

Die extreme Form des Gruppenbewußtseins ist die *Identifikation mit der gesamten Menschheit*, bei der sich im Erfahrungsschatz der Spezies Mensch anscheinend keine Grenzen finden lassen. In den alten Schriften gibt es dafür viele Beispiele, etwa Christi Erfahrung im Garten von Gethsemane. Ich werde jedoch statt dessen zur Illustration eine transpersonale Erfahrung aus der Welt der modernen Technologie wählen: Rusty Schweickarts Bericht über den Flug des Apollo-9-Raumschiffs, dessen Aufgabe es war, die Mondfähre für zukünftige bemannte Landungen auf dem Mond zu testen.

Als sein Raumschiff auf der Umlaufbahn um die Erde war und mit rasender Geschwindigkeit verschiedene geographische und politische Grenzen überflog, fand Rusty es zunehmend schwieriger, sich einer bestimmten Nation zugehörig zu fühlen. Tief unter sich sah er das Mittelmeer und dachte daran, daß diese Wiege der Zivilisation etliche Jahrhunderte lang die einzige bekannte Welt gewesen war. Er stellte sich vor, daß die Oberfläche dieses blauen, grünen und weißen Globus, den er in jeweils neunzig Minuten umkreiste, all das enthielt, was ihm je wichtig gewesen war – Geschichte,

Musik, Kunst, Tod, Liebe, Tränen, Spiele und Freuden. Sein Bewußtsein erlebte eine tiefgreifende Transformation.

Wenn du die Erde in anderthalb Stunden umkreist, beginnst du zu erkennen, daß du mit dem ganzen Planeten eins bist. Das verändert die Sache. Du schaust hinunter und kannst dir nicht vorstellen, wieviele Grenzen du überfliegst… Da töten Hunderte von Menschen einander – nur wegen einer imaginären Linie, die du noch nicht einmal sehen kannst. Von dort aus, wo du jetzt bist, erscheint der Planet als ein Ganzes. Er ist so schön, und du wünschst, du könntest jeden einzelnen Menschen an der Hand nehmen und ihm sagen »Schau dir einmal die Erde von hier aus an. Schau einmal auf das, was wirklich wichtig ist.«

Während seines Spaziergangs im All explodierten diese Enthüllungen plötzlich und wurden zu einer tiefreichenden mystischen Erfahrung. Die für die Dokumentation seiner Aktivitäten entwickelte Kamera streikte, und er hatte einige Minuten nichts anderes zu tun, als im All zu schweben und das Spektakel der Erde, des Kosmos und der gesamten Existenz auf sein Bewußtsein einwirken zu lassen. Dabei wurde es ihm sehr schnell unmöglich, seine individuellen Begrenzungen aufrechtzuerhalten, und er identifizierte sich statt dessen mit der gesamten Menschheit.

Du denkst über das nach, was du gerade erlebt hast. Verdienst du sie, diese phantastische Erfahrung? Bist du auserwählt, von Gott berührt zu werden und ein besonderes Erlebnis zu haben, das andere Menschen nicht haben können? Du weißt, daß die Antwort Nein ist. Du hast nichts dazu getan, um dies alles zu verdienen. Es ist nicht etwas Besonderes nur für dich. Das weißt du in diesem Augenblick sehr gut und es wird dir so richtig bewußt, daß du das empfindende Element für die Menschen repräsentierst.

Du schaust hinunter und siehst die Oberfläche der Erdkugel, auf der du die ganze Zeit gelebt hast, und du kennst all die Leute da unten. Sie sind so wie du, sie sind du, und du bist stellvertretend für sie hier. Du bist hier oben ihr empfindendes Element, der Punkt am äußersten Ende… Irgendwie erkennst du, daß du ein Stück des gesamten Lebens bist. Du bist hier draußen in vorderster Reihe und du mußt das, was du hier erlebst, auf die Erde zurückbringen.

Dies wird zu einer besonderen Verantwortung und es sagt dir etwas über deine Beziehung zu dem, was wir Leben nennen. Das ist etwas Neues.

Wenn du zurückkehrst, gibt es einen Unterschied in der Welt hier und heute, einen Unterschied in der Beziehung zwischen dir und dem Planeten, zwischen dir und allen anderen Lebensformen auf diesem Planeten, weil du diese Erfahrung hattest, diese Erfahrung, die so kostbar ist.[16]

Rusty hat seit seiner Rückkehr von der Apollo-9-Mission einen Großteil seines Lebens der Aufgabe gewidmet, anderen Menschen seine Vision zu vermitteln und seinen Bewußtseinswandel mit anderen zu teilen. Er ist nach wie vor stark daran interessiert und hoch motiviert, unserem Planeten Erde und der Menschheit, mit denen er sich so tief identifiziert, Frieden und ökologische Harmonie zu bringen.

Die Kluft zwischen den einzelnen Arten überwinden

Im transpersonalen Reich wird es möglich, sich erfahrend in die Empfindungen eines Berglöwen hineinzuversetzen, der seine Beute durch eine felsige Schlucht jagt, in die Urimpulse eines mächtigen Reptils, das einem Artgenossen des anderen Geschlechts begegnet, oder in den kraftvollen Flug eines Adlers. Nach der Identifikation mit Tieren haben Menschen schon verschiedentlich berichtet, sie hätten ein tiefgreifendes organismisches Verständnis für einige den Menschen völlig fremde Triebe gewonnen: die Gefühle, die den Aal oder den Lachs auf ihren heroischen Reisen flußaufwärts leiten, die strukturellen Instinkte einer Spinne, die ihr Netz webt, oder die mysteriöse Erfahrung der Metamorphose eines Schwammspinners vom Ei zur Raupe zur Puppe zum Schmetterling.
Die transpersonalen Erfahrungen, bei denen wir das Bewußtsein von bestimmten Tieren annehmen, können äußerst überzeugend sein. Manchmal gehen sie mit dem Gefühl einher, wir hätten das Erscheinungsbild dieses Tieres angenommen oder verspürten Empfindungen und instinkthafte Triebe, die genau dessen Wahrnehmungen in seiner natürlichen Umwelt entsprechen. Die besondere Art und die spezifischen Eigenschaften dieser Erfahrungen transzendieren häufig das übliche Ausmaß der menschlichen Phantasie und Vorstellungskraft.

Eine Belgierin, die in Brüssel an einem unserer Workshops mit Holotroper Atemarbeit® teilnahm, hatte die folgende Erfahrung, die ihr bemerkenswerte Einsichten in das Verhalten von Walen brachte. Es handelt sich dabei um Wissen, das ihr zuvor weder aus Büchern noch aus Gesprächen bekannt war.

Nach einer starken Sequenz des Geborenwerdens mit einem triumphalen Auftauchen ins Licht begannen sich die Dinge zu beruhigen. Ich fühlte mich friedlicher und stiller, und meine Erfahrung schien unglaubliche Tiefe und Weite zu gewinnen. Ich spürte zunehmend, daß mein Bewußtsein deutlich ozeanischer Art war, bis ich merkte, daß ich tatsächlich zu dem wurde, was sich am besten als das Bewußtsein des Meeres bezeichnen läßt. Ich wurde der Anwesenheit von mehreren großen Körpern gewahr und erkannte, daß es sich um einen Schwarm Wale handelte.
Mit einem Mal spürte ich, wie kalte Luft durch meinen Kopf strömte, und ich hatte den Geschmack von Salzwasser im Mund. Eine Vielfalt von fremden und definitiv nicht-menschlichen Empfindungen und Gefühlen gewann fast unmerklich in meinem Bewußtsein die Oberhand. Aus der Urverbindung zu den anderen großen Körpern um mich herum begann sich eine gigantische neue Erscheinung zu entwickeln, und ich erkannte, daß ich zu einem der ihren geworden war. In meinem Bauch spürte ich eine andere Form von Leben und wußte, daß dies mein Baby war. Ich hatte nicht die geringsten Zweifel daran, daß ich ein schwangerer weiblicher Wal war.
Und dann kam eine weitere Welle des Geburtsprozesses. Diese wies jedoch ganz andere Eigenschaften auf als die früheren Episoden. Sie hatte ungeheure Ausmaße, gerade so, als sei das Meer in seinen Tiefen aufgewühlt worden. Zugleich war alles überraschend einfach und natürlich. Ich erlebte meine Geschlechtsorgane auf sehr intime Weise; all die Nuancen dieser Gebäraktivitäten hingen mit einem tiefen, aus den Eingeweiden stammenden Verständnis dessen zusammen, wie Wale gebären. Am erstaunlichsten fand ich, wie sie Wasser verwenden, um das Baby auszutreiben Sie saugen es in ihre Geschlechtsorgane hinein und arbeiten mit hydraulischem Druck. Es schien von Bedeutung zu sein, daß das Baby mit dem Schwanz zuerst geboren wurde.[17]

Ich beschrieb die Erfahrungen dieser Frau viel später einmal bei einem Workshop in Kalifornien. Zufällig war in dieser Gruppe ein Meeresbiologe. Er erklärte, wie Wale ihre Jungen gebären und bekräftigte nachdrücklich die Beschreibung der jungen Belgierin. Dies ist nur eine von Hunderten von Bestätigungen von außergewöhnlichen Einsichten, die Menschen in veränderten Bewußtseinszuständen gewonnen haben. Immer wieder überrascht hat mich, wie genau diese Einsichten waren, die oft auch bei Leuten ohne vorheriges Interesse am Thema, ohne Kenntnisse und ohne Erfahrung mit ganz spezifischen und detaillierten Informationen durchsetzt sind.

Noch eine andere Erfahrung mit Tier-Bewußtsein sei erwähnt, diesmal die eines Mannes, der sich schon einige Jahre lang ernsthaft mit Selbsterforschung beschäftigt hatte. Er beschrieb sein Erlebnis als Adler. Er segelte auf den Luftströmungen und nutzte geschickt die unterschiedlichen Flügelstellungen. Seine Augen suchten das Gebiet unter ihm ab, und er merkte, daß alles wie durch ein starkes Fernrohr vergrößert war, so daß er selbst das kleinste Detail im Gelände sehen konnte. Sobald er eine Bewegung entdeckte, war es, als ob seine Augen starr werden und wie ein Zoom darauf niederstoßen würden. Diese neue visuelle Fähigkeit beschrieb er als etwas in der Art von Tunnelsicht, wie wenn man durch ein langes, enges Rohr blickt. Er sagte: »Das Gefühl, diese Erfahrung würde tatsächlich den Sichtmechanismen bei Raubvögeln entsprechen – was mich bis dahin überhaupt noch nie interessiert hatte – war so überzeugend und zwingend, daß ich beschloß, mich in der Bibliothek mit der Anatomie und Physiologie ihres optischen Systems vertraut zu machen.«

Die Erfahrungen, bei denen man das Bewußtsein eines bestimmten Tieres annimmt, sind nicht auf die Arten beschränkt, die höher auf der evolutionären Leiter stehen, wie etwa Primaten, Wale, Vögel oder Reptilien. Sie können auch auf der Ebene von Insekten, Würmern, Schnecken und sogar Hohltieren stattfinden; auch diese Identifikationen mit niedrigeren Lebensformen können erstaunliche neue Einsichten und Informationen liefern. Ich erinnere mich besonders an eine Sitzung mit Holotroper Atemarbeit®, bei der ein Teilnehmer sich mit einer Raupe identifizierte und auf einer sehr grundlegenden Ebene erfuhr, wie diese die Welt wahrnahm, sich bewegte und Blätter fraß.

Die Erfahrung gipfelte im Bau eines Kokons und dem speziellen Bewußtseinszustand, der mit diesem Stadium des Lebenszyklus einhergeht. Der Mann erlebte dann auf einer subzellularen Ebene in seinem eigenen Körper das Wunder der Metamorphose. Danach meinte er, er sei sehr überrascht gewesen zu entdecken, daß der Prozeß der Metamorphose eine vollständige Auflösung des Raupenkörpers im Kokon beinhaltet. Erst aus diesem amorphen Brei taucht sie in ihrer gänzlich neuen Form als Schmetterling wieder auf. Als er aus dem Kokon geschlüpft war, erlebte er zunächst das Trocknen und Strecken der nassen, noch eingefalteten Flügel und dann den Triumph des ersten Fluges.

Die Tatsache, daß sich der Körper der Raupe in diesem Prozeß der Metamorphose ganz auflöst und von proteolytischen Enzymen im Kokon verflüssigt wird, war diesem Mann zuvor vollkommen unbekannt. Er hatte bis dahin keinerlei Interesse an Insektenkunde oder überhaupt an Biologie; erst seine transpersonale Erfahrung öffnete ihm die Augen für eines der großen Geheimnisse der Natur – das der morphogenetischen Felder, die eine energetische Schablone dafür liefern, dem verflüssigten Körper einer Raupe die Form eines Schmetterlings zu entlocken.

Unser Potential für Reisen in das Bewußtsein anderer Arten endet aber nicht bei den Tieren. Traditionell orientierten Forschern mag es absurd und phantastisch erscheinen und es strapaziert deutlich das, was wir den gesunden Menschenverstand nennen, aber wir können die Berichte von Leuten nicht völlig von der Hand weisen, die behaupten, sie hätten das *Bewußtsein von Pflanzen und botanischen Prozessen* erfahren. Im Laufe der Jahre habe ich Hunderte solcher Erfahrungen beobachtet und sogar selbst gelegentlich welche gehabt. Dadurch konnte ich erkennen, wie erstaunlich authentisch diese Erlebnisse sind und wie sehr sie uns helfen können, die alchemistischen Geheimnisse des botanischen Königreichs zu entwirren.

Die Erfahrungen mit dem Bewußtsein von Pflanzen treten in einem breiten Spektrum auf – von Bakterien über Meeresplankton und Pilzen zur Venusfliegenfalle, zu Orchideen und Mammutbäumen. Sie können interessante Einsichten in den Prozeß der Photosynthese, die Bestäubung, die Funktion des Wachstumshormons *Auxin*, den Austausch von Wasser und Mineralien im Wurzelsystem und viele andere physiologische Funktionen der unterschiedlichsten Pflanzen liefern. Um diese Art von Erfahrung anschaulich zu illustrieren, habe ich die Beschreibung einer Identifikation mit einem Mammutbaum bei einer Sitzung mit Holotroper Atemarbeit® gewählt. Ich sollte vielleicht erwähnen, daß diese herrlichen Bäume in veränderten Bewußtseinszuständen häufig auftauchen und daß ihr Erscheinen immer philosophische und metaphysische Spekulationen auslöst.

Ich hätte nie ernsthaft die Möglichkeit in Betracht gezogen, daß es so etwas wie ein Bewußtsein von Pflanzen geben könnte. Ich habe einige Artikel über Experimente gelesen, die auf das »geheime Leben der Pflanzen« hinweisen, und Hinweise darauf, daß das Bewußtsein des Gärtners Einfluß auf den Ernteertrag haben kann. Für mich war das aber immer wissenschaftlich unhaltbar und nebulöses New-Age-Wunschdenken. Aber nun war ich selbst in einen Mammutbaum verwandelt, und mir war absolut klar, daß das, was ich erlebte, in der Natur wirklich so läuft, daß ich Dimensionen des Kosmos entdeckte, die gewöhnlich unseren Sinnen und unserem Intellekt vorborgen sind.
Die oberflächlichste Ebene meiner Erfahrung schien sehr körperlich zu sein und beinhaltete auch von westlichen Wissenschaftlern beschriebene Elemente, nur aus einem ganz neuen Blickwinkel gesehen – als von kosmischer Intelligenz geleitete Bewußtseinsprozesse statt als mechanische Geschehnisse in organischer oder unbewußter Materie. Mein Körper hatte tatsächlich die Form des Mammutbaumes, er *war* ein Mammutbaum. Ich spürte, wie der Saft in einem verzweigten System von Kapillaren unter meiner Rinde zirkulierte. Mein Bewußtsein folgte dem Fließen bis in die dünnsten Zweige und Nadeln und wurde Zeuge des Mysteriums der Vereinigung des Lebens mit der Sonne – der Photosynthese. Mein Gewahrsein reichte bis in das Wurzelsystem hinab. Selbst der Austausch von Wasser und Nahrung aus der Erde war kein mechanischer, sondern ein bewußter, intelligenter Prozeß.
Die Erfahrung hatte jedoch auch tiefere Ebenen, die mythisch und mystisch waren, und diese Dimensionen waren mit den physischen Aspekten der Natur verflochten. So war die Photosynthese nicht nur ein erstaunlicher alchemistischer Vorgang, sondern auch ein direkter Kontakt zu Gott, der durch die Strahlen der Sonne manifest war. Die natürlichen Prozesse

wie Regen, Wind und Feuer hatten mythische Dimensionen, und ich konnte diese leicht als Gottheiten wahrnehmen, so wie es auch die meisten ganz alten Kulturen getan haben.

Während dieser Mann sich mit dem Bewußtsein des Baumes identifizierte, hat er Beziehungen und Wesen wahrgenommen, die ausdrücklich mit diesem Bewußtsein assoziiert waren.

Für das Feuer empfand ich eine Haßliebe. Es war mein Feind und auch mein Helfer, da es meine Samenkapseln aufknackte, damit sie sprießen konnten, und auf dem Waldboden andere Vegetationsformen, die mit meinem neuen Wachstum konkurriert, wegbrannte. Die Erde selbst war eine Göttin, die Große Mutter, Mutter Natur, und ihr Boden war von gnomartigen Wesen, elfenhaften Geschöpfen und Urgeistern besiedelt. Plötzlich schien mir die Philosophie der Findhorn-Gemeinschaft in Schottland, wo man an die Existenz dieser Wesen glaubt, gar nicht mehr merkwürdig oder fremdartig zu sein.
Die tiefste Ebene der Erfahrung war rein spirituell. Das Bewußtsein des Mammutbaumes war ein Zustand profunder Meditation. Als stiller, ungestörter Zeuge der Jahrhunderte verspürte ich erstaunliche Ruhe und Gelassenheit. Einmal verschmolz mein Bild des Baumes mit dem einer riesigen Buddha-Statue in tiefer Meditation, während die Torheiten der Welt an mir vorüberzogen. Ich dachte über die diagonalen Schnitte durch die mächtigen Baumstämme nach, die ich im Sequoia National Park gesehen hatte. Auf dem Mandala aus nahezu viertausend Jahresringen waren einige Stellen nahe an der Oberfläche als »Französische Revolution« oder »Columbus entdeckt Amerika« markiert, und eine andere, ungefähr auf der halben Strecke nach innen, kennzeichnete das Jahr der Kreuzigung Jesu Christi. All die Aufregungen der Weltgeschichte bedeuteten einem Wesen, das diesen Zustand von Bewußtsein erreicht hatte, nur sehr wenig.[18]

Menschen, die das Bewußtsein von Pflanzen erleben, spüren sehr häufig die starken spirituellen Dimensionen dieses Zustandes. Nach ihren Erfahrungen sagen sie oft, sie sähen Pflanzen als Modelle für das Leben, als Beispiele dafür, wie man auf sehr spirituelle Weise auf dieser Welt sein könne. Anders als Menschen töten die meisten Pflanzen nie etwas und führen kein räuberisches Dasein. Sie leben von dem, was die Natur ihnen gibt – vom Boden genährt, vom Regen getränkt und in direktem Kontakt zur Sonne, der lebensspendenden Kraft dieses Planeten und dem direktesten Ausdruck der kreativen Energie des Kosmos. Während sie selbst andere lebendige Organismen nicht töten, verletzen oder ausbeuten, dienen die Pflanzen ihrerseits als Nahrung. Dem Menschen liefern sie zudem Material zum Bauen, für Kleidung, für die Papier- und Werkzeugherstellung, ferner Brennstoff, Heilmittel und Schönheit.

Berichte wie dieser lassen uns vermuten, daß unsere Fähigkeit, uns mit dem Bewußtsein von Pflanzen zu identifizieren, zweifellos zu der Tatsache beigetragen hat, daß viele Kulturen gewisse Pflanzen als heilig betrachten. Bei vielen der amerikanischen Ureinwohner wurden Mais und andere Feldfrüchte als Götter verehrt. Bei den Pueblo-Indianern im Südwesten der USA wurde beispielsweise der Maisgott, der Lebenserhalter, als einer der Hauptgötter angebetet. Ähnlich gilt der indische Feigenbaum dort als heilig, und viele wichtige Figuren des religiösen Lebens sind angeblich im Schatten dieses Baumes zur Erleuchtung gelangt. In Ägypten, Indien, Mesopotamien und Mittelamerika waren die Wasserlilie oder der Lotos wichtige spirituelle Symbole, während die Druiden die Mistel ehrten. Pflanzen mit psychedelischen Eigenschaften, die direkten Zugang zu transpersonalen Erfahrungen ermöglichen, wie bestimmte Pilze, Peyote oder Yaje, sind logischerweise in die Religionen vieler Kulturen eingebaut und werden dort als Gottheiten oder »Fleisch der Götter« betrachtet.

Das Bewußtsein der Biosphäre erleben

In einigen seltenen Fällen kommt es vor, daß Menschen sich in ein Bewußtsein ausdehnen, das alles Leben auf unserem Planeten umfaßt – die ganze Menschheit und die gesamte Welt der Flora und Fauna, vom Virus bis zu den größten Tieren und Pflanzen. Statt sich mit einer einzelnen Lebensform zu identifizieren, erfahren sie die *Totalität des Lebens*. Dieses Erlebnis könnte man eine Identifikation mit dem Leben als kosmischem Phänomen nennen, als einer eigenständigen Entität oder Kraft.

Transpersonale Erfahrungen führen oft dazu, daß man die Rolle der Urkräfte in der Natur auf einer tieferen Ebene versteht, ein schärferes Gewahrsein für die Gesetze entwickelt, die unser Leben regieren, und Wertschätzung für die außerordentliche Intelligenz verspürt, die all unseren Lebensprozessen zugrundeliegt. Erfahrungen dieser Art führen meist zu einer intensiveren Beschäftigung mit und Sorge um unsere natürliche Umwelt. In manchen Fällen waren sie auf einen einzigen Aspekt des Lebens ausgerichtet, etwa die Kraft des Sexualtriebs oder den Mutterinstinkt.

Die folgende Passage wurde von einem Psychiater aufgezeichnet, der sich lebhaft mit der Gesamtheit des Lebens auf diesem Planeten identifiziert hat.

Ich hatte offenbar eine sehr tiefe Verbindung mit dem Leben auf diesem Planeten hergestellt. Zunächst identifizierte ich mich mit einer Reihe verschiedener Spezies, später aber wurde die Erfahrung umfassender. Meine Identität breitete sich nicht nur räumlich aus und schloß alle Lebensformen ein, sondern auch in zeitlicher Hinsicht. Ich wurde zum Darwinschen Stammbaum der Evolution mit all seinen Verzweigungen. Ich war alles Leben!

Ich spürte die kosmische Qualität der Energien und Erfahrungen in der Welt lebendiger Formen, die für das Leben charakteristische endlose Neugier und Experimentierlust, und den auf vielen verschiedenen Ebenen wirkenden Drang, sich Ausdruck zu geben. Die entscheidende Frage, die mich offenbar berührte, war die, ob das Leben auf diesem Planeten weiterbestehen wird. Ist es ein dauerhaftes und konstruktives Phänomen, oder ist es eine bösartige Wucherung auf dem Antlitz der Erde mit einem Fehler in seiner Anlage, der es zur Selbstzerstörung verdammt? Kann es sein, daß irgendein grundlegender Irrtum unterlaufen ist, als ursprünglich der Plan für die Evolution organischer Formen niedergelegt wurde? Können Schöpfer von Universen Fehler machen wie Menschen? Für einen Augenblick schien mir dieser Gedanke plausibel, zugleich aber empfand ich große Angst. Ich hatte noch nie auf diese Weise darüber nachgedacht.

Während dieses Erlebnisses erfuhr ich ein ganzes Spektrum destruktiver Kräfte, die in der Natur und im Menschen wirksam sind, und sah ihre gefährlichen Ausweitungen und Projektionen in der modernen Technologie, die unseren Planeten zu zerstören droht. Dabei wurde ich zu all den zahllosen Opfern der militärischen Maschinerie in der modernen Kriegsführung, zu Gefangenen in Konzentrationslagern, die in Gaskammern starben, zu vergifteten Fischen in verschmutzten Flüssen, zu Pflanzen, die durch Herbizide getötet werden, und zu Insekten, die mit Chemikalien vernichtet werden.[19]

Zwischen diesen Erfahrungen gab es immer wieder anrührende Erlebnisse mit lächelnden Babys, niedlichen Kindern, die im Sand spielten, neugeborenen Tieren und frischgeschlüpften Vögeln in sorgfältig gebauten Nestern, weisen Delphinen und Walen, die in den kristallklaren Gewässern der Meere schwammen, und Bilder von herrlichen Wiesen und Wäldern. Er empfand tiefes Mitgefühl mit dem Leben, starke ökologische Bewußtheit und die klare Absicht, sich den lebensbejahenden Kräften auf diesem Planeten anzuschließen.

In das Bewußtsein toter Materie und anorganischer Prozesse eindringen

Zusätzlich zu der transpersonalen Erweiterung des Bewußtseins auf andere Menschen, Gruppen, die gesamte Menschheit, Pflanzen, Tiere und die Totalität des Lebens gibt es Berichte von Identifikationen mit dem Wasser in Flüssen und Meeren, mit Feuer, mit der Erde und mit den Bergen, oder mit Kräften, die bei Naturkatastrophen freigesetzt werden wie etwa elektrischen Stürmen, Erdbeben, Tornados und Vulkanausbrüchen. Ebenso häufig ist die Identifikation mit bestimmten Mineralien und Metallarten wie etwa Diamanten und anderen Edelsteinen, Quarzkristall, Bernstein, Stahl, Quecksilber, Gold und vielen anderen. Diese Erfahrungen können sich in die Mikrowelt ausweiten und die dynamische Struktur von Molekülen und Atomen, elektromagnetischen Kräften und dem »Leben« subatomarer Partikel zum Identifikationsgegenstand werden lassen. Erfahrungen dieser Art kommen bei Menschen in veränderten Bewußtseinszuständen heute recht häufig vor. Sie bilden vermutlich eine wichtige Quelle für die animistische Weltsicht einiger Naturvölker. So berichteten etwa die Zuni-Völker über starke Identifikationen mit natürlichen Phänomenen wie Blitzen, Wind und Feuer. Ihre spirituellen Überlieferungen sind voll umfangreicher Beschreibungen der metaphysischen Natur dieser Elemente und Anweisungen dafür, wie man die aus dem bewußten Umgang mit ihnen gewonnene Weisheit in der Heilkunst einsetzen kann.

Gelegentlich kommt es zur Identifikation mit Spitzenprodukten der modernen Technologie, etwa Düsenflugzeugen, Raumschiffen, Laserapparaten oder Computern. Bei diesen Erfahrungen kann das Körperbild alle charakteristischen Formen dieser Objekte annehmen. Dann spüren die Betroffenen in sich selbst die Eigenschaften der Materialien und Prozesse, auf die sie ihre Aufmerksamkeit gerichtet haben.

Erfahrungen dieser Art legen nahe, daß es ein ständiges Zusammenspiel zwischen den toten Objekten, die wir gemeinhin mit der materiellen Welt assoziieren, der Welt des Bewußtseins und der kreativen Intelligenz gibt. Bewußtsein und Materie sind nicht zwei deutlich unterscheidbare Reiche mit feinen Grenzen, sondern beide Teil eines immerwährenden Tanzes; ihr Zusammenspiel formt das Gesamtgewebe der Existenz. Diese Auffassung wird zunehmend durch die moderne Physik, die Biologie, die Thermodynamik, die Informations- und Systemtheorie und andere Wissenschaftszweige bestätigt. Die Beobachtungen des transpersonalen Reiches beginnen darauf hinzuweisen, daß Bewußtsein in der sogenannten materiellen Welt eine bisher nicht vorstellbare Rolle spielt.

Erfahrende Identifikation mit vielfältigen Aspekten der anorganischen Welt liefert uns neue Informationen über die Mikro- und die Makrowelt der Materie, die mit den Ergebnissen der modernen Wissenschaft übereinstimmen. Aber solche transpersonalen Zustände weisen noch weitere faszinierende Dimensionen auf. Sie gehen häufig mit philosophischen, mythologischen und spirituellen Einsichten und Erfahrungen einher. So liefern sie beispielsweise ein interessantes neues Verständnis der animistischen Religionen vieler Naturvölker, die alles – Berge, Seen, Flüsse, Felsen – für lebendig halten. Auch die mittelalterliche Alchemie und die homöopathische Medizin, die enge Verbindungen zwischen materiellen Substanzen und psychospirituellen Zuständen sehen, erscheinen plötzlich in ganz anderem Licht. Für Menschen, die in veränderten Bewußtseinszuständen Kontakt mit anorganischer Materie erfahren haben, beruhen diese Denksysteme nicht auf naiver Spekulation, sondern auf direktem Erleben und intuitiver Einsicht.

Bei den Erfahrungssitzungen tauchen immer wieder zwei Naturkräfte auf: Wasser und Feuer. In diesem Zusammenhang sollte erwähnt werden, daß diese Elemente auch in der spirituellen Literatur wiederholt vorkommen, wo sie von offenbar universeller symbolischer Bedeutung sind.

Wasser wird oft als Metapher für die mystischen Bewußtseinszustände verwendet. Die Parallelen beziehen sich meist auf die reinen, flüssigen, einfachen Eigenschaften des Wassers in seinem natürlichen Zustand und das Fehlen irgendwelcher Grenzen. Es sucht die niedrigste Stelle in der Welt und verfügt über ruhige, nicht zur Schau gestellte Kraft. Wasser zeichnet sich durch die Fähigkeit zur Reinigung und Läuterung aus und weist, ebenso wie das Bewußtsein, die paradoxe Kombination von Unveränderlichkeit auf, die endlosem Wandel und Veränderung zugrundeliegt.

Entsprechend ist das Feuer sowohl eine ehrfurchtgebietende Kraft in der Natur als auch ein starkes spirituelles Symbol. Feuer kann erschaffen und zerstören; es kann einen trösten und nähren oder bedrohen und verletzen. Es kann Licht geben oder blenden. Unter seinem Einfluß können sich Objekte verwandeln, ihre feste Form aufgeben und zu reiner Energie werden. In seiner stärksten Manifestation – der Sonne – ist Feuer ein kosmisches Prinzip, ohne das es kein Leben gäbe. Auf der archetypischen und mythologischen Ebene spielt das Feuer eine ähnliche Rolle wie in der physischen Welt – als lebenserhaltende und transformative Kraft. Man hat das Feuer seit undenklichen Zeiten in all seinen Erscheinungsformen angebetet, vom bescheidensten Flackern einer Kerze bis zu feurigen Vulkanausbrüchen und den geheimnisvollen kosmischen Feueröfen der Sonne. In der spirituellen Literatur stehen Feuer und Licht häufig als Metaphern für die kreative Quelle des Universums selbst. In veränderten Bewußtseinszuständen scheint das Feuer, wie auch das Wasser, dieselben kosmischen Kräfte zu symbolisieren wie in den spirituellen Schriften.

Die Bewußtseinsforschung liefert uns zudem neue Einsichten in die heilige Bedeutung von verschiedenen Metallen und Edelsteinen, etwa Diamanten, Smaragden, Gold und Silber, und erklärt, warum diese häufig Kultgegenstände zieren. In vielen Mythologien wird das Paradies als ein Ort voll kostbarer Metalle und Edelsteine beschrieben. Und in vielen Traditionen bezeichnen die heiligen Schriften Edelsteine oder Metalle als Symbole für hohe spirituelle Erfahrungen. Wenn sich Menschen in veränderten Zuständen mit diesen Kostbarkeiten identifizieren, berichten sie von einer leuchtenden, numinosen, mystischen Geistesverfassung.

Der Schriftsteller und Philosoph Aldous Huxley verfügte über ein tiefes, intuitives Verständnis der Verbindung zwischen Metallen und Edelsteinen und spirituellen Bewußtseinszuständen. In seinem berühmten Vortrag »Die visionäre Erfahrung« widmete er sich der Frage, warum Edelsteine edel sind und warum eine pragmatische Kultur wie die unsere bereit ist, exorbitante Preise für etwas zu zahlen, das wenig oder gar keinen praktischen Wert hat. Er spekulierte, daß wir es deswegen tun, weil uns solche Objekte als Ersatz für die mystischen Erfahrungen dienen, die uns abgehen. In unserem Alltagsleben stellen sie die größte Annäherung an die visionäre Erfahrung dar und bieten Strahlen, Glanz, Leuchten, äußerste Reinheit, Klarheit, Zeitlosigkeit und Unbestechlichkeit.

Der folgende Bericht beschreibt, wie sich jemand nacheinander mit Bernstein, Quarzkristall und einem Diamanten identifiziert, und veranschaulicht die Natur und die Komplexität der Erfahrungen mit der anorganischen Welt.

Die Zeit blieb stehen. Mir schoß plötzlich durch den Kopf, daß ich etwas erlebte, was die Essenz von Bernstein zu sein schien. Mein Sichtfeld wies ein homogenes gelbes Glühen auf, und ich hatte das Gefühl von Frieden, Ruhe und Ewigkeit. Trotz seiner transzendentalen Natur schien dieser Zustand dem Leben verwandt zu sein. Er verfügte über eine gewisse organische Qualität, die ich schwer beschreiben kann. Ich erkannte, daß das auch für Bernstein gilt, der eine Art organischer Zeitkapsel ist. Bernstein ist mineralisierte organische Substanz – ein Harz, das häufig Orga-

nismen wie Insekten und Pflanzen enthält und sie unverändert über Jahrmillionen bewahrt.
Dann begann sich die Erfahrung zu verändern, und mein Blickfeld wurde immer klarer. Ich meinte, mich nun nicht mehr mit Bernstein zu identifizieren, sondern eine Verbindung zum Bewußtseinszustand von Quarzkristall herzustellen. Dies war ein sehr kraftvoller Zustand, der irgendwie eine Verdichtung einiger elementarer Naturkräfte zu repräsentieren schien. Plötzlich verstand ich, warum Kristalle bei den Naturvölkern eine so wichtige Rolle als schamanische Kraftobjekte spielen, und warum Schamanen Kristalle als erstarrtes Licht betrachten.

Er dachte an den Mitchell-Hedges-Schädel, eine perfekte lebensgroße Nachbildung eines menschlichen Schädels, die zu präkolumbianischen Zeiten im Dschungel von Guatemala als Ritualgegenstand gedient hatte. Sie hat den Ruf, bei vielen Menschen, die mit ihr in Berührung kamen, tiefreichende Veränderungen des Bewußtseins hervorgerufen zu haben. Außerdem machte es ihm durchaus Sinn, daß die ersten Radioübertragungen durch Kristalle möglich wurden und daß Kristalle eine wichtige Rolle in der modernen Lasertechnologie spielen. Er fuhr fort:

Wir machten einen Prozeß der Läuterung durch, in dem jeder Bezug zu organischem Leben aus der Erfahrungssphäre eliminiert wurde. Ich erkannte, daß der Bewußtseinszustand, in dem ich mich befand, der eines Diamanten war. Es schien sehr wichtig, daß ein Diamant aus reinem Kohlenstoff besteht, also aus einem Element, auf dem alles Leben basiert, und daß er unter extremen Temperaturen und unter extremem Druck entsteht. Es war, als enthielte der Diamant – wie der letztmögliche denkbare Computer – alle Informationen über das Leben und die Natur in absolut reiner und verdichteter Form.
All die anderen physischen Eigenschaften des Diamanten schienen auf seine metaphysische Bedeutung hinzuweisen – seine Schönheit, seine Transparenz, sein Glanz, seine Beständigkeit, seine Unveränderlichkeit sowie seine Fähigkeit, aus weißem Licht ein reiches Spektrum an Farben hervorzubringen. Ich glaubte nun zu verstehen, warum der tibetische Buddhismus Vajrayana genannt wird (*vajra* bedeutet »Diamant« oder »Donnerschlag« und *yana* »Vehikel«, »Wagen«). Das einzige Wort, das mir zur Beschreibung der letzten kosmischen Ekstase einfiel, war »Diamantenbewußtsein«. In ihm schien all die kreative Energie und Intelligenz

des Universums als reines Bewußtsein jenseits von Raum und Zeit verkörpert zu sein. Es war vollkommen abstrakt, enthielt aber sämtliche Formen und Geheimnisse der Schöpfung.[20]

Dieser Beschreibung können wir entnehmen, warum transpersonale Bewußtseinszustände, die die Identifikation mit toter Materie beinhalten, so tiefe Einsichten in alte und traditionelle spirituelle Systeme liefern können, zu deren Mythologien Edelsteine und Metalle gehören. Und wer je die Erfahrung gemacht hat, sich mit Wasser zu identifizieren, begreift, warum dieses Element im Taoismus so bedeutsam ist. Transpersonale Erfahrungen mit Feuer machen es leicht zu verstehen, warum die Parsen es als heilig betrachteten, warum in vielen Kulturen Vulkane angebetet werden, und warum die Sonne von so vielen Völkern und religiösen Gemeinschaften als höchste Gottheit angesehen wird.
Durch die erfahrende Identifikation mit Granit kann man leicht nachfühlen, warum die Hindus das Himalaya-Gebirge als riesigen, ruhenden Shiva wahrnehmen. Man entwickelt ein vollkommen anderes Gespür dafür, wieso verschiedene Kulturen übergroße Granitskulpturen ihrer Götter geschaffen haben. Diese Objekte *repräsentieren* nicht nur göttliche Gestalten, sie *sind* diese Götter, da das Material, aus dem sie geschaffen sind, eng mit dem weiten, undifferenzierten, unerschütterlichen und unveränderlichen Bewußtsein des kosmischen kreativen Prinzips in der Natur verbunden ist.

Gaia: Das planetarische Bewußtsein erfahren

Bei einer seltenen Form transpersonaler Erfahrungen erweitert sich das Bewußtsein in einem solchen Maße, daß es die Erde insgesamt zu umfassen scheint. Menschen, die das erlebt haben, sind zutiefst von der Vorstellung von unserem Planeten als kosmischer Einheit bewegt. Sie nehmen die verschiedenen Aspekte unseres Planeten – die geologischen, biologischen, psychologischen, kulturellen und technologischen – als Manifestationen eines unaufhörlichen Bemühens wahr, eine höhere Ebene von Evolution und Selbstverwirklichung zu erreichen. Unsere Bestrebungen, dies aus unserer begrenzten menschlichen Perspektive manipulieren oder kontrollieren zu wollen, sollten wir mit größter Vorsicht betrachten. Das erinnert mich an die Worte von Lewis Thomas in *Lives of the Cell*:

> Aus der Entfernung des Mondes gesehen ist das Erstaunliche, das Atemberaubende an der Erde die Tatsache, daß sie lebendig ist... Hoch oben, frei unter der feuchten, glitzernden Membrane des leuchtend blauen Himmels schwebend, liegt die aufsteigende Erde, das einzig wirklich Üppige in diesem Teil des Kosmos. Wenn man lang genug hinschauen könnte, würde man das Wirbeln der großen weißen Wolkenzüge sehen, die die halbversteckten Landmassen bedecken und enthüllen. Wenn man schon seit sehr langer geologischer Zeit geschaut hätte, hätte man sogar die Bewegung der Erdteile sehen können, wie sie auf ihren kontinentalen Platten auseinanderdriften, gestützt vom darunterliegenden Feuer. Sie hat das organisierte, unabhängige Aussehen eines lebendigen Geschöpfes, steckt voller Information, ist fabelhaft geschickt darin, mit der Sonne umzugehen.

Die transpersonalen Erfahrungen, bei denen die Erde als intelligente, bewußte Einheit erscheint, werden durch wissenschaftliche Beweise bestätigt. Gregory Bateson, dem in seiner Arbeit eine brillante Synthese aus Kybernetik, Informations- und Systemtheorie, Evolutionstheorie, Anthropologie und Psychologie gelang, kam zu dem Schluß, es sei logisch zwingend, die Existenz von geistigen Prozessen auf allen Ebenen von jedem System oder von Naturphänomenen mit genügender Komplexität anzunehmen – also auf der Ebene der Zellen, Organe, Gewebe, Organismen, tierischer und menschlicher Gruppen, Ökosysteme und sogar der Erde und des Universums als Ganzem.

Der Physiker J. E. Lovelock wurde von der NASA angestellt, um Entscheidungskriterien dafür zu entwickeln, ob es wohl in den Gebieten des Alls, in die Forschungssonden geschickt werden sollten, Lebensformen gäbe. Er untersuchte die Informationen und schloß daraus, die Erde sei selbst ein lebendiger, atmender Organismus. Er zeigte, daß sie einen Stoffwechsel hat und daß sie eine «sich selbst regulierende Einheit« mit sehr anspruchsvollen homöostatischen Fähigkeiten ist. Er nannte die Erde ein »intelligentes Wesen«. Seine Beweise dafür beruhten auf seinen Beobachtungen der homöostatischen Funktionen.

Vieles von dem Routinevorgang der Homöostase für die Zelle, das Tier oder die gesamte Biosphäre findet automatisch statt, aber man muß doch anerkennen, daß es selbst innerhalb eines automatischen Prozesses eine gewisse Form von Intelligenz erfordert, die erhaltene Information über die Umgebung richtig zu interpretieren... Wenn Gaia (die lebendige, atmende, intelligente Erde) existiert, dann ist sie zweifellos zumindest in diesem begrenzten Sinne intelligent.[21]

Zwar mögen die objektiven Beweise für die Gaia-Theorie ganz hartgesottene Wissenschaftler noch nicht überzeugen, aber sie werden deutlich von transpersonalen Erfahrungen verstärkt, die mit dieser Theorie übereinstimmen. So hatte beispielsweise eine junge Frau aus Deutschland bei einem unserer fünftägigen Workshops mit *Holotroper Atemarbeit*® das Erlebnis, zur archetypischen Großen Muttergöttin zu werden. Bald darauf spürte sie, wie sie zu Mutter Erde wurde. Sie berichtete, sie hätte nicht die geringsten Zweifel daran gehabt, mit der Erde verschmolzen und zu deren Bewußtsein geworden zu sein. Sie erlebte sich selbst als die Erde, als lebendigen, atmenden, intelligenten Organismus, der sich auf eine noch höhere Ebene von Bewußtheit hin entwickelte.

Als Erdbewußtsein spürte sie, daß die Metalle und Mineralien, die ein Teil von ihr waren, ihr Gerippe und die Biosphäre, alle Formen von Leben, ihr Fleisch bildeten. Sie erlebte in ihrem Innern den Kreislauf des Wassers vom Ozean zu den Wolken, von dort in Bäche und Flüsse und schließlich in die großen Meere. Ihr Blut war das Wassersystem und die meteorologischen Veränderungen wie Verdunstung, Luftströmungen und Regen sorgten für die Zirkulation, den Nahrungstransport und die Reinigung. Ihr Nervensystem und ihr Gehirn bildeten die Kommunikation zwischen allem Lebendigen, groß und klein.

Sofort nach dieser Erfahrung berichtete sie, wie wichtig die Heilungsrituale der primitiven Völker für sie als Erde gewesen seien. Sie erzählte davon, daß die Aktivitäten des Menschen auf sie gewirkt und wie besonders die Tänze, Lieder und Gebete der Aborigines großen Trost gebracht hätten. Als sie in ihre normale Geistesverfassung zurückgekehrt war, fiel es ihr schwer, sich vorzustellen, daß diese Rituale wirklich wichtig gewesen waren, obwohl sie selbst im Zustand der Identifikation mit der Erde absolut von deren Bedeutung für ihr allgemeines Wohlergehen überzeugt war.

Von der Auflösung physischer Grenzen zur Auflösung zeitlicher Grenzen

Wenn wir erleben, wie sich im transpersonalen Reich die räumlichen Grenzen unserer Welt auflösen, beginnen wir auch das Verschwinden der zeitlichen Grenzen zu erfahren, auf die wir uns in unserem Alltagsleben verlassen. So wie wir über die physischen Grenzen springen können, können wir uns auch vorwärts und rückwärts durch die Jahre bewegen; wir können unsere eigenen früheren Leben und die von anderen besuchen. Es ist, als ob die gesamte Zeit in einem einzigen Augenblick vorhanden wäre.
Zwar sind unsere Wahrnehmungen von Raum und Zeit miteinander verknüpft, aber es gibt subtile Unterschiede, auf die es sich zu achten lohnt, wenn die Grenzen verblassen. Lassen Sie uns nun einige dieser Unterschiede untersuchen.

8. Über die Grenzen der Zeit hinaus

Jetzige Zeit und vergangene Zeit
Sind vielleicht gegenwärtig in künftiger Zeit
Und die künftige Zeit enthalten in der vergangenen.
T. S. Eliot, *Vier Quartette*

Das transpersonale Bewußtsein erlaubt uns, wie vom Dichter beschrieben, Vergangenheit und Zukunft zu erleben, die Grenzen zu überspringen, die durch Uhren, Kalender und das Altern unseres eigenen Körpers so wirklich und unerbittlich zu sein scheinen. Hier betreten wir eine Welt, in der wir uns selbst als Embryo in den frühesten Phasen unserer Entwicklung in der Gebärmutter erleben, oder noch früher als zeugender Samen oder befruchtetes Ei im Augenblick der Vereinigung.

Viele Menschen, die die Transzendenz der linearen Zeit erfahren haben, sind noch über die eigene Lebensspanne hinaus zurückgegangen, haben Verbindung zu den Erinnerungen ihrer Ahnen aufgenommen oder die Gedächtnisbanken des kollektiven Unbewußten angezapft, jenes endlose Meer von Bewußtheit, das wir mit der gesamten Menschheit vom Anbeginn der Zeit an gemeinsam haben. Solche Erfahrungen aus unterschiedlichen historischen Zeiten und Ländern gehen eher mit einem lebhaften Gefühl persönlicher Erinnerung an unsere spirituelle als an unsere biologische Geschichte einher. Wir können hier von *karmischen Erinnerungen* oder solchen *an frühere Leben* sprechen. Gelegentlich gab es auch schon Berichte über Erinnerungen an bestimmte tierische Vorfahren im evolutionären Stammbaum. Aber das Bewußtsein scheint nicht auf die Geschichte der Menschheit oder lebender Organismen beschränkt zu sein. Im Prinzip ist es möglich, die Geschichte der Erde vor dem Erscheinen des Homo sapiens oder sogar vor dem Beginn des Lebens auf diesem Planeten zu erfahren. Unser Bewußtsein scheint

über die erstaunliche Fähigkeit zu verfügen, direkt die früheste Geschichte des Universums anzapfen zu können und Zeuge zu werden von den dramatischen Sequenzen des Urknalls, den Galaxienbildungen, der Geburt des Sonnensystems und den frühen geophysikalischen Prozessen, die vor Jahrmilliarden stattfanden.
In diesem Zusammenhang bietet es sich für uns hier an, bei der kleinsten Form menschlichen Lebens zu beginnen und dann zu größeren weiterzugehen. Es ist aus mehreren Gründen nützlich, zunächst unsere Fähigkeit zu untersuchen, durch transpersonales Bewußtsein die frühesten Stadien unseres eigenen Lebens zu erfahren.

Embryonale und fötale Erfahrungen

Die Berichte über Erlebnisse in den embryonalen und fötalen Stadien sind sehr unterschiedlich und weisen darauf hin, daß die Qualität unserer Erfahrungen in diesen frühesten Lebensphasen alles andere als universell sind. Am positivsten Ende des Spektrums gibt es Aussagen von Menschen, deren Leben in der Gebärmutter mit Gefühlen von »ozeanischer Ekstase« einherging. Sie verspürten eine starke mystische Verbindung mit allem Leben und den schöpferischen kosmischen Kräften, die das Ganze möglich machten. Am anderen Ende der Palette erleben Menschen intensive Krisen, bei denen Qualen, Paranoia, physisches Unbehagen und das Gefühl vorherrschen, von Dämonen angegriffen zu werden. Viele, aber nicht alle embryonalen Erinnerungen hängen mit phylogenetischen, karmischen und archetypischen Erfahrungen sowie mit dem Bewußtsein von Organen, Geweben und Zellen zusammen.
Die Berichte von embryonalen und fötalen Erfahrungen lassen vermuten, daß man während dieser Zeit nicht nur schweren Störungen ausgesetzt sein kann – wie drohender Abtreibung, der Gefahr natürlicher Fehlgeburten, intensiven mechanischen Erschütterungen und Schwingungen, lauten Geräuschen, giftigen Einflüssen und psychischem Unwohlsein der Mutter –, sondern auch den Gefühlen der Mutter. Recht häufig werden deren emotionale Schocks,

Angstanfälle, Ausbrüche von Haß oder Aggression, Depression, sexuelle Erregung sowie Gefühle von Entspannung, Zufriedenheit, Glück und Liebe wiedererlebt.

Der Informationsaustausch zwischen dem Fötus und der Mutter kann viele Gefühlsnuancen sowie das Übertragen von komplexen Gedanken und Bildern einschließen. Menschen, die Verbindung zu diesem frühen Leben im Mutterleib aufgenommen haben, erzählen, wie deutlich sie sich der Gedanken und Gefühle bewußt waren, die die Mütter im Alltag nie in Worte gefaßt hatten. Jemand, der sich an das Leben in der Gebärmutter erinnert, kann plötzlich die Konflikte oder die ablehnende Haltung der Mutter gegenüber der Schwangerschaft oder ihre Vorfreude auf die Geburt spüren.

Nachdem ich ungezählte Male miterlebt habe, wie sich Menschen rückwärts durch die Zeit bewegen und in ihre embryonalen und fötalen Lebensabschnitte zurückgekehrt sind, und nachdem ich selbst solche Episoden erfahren habe, ist es mir unmöglich, sie einfach als blumige Auswüchse der Phantasie abzutun. In vielen Fällen ließen sich die berichteten Erfahrungen durch Informationen von Seiten der Mütter, von Verwandten, Geburtshelfern oder durch Einsichtnahme der Krankenblätter bestätigen. Außerdem haben wir Laienbeschreibungen der ersten Lebensphasen mit dem verglichen, was medizinische Fachbücher zu dem Thema zu sagen haben. Wir fanden erstaunliche Übereinstimmungen zwischen der objektiven Information aus externen Quellen und den subjektiven Beschreibungen der Erfahrungen. Der folgende Bericht eines Psychiaters, der bei uns in Ausbildung war, liefert ein hervorragendes Beispiel für die Komplexität embryonaler Erfahrungen. Er bietet detaillierte Beschreibungen der frühesten Lebensstadien bis zurück zum Augenblick der Zeugung.

Mein Bewußtsein wurde immer undifferenzierter, und ich begann eine seltsame Erregung zu spüren, die anders war als alles, was ich je in meinem Leben empfunden hatte. Der mittlere Teil meines Rückens erzeugte rhythmische Impulse, und ich hatte das Gefühl, durch Raum und Zeit einem unbekannten Ziel entgegengeschleudert zu werden; ich hatte nur eine sehr unbestimmte Ahnung des Ziels, aber die Mission schien mir ungeheuer wichtig zu sein.

Nach einiger Zeit entdeckte ich zu meiner Überraschung, daß ich ein Spermatozoon war, und daß die explosiven regelmäßigen Impulse von einem biologischen Schrittmacher erzeugt und an eine lange Flagelle weitergegeben wurden, die sich in blitzschnellen Schwingungen bewegte. Ich nahm an einem hektischen Superwettlauf zur Quelle gewisser chemischer Botschaften teil, die etwas Faszinierendes und Unwiderstehliches hatten. Inzwischen war mir klargeworden, daß das Ziel war, das Ei zu erreichen, in es einzudringen und es zu befruchten. Trotz der Tatsache, daß diese ganze Szene meinem nüchternen wissenschaftlichen Verstand absurd und lächerlich erschien, konnte ich der Versuchung nicht widerstehen, an diesem Wettlauf mit allem Ernst und unter Aufbietung aller Energie teilzunehmen.
Während ich mich als Samenfaden im Wettkampf um das Ei erlebte, war ich mir aller beteiligten Vorgänge bewußt. Was da vor sich ging, hatte die Grundmerkmale des physiologischen Geschehens, wie es im medizinischen Studium gelehrt wird; es waren jedoch viele zusätzliche Dimensionen vorhanden, die weit über alles hinausgingen, was man in einem gewöhnlichen Geisteszustand in der Phantasie produzieren könnte. Das Bewußtsein dieses Spermatozoons war ein ganz autonomer Mikrokosmos, ein selbständiges Universum. Ich war der chemischen Prozesse im Kernplasma deutlich gewahr; in einer nebelhaften Atmosphäre konnte ich die Struktur der Chromosomen, der einzelnen Gene und der Moleküle der DNS erkennen.

Während er diese physiochemischen Strukturen wahrnahm, konnte der Psychiater zugleich Verbindung zu Elementen von Ahnenerinnerungen, Prägungen von tierischen Vorfahren, mythologischen Motiven und archetypischen Formen spüren. Genetik, Biochemie, Mythologie und Evolutionsgeschichte schienen ihm unentwirrbar verflochten und unterschiedliche Aspekte des gleichen Phänomens zu sein. Er sagte, er habe das Gefühl gehabt, diese Mikrowelt des Spermatozoons sei zugleich gesteuert und beeinflußt gewesen von irgendwelchen Kräften, die den Ausgang des Wettlaufs modifiziert und bestimmt hätten. Von diesen Kräften sagte er, sie hätten »die Gestalt karmischer, kosmobiologischer und astrologischer Kraftfelder« gehabt. Er fuhr fort:

Die Erregung dieses Wettrennens nahm von Sekunde zu Sekunde zu, und das hektische Tempo schien sich bis zu einem solchen Grad zu steigern, daß es dem Flug eines Raumschiffs glich, das sich der Lichtgeschwindigkeit nähert. Dann kam der Höhepunkt in Gestalt einer triumphalen Explosion und der ekstatischen Verschmelzung mit dem Ei. Während des Sperma-Rennens alternierte mein Bewußtsein zwischen dem des Samens, der seinem Ziel entgegenrast, und dem des Eis mit der unbestimmten, aber intensiven Erwartung eines überwältigenden Ereignisses. Im Augenblick der Zeugung vereinigten sich diese beiden gespaltenen Bewußtseinseinheiten, und ich war beide Keimzellen zugleich.

Nach der Verschmelzung der Keimzellen ging das Erlebnis weiter, immer noch in dem gleichen hektischen Tempo wie bei dem Sperma-Rennen. In verdichteter und beschleunigter Form erlebte ich die Embryogenese im Anschluß an die Zeugung. Wieder das vollbewußte Gewahrsein der biochemischen Vorgänge, der Zellteilungen und des Gewebewachstums. Zahlreiche Aufgaben mußten bewältigt und kritische Perioden überwunden werden. Ich war Zeuge der Differenzierung von Geweben und der Bildung neuer Organe. Ich wurde zu den Kiemenbögen, zu dem pulsierenden Herzen des Fötus, den Leberzellen und den Zellen der Magen- und Darmschleimhaut. Eine ungeheure Entladung von Energie und Licht begleitete die embryonale Entwicklung. Ich fühlte, daß dieser blendende, goldene Glanz etwas mit der biochemischen Energie zu tun hatte, die bei dem rapiden Wachstum von Zellen und Geweben wirksam ist.[22]

An einem bestimmten Punkt hatte er das ganz deutliche Gefühl der Vollendung der kritischen Teile der fötalen Entwicklung. Das wiederum erlebte er als große Leistung – als individuellen Erfolg und zugleich als Triumph der Schöpferkraft der Natur. Als er in seinen gewöhnlichen Bewußtseinszustand zurückkehrte, meinte er: »Ich hatte das Gefühl, daß diese Erfahrung eine bleibende Wirkung auf mein Selbstgefühl haben werde. Gleich, wie mein Leben weiter verlaufen wird, hatte ich doch bereits zwei eindeutige Erfolge gehabt: Ich hatte das Sperma-Rennen im Wettkampf mit vielen Millionen anderer Keimzellen gewonnen und die komplizierte Aufgabe der Embryogenese erfolgreich erfüllt.« Obwohl der Wissenschaftler in ihm auf diese Gedanken mit einer gewissen Skepsis, wenn nicht sogar mit Humor reagierte, waren doch die hinter diesen Erfahrungen liegenden Gefühle stark und überzeugend.

Das folgende Beispiel stammt aus den Aufzeichnungen über Therapiesitzungen mit Richard, einem Mann, der unter chronischen suizidalen Depressionen litt. Bei einer seiner Sitzungen hatte er das Empfinden, in Fötusflüssigkeit eingetaucht und durch die Nabelschnur mit der Plazenta fest verbunden zu sein. Er nahm bewußt wahr, daß durch den Nabelbereich Nahrung in seinen Körper floß, und erlebte wundervolle Gefühle der symbiotischen Einheit mit seiner Mutter. Zwischen ihnen beiden fand ein kontinuierlicher Kreislauf statt; eine lebensspendende Flüssigkeit – Blut – schien eine Art von magischer Verbindung zwischen ihm und ihr zu schaffen.

Richard vernahm zwei Arten von Herztönen mit verschiedenen Frequenzen, die zu einem einzigen wellenförmigen akustischen Muster verschmolzen. Daneben waren eigentümlich hohle, grollende Geräusche zu hören, die er nach einigem Zögern als die Geräusche identifizierte, die vom Blutfluß durch die Arterien im Becken und von Gasen und Flüssigkeiten während der peristaltischen Bewegungen der dem Uterus benachbarten Därme der Mutter hervorgerufen wurden. Er war sich seiner Körpergestalt voll bewußt und erkannte, daß sie sehr verschieden war von seinem Körperbild als Erwachsener: Sein Kopf war unverhältnismäßig groß im Vergleich zum Leib und den Extremitäten. Aufgrund von Anzeichen, die er nicht zu identifizieren und zu erklären vermochte, diagnostizierte er sich als einen ziemlich reifen Fötus kurz vor der Geburt.

In diesem Zustand hörte er plötzlich seltsame Geräusche, die aus der Außenwelt kamen. Sie klangen sehr ungewöhnlich, so als ob sie in einem großen Raum widerhallen oder durch eine Wasserschicht hindurchtönen würden. Der daraus resultierende Effekt erinnerte ihn an die Art von Klängen, die Techniker bei modernen Musikaufnahmen durch elektronische Mittel erzielen. Er kam dann zu dem Schluß, daß die Bauchwand und das Fruchtwasser die akustische Verzerrung bewirkten, und daß Geräusche von außen in dieser gewandelten Form zum Fötus gelangten.

Er versuchte festzustellen, was die Laute hervorrief und woher sie kamen. Nach einiger Zeit konnte er menschliche Stimmen erkennen, die lachten und riefen, und Klänge, die den Tönen von Karnevalstrompeten ähnelten. Plötzlich kam ihm der Gedanke, daß dies der Jahrmarkt gewesen sein mußte, der in seinem Heimatdorf jedes

Jahr zwei Tage vor seinem Geburtstag stattgefunden hatte. Nachdem er die Informationsfragmente zusammengesetzt hatte, kam er zu dem Schluß, daß seine Mutter diesen Jahrmarkt in einem fortgeschrittenen Stadium der Schwangerschaft besucht haben mußte. Als Richards Mutter selbst über die Umstände seiner Geburt befragt wurde, brachte sie von sich aus – ohne etwas von der LSD-Erfahrung zu wissen – unter anderem die folgende Geschichte vor: In dem recht langweiligen Dorfleben war der jedes Jahr stattfindende Markt eines der seltenen aufregenden Ereignisse. Obwohl sie sich im letzten Stadium der Schwangerschaft befand, hätte sie diese Veranstaltung um nichts in der Welt versäumt. Trotz nachdrücklicher Einwände und Warnungen von seiten ihrer Mutter und Großmutter verließ sie das Haus, um an dem Fest teilzunehmen. Nach der Meinung ihrer Verwandten hatten die lärmende Umgebung und die damit verbundene Aufregung die Geburt Richards beschleunigt. Richard bestritt, je von dieser Geschichte gehört zu haben, und seine Mutter erinnerte sich nicht, ihm je davon erzählt zu haben.[23]

Die Zeit-Maschine des Bewußtseins

Die Möglichkeit der zellularen Erinnerungen an die frühesten Lebensstadien mag zwar hart an die Grenzen unserer Phantasie gehen, aber sie stellt bei weitem noch nicht die größte Herausforderung im Bereich der transpersonalen Erfahrungen dar. Es ist nicht unüblich, daß Menschen in außergewöhnlichen Geistesverfassungen sehr genau Material beschreiben, das aus der Zeit vor ihrer Zeugung stammt, oder die Welt ihrer Eltern, ihrer Ahnen oder der menschlichen Rasse erforschen. Besonders interessant sind Erfahrungen von »früheren Leben«, die vermuten lassen, daß das individuelle Bewußtsein von einer Lebenszeit zur nächsten Kontinuität aufweisen könnte.

Die Kindheit unserer Eltern erforschen

Viele Menschen in außergewöhnlichen Zuständen erzählen von Episoden, die lange vor ihrer eigenen Zeugung stattfanden. So sagen beispielsweise viele, daß sie in das Bewußtsein ihrer Eltern als Kinder schlüpfen und so Zeuge der Ereignisse im damaligen Leben ihrer Eltern werden könnten. Diese Sequenzen erinnern an Steven Spielbergs Film *Zurück in die Zukunft*, in dem die Figuren in der Zeit vor- und zurücksausen.

An einem unserer Workshops in Schweden nahm eine junge Frau aus Finnland teil. Inga erlebte sich selbst als jungen Soldaten im Zweiten Weltkrieg, ganze vierzehn Jahre vor ihrer Zeugung. Ihr wurde plötzlich bewußt, daß dieser Soldat ihr Vater war, und sie war mitten in einer Schlacht, erlebte sie mit dem gesamten Nervensystem und allen Sinnen. Sie identifizierte sich ganz mit ihrem Vater, spürte, wie sein Körper sich angefühlt hatte und wie die Schärfe der hohen Adrenalinausstöße damals seine Empfindungen bestimmte. Sie konnte auch deutlich wahrnehmen, was um sie herum geschah. Als sie/er sich hinter einer Birke versteckte, kam eine Gewehrkugel angeflogen und streifte sie/ihn an Wange und Ohr.

Ingas Erfahrung war außerordentlich lebhaft und authentisch. Sie konnte sich nicht einmal vorstellen, wo eine solche Erinnerung hätte herkommen sollen. Ihr war bekannt, daß ihr Vater am Russisch-Finnischen Krieg teilgenommen hatte, aber sie war sich sicher, daß er nie über dieses Erlebnis gesprochen hatte. Sie beschloß, ihren Vater anzurufen und mit ihm über ihre Erfahrung zu sprechen.

Nach einem längeren Gespräch kam sie zur Gruppe zurück. Während sie erzählte, wurde sie immer aufgeregter und von Ehrfurcht ergriffen. Als sie ihrem Vater beschrieben hatte, was sie erlebt hatte, war er absolut verblüfft gewesen. Alles hatte tatsächlich genau so stattgefunden! Ihre Beschreibungen des Schlachtfeldes und seiner Gedanken und Gefühle waren völlig korrekt, bis hin zu dem Birkenwald, in dem sich der Vorfall ereignete. Er versicherte ihr auch, über diese spezielle Geschichte weder mit ihr noch mit anderen Familienmitgliedern gesprochen zu haben, weil er es nicht als besonders wichtig empfunden hatte. Obwohl er sie also nie verbalisiert hatte, war die Erfahrung irgendwie an seine Tochter weitergegeben worden.[24]

Im Rahmen unserer frühen LSD-Forschung mußten sich die Psychologen und Psychiater, die mit diesem Stoff arbeiten wollten, einer extensiven Ausbildung unterziehen, die eigene Erfahrungen mit der Droge unter der sorgfältigen Aufsicht von qualifizierten Therapeuten einschloß. In vielen Fällen stellten hochgebildete Männer und Frauen, die bis dahin selbst den eher begründeten Konzepten wie dem des Jungschen »kollektiven Unbewußten« recht skeptisch gegenübergestanden hatten, fest, daß sie sich im Bewußtsein über zeitliche und räumliche Grenzen hinwegbewegten. In einem Fall erlebte beispielsweise die fünfzigjährige Psychologin Nadja eine lebhafte und überzeugende Identifikation mit ihrer Mutter. Diese Episode reicht noch weiter zurück als Ingas, da sie von einem Ereignis in der frühen Kindheit von Nadjas Mutter handelt.

Nadja berichtete, daß sie plötzlich eine dramatische Veränderung ihrer Ich-Identität erlebte. Auf einmal war sie ihre Mutter im Alter von drei oder vier Jahren. Es muß das Jahr 1902 gewesen sein, und sie hatte ein gestärktes, aufgeputztes Kleid an, obwohl sie sich an einem sehr merkwürdigen und unwahrscheinlichen Ort befand, was sie besonders durch die Art der Kleidung vor noch mehr Rätsel stellte. Sie versteckte sich unter einer Treppe. Sie fühlte sich verängstigt und einsam und war sich schmerzhaft bewußt, daß gerade etwas Schreckliches geschehen war. Sie erkannte, daß sie etwas sehr Schlimmes getan hatte, gescholten worden war und unsanft eine Hand auf den Mund gelegt bekommen hatte.

Von ihrem Versteck aus konnte Nadja ihre Verwandten sehen – Tanten, Onkels, Vettern und Kusinen, die auf der Veranda eines großen Fachwerkhauses saßen und die für diese Zeit typischen altmodischen Kleider trugen. Alle redeten und beachteten weder sie selbst noch ihr Unglücklichsein. Sie hatte ein Gefühl des Versagens und fühlte sich von den übertriebenen Forderungen der Erwachsenen überwältigt – brav zu sein, sich gut zu benehmen, zu reden, wie es sich gehört, und sich nicht schmutzig zu machen. Es schien unmöglich, es ihnen recht zu machen. Sie fühlte sich ausgeschlossen und schämte sich.

Wie in allen solchen Fällen drängten wir Nadja zu versuchen, diese Erfahrung zu verifizieren und festzustellen, ob sie eine Entsprechung in der objektiven Wirklichkeit hätte. Bald darauf sprach Nadja mit ihrer Mutter. Sie erzählte ihr nichts von dem LSD, da sie wußte, daß ihre Mutter das mißbilligt hätte. Stattdessen erklärte sie ihr, sie habe einen Traum über die Kindheit der Mutter gehabt. Sie habe sich unter der Treppe versteckt, zutiefst beschämt, und auf die Erwachsenen auf der Veranda geblickt, die sich gar nicht um sie gekümmert hätten. Sie hatte kaum zu sprechen begonnen, als ihre Mutter unterbrach und alle Einzelheiten genau so ergänzte, wie Nadja sie erlebt hatte. Die ausführlichen Beschreibungen des Ereignisses entsprachen ganz genau Nadjas LSD-Erfahrung, einschließlich der großen Veranda und der dazugehörigen Treppe sowie der Kleidung der Erwachsenen und auch ihres eigenen Kleides mit der gestärkten weißen Schürze.[25]

In die Welt unserer Ahnen einsteigen

Manchmal führt uns die erfahrende Erforschung der Welt unserer Vorfahren in das Leben von verstorbenen Großeltern oder anderer Verwandter, die schon Jahrhunderte vor uns gelebt haben. Charakteristisch für diese weit zurückliegenden Ahnenerfahrungen ist die Überzeugung, daß der Mensch oder die Menschen, mit denen wir uns identifizieren, tatsächlich Blutsverwandte sind. Dieses Gefühl einer genetischen Verbindung wird von denen, die es erleben, häufig als »primordial« beschrieben, als etwas, das man nicht mit Worten vermitteln kann, sondern selbst erfahren muß.
Echte Ahnenerfahrungen dieser Art stimmen immer mit der rassischen, kulturellen und historischen Abstammung desjenigen überein, mit dessen Augen wir sehen. In einigen wenigen Fällen gab es scheinbare Unstimmigkeiten – wenn jemand von angelsächsischer Herkunft indianische oder afrikanische Ahnenerfahrungen hatte –, aber die klärten sich durch nähere Betrachtung der Familiengeschichte auf und dienten schließlich der Bestätigung des Erlebnis-

ses. Ahnenerfahrungen enthalten sehr oft bestimmte objektive Daten, durch die wir sie verifizieren können. Dazu können Informationen über Bräuche, Gewohnheiten, Glaubenssysteme, Familientraditionen, persönliche Eigenarten, Vorurteile und Aberglaube gehören, von denen man weiß, daß sie den fraglichen Vorfahren kennzeichnen.

Weitere Unterstützung für die Authentizität von Ahnenerfahrungen liefert die genaue Beobachtung der Menschen während dieser Erfahrungen. Wir haben sowohl in privaten Therapiesitzungen wie bei Workshops sehr häufig dramatische Veränderungen in der körperlichen Erscheinung und dem Verhalten der Betroffenen feststellen können. So können beispielsweise die Mimik, die Körperhaltung, die Gesten, die emotionalen Reaktionen und die Gedankenprozesse die Charakteristika des jeweiligen Vorfahren annehmen. Manche Ahnenerfahrungen sind sehr lebendig und so vollständig und detailliert, daß sie leicht abzuklären sind. Andere sind eher vage und diffus und enthüllen nur Eindrücke und die emotionale Stimmung von bestimmten Themen wie der Qualität von Beziehungen zwischen Mitgliedern einer bestimmten Familie, eines Stammes oder Clans. Als Psychiater fand ich es besonders interessant zu sehen, wie oft diese Ahnenerfahrungen Einsicht in persönliche Probleme der Gegenwart bieten. Ich bin davon überzeugt, daß diese kurzen Einblicke in das Leben unserer Eltern, Großeltern und entfernterer Verwandter uns helfen können, Konflikte in unserem derzeitigen Leben besser zu verstehen und oft auch zu lösen.

Das folgende Beispiel illustriert, welch reiche und genaue historische Information wir manchen Ahnenerfahrungen entnehmen können, die uns mit wertvollen Einsichten über Zeiten versorgen, die sonst vielleicht in der Geschichte verschwinden würden. Diese spezielle Erfahrung ist so interessant, weil sie schließlich nicht nur durch gezielte historische Nachforschungen, sondern auch durch ein unerwartetes synchronistisches Ereignis bestätigt wurde.

Eine junge Frau, die ich Renata nennen werde, war wegen einer komplexen Neurose in Behandlung. Im Rahmen der systematischen LSD-Therapie erlebte sie viele Szenen aus dem Prag des siebzehnten Jahrhunderts. Während dieser Zeit kurz vor dem Dreißigjährigen Krieg kam Böhmen unter die Herrschaft der Habsburgerdynastie. Um das Nationalgefühl auszulöschen und die Kräfte des Widerstands zu besiegen, nahmen die Habsburger siebenundzwanzig Mitglieder des tschechischen Adels gefangen und richteten sie öffentlich auf dem Alten Markt in Prag hin.

Während ihrer Sitzungen erlebte Renata eine ungewöhnliche Vielzahl von Bildern und Einblicken, die die Architektur dieser Epoche, typische Gewänder und Trachten, Waffen und Gegenstände des täglichen Lebens betrafen. Sie war ferner in der Lage, viele der komplizierten Beziehungen zu schildern, wie sie damals zwischen der königlichen Familie und den Vasallen bestanden. Renata hatte sich nie mit dieser Epoche speziell beschäftigt, und wir konsultierten Spezialwerke, um die von ihr mitgeteilten Informationen zu verifizieren.

Viele ihrer Erlebnisse bezogen sich auf einen bestimmten jungen Adligen, der von den Habsburgern enthauptet wurde. In einer dramatischen Ereignisabfolge erlebte Renata mit vielen Einzelheiten die Hinrichtung dieses Mannes so, als sei sie in seinem Körper. Als unmittelbarer Zeuge dieses persönlichen Dramas teilte ich Renatas Bestürzung und Verwirrung. Bei meinem Versuch, dieses Rätsel zu entziffern, bediente ich mich zweier verschiedener Methoden. Auf der einen Seite verwendete ich viel Zeit und Mühe darauf, die fraglichen historischen Informationen zu verifizieren, und ich fand eine erstaunliche Menge objektiver Beweise, die ihre Berichte mit diesem Stück Geschichte des siebzehnten Jahrhunderts verbanden. Auf der anderen Seite brachte ich all meine psychoanalytischen Fertigkeiten auf, durch die ich Beweise dafür aufzudecken hoffte, daß es sich bei ihren historischen Erfahrungen um versteckte Kindheitskonflikte und emotionale Kämpfe in ihrem derzeitigen Leben handelte. Aber trotz all meiner Bemühungen konnte ich ihre transpersonalen Erfahrungen nicht aus den psychischen Problemen heraus erklären, mit denen sie sich herumschlug.

Zwei Jahre später, als ich schon in den Vereinigten Staaten war, erhielt ich einen langen Brief von Renata. Sie war kürzlich zufällig ihrem Vater begegnet, den sie zuletzt als Dreijährige vor der Scheidung ihrer Eltern gesehen hatte. Er lud sie zum Abendessen zu sich nach Hause ein und zeigte ihr dann später das Ergebnis seines Hobbys, einen Stammbaum der Familie in den letzten Jahrhunderten. Zu ihrer Überraschung stellte sie fest, daß sie und ihr Vater Nachkommen eines der Adligen waren, die die Habsburger in jenen Tagen im frühen siebzehnten Jahrhundert hingerichtet hatten. Diese Information bestätigte nur ihre frühere Vermutung, daß bestimmte emotional aufgeladene Erinnerungen auf den genetischen Code übertragen und über die Jahrhunderte an nachfolgende Generationen weitergereicht werden können.[26]

Nachdem ich meine anfängliche Verblüffung überwunden hatte, erkannte ich, daß Renatas Interpretation einen logischen Widerspruch enthielt. Selbst wenn es wahr wäre, daß Erinnerungen über den genetischen Code weitergegeben werden können, würde der Tod natürlich die Übertragungsroute abschneiden. Der Adlige war hingerichtet worden, und ein Toter kann sich nicht fortpflanzen und »genetisch« die Erinnerung seiner Todesangst an Renata weitergeben. Dennoch war es mir unmöglich, die bemerkenswerten Übereinstimmungen zwischen Renatas Erfahrungen und den genealogischen Forschungen ihres Vaters einfach zu ignorieren. War all dies nur ein unglaublicher, aber bedeutungsloser Zufall, oder müßte man sich ernsthafter mit Vorkommnissen dieser Art beschäftigen?

Ich kam zu dem Schluß, daß die erstaunliche Synchronizität von Renatas Erfahrung und der Begegnung mit ihrem Vater, der ihr dann die genealogischen Informationen lieferte, die ihre Erfahrung zu rechtfertigen schienen, nicht einfach als Zufall abgetan werden konnte. Aber was könnte diese Ereignisse erklären? Hat die Information über den Tod des Adligen Renatas Psyche durch eine telepathische Verbindung mit ihrem Vater erreicht, den sie nicht einmal kannte? Wenn ja, wie konnten dann grobe genealogische Informationen in so lebendige Erfahrungen voll historischer Details übersetzt werden?

Ich befaßte mich mit der Theorie, daß vielleicht ein Überlebender aus der Familie des Adligen, etwa ein Sohn oder eine Tochter, diese Information genetisch an Renata vererbt haben könnte. In diesem Fall hätte der Zeuge die Hinrichtung des Vaters in einem transpersonalen Zustand der »Zweieinigkeit« erlebt und die tatsächlichen

Gefühle und Empfindungen des Mannes geteilt haben müssen. Oder wäre es möglich, daß das Universum letzten Endes nur ein göttliches Spiel des Bewußtseins ist, in dem alle Naturgesetze willkürlich sind und in dem jeder von uns zu jeder Zeit irgendwie Zugang zu allem Material gewinnen kann, das je existiert hat oder existieren wird – frei von allen Illusionen über Materie, Raum und Zeit? Eines scheint gewiß: Im Universum sind Gesetze am Werke, die die menschliche Vorstellungskraft sprengen. Es gibt mit Sicherheit Phänomene, deren Existenz nicht durch die unserer Kultur auferlegte Newtonsche Wissenschaft erklärbar ist.

Kollektive und rassische Erfahrungen

Kollektive und rassische Erfahrungen gehen noch einen Schritt weiter als Ahnenerfahrungen. Bei den rassischen Erfahrungen kann es um Leute außerhalb der direkten Familie oder Abstammungslinie gehen, um jedes Mitglied derselben Rasse. Dieser Prozeß kann sich über die eigene auch zu anderen Rassen und kollektiven Erinnerungen der gesamten Menschheit hin ausdehnen. Ich habe schon früher erwähnt, daß die Psychiatrie traditionell davon ausgeht, unsere Psyche könne nur von dem, was wir selbst durch unsere physischen Sinne erlebt haben, oder von dem Ergebnis unserer eigenen Interpretationen dieser Ereignisse beeinflußt werden. Aber unsere Beobachtungen bei Hunderten von Menschen, die von Ahnen-, rassischen und kollektiven Erfahrungen berichten, stützen C. G. Jungs Annahme, daß unsere Psyche außerdem zutiefst von einem kollektiven Unbewußten beeinflußt wird, das uns Zugang zu einem riesigen Speicher voller Erinnerungen gibt, die alles menschliche Erleben vom Anbeginn der Zeit an umfassen.

Der folgende Bericht einer europäischen Psychiaterin stammt von einem Holotropen Training in Kalifornien. Bedenken Sie, wenn Sie diese Beschreibung lesen, daß die Frau absolut überhaupt keine intellektuellen Kenntnisse der Geschichte der amerikanischen Ureinwohner hatte. Und dennoch erinnert ihre Erfahrung ganz deutlich an den Cherokee Tear Trail und andere Ereignisse im Leben der amerikanischen Indianer während der großen Umsiedlungen. In ihren eigenen Worten:

Plötzlich schien alles kalt, gräßlich und hoffnungslos. Ich spürte, daß mich eine gewaltige Kraft weit über die Grenzen meines bisherigen Lebens in eine entfernte historische Zeit hinaustrug. Mein gewöhnliches Selbst schien auf die Größe eines Photons geschrumpft zu sein und verschwand dann vorübergehend ganz. Ich wurde zu jemand anderem – zu einer alten, kleinen und unglaublich runzligen Indianerin mit dicken, fettigen Zöpfen. Ich sah eine weite, offene Ebene und darauf eine Versammlung von Tausenden von Indianern. Sie saßen in Gruppen oder Clans beieinander um den Kreis der Ältesten herum, die ruhig, entschlossen und bewegungslos waren. Sie erwarteten von ihren Leuten eine Antwort auf die Frage, ob sie den Tod oder die Reise wollten. Diejenigen, die sich für den Tod entschieden hatten, zogen sich in strahlenförmig angeordnete, lange, niedrige Hütten zurück. Als der Entscheidungsprozeß beendet war, gaben die Ältesten ihren Brüdern und Schwestern mit Giftpfeilen den Tod. Diese nahmen ihn so ruhig an, als sei er eine heilige Erfüllung ihres Lebens. Nachdem der letzte von ihnen gestorben war, standen die Frauen auf und vollführten den Tanz der Versöhnung mit dem Tode; dazu gehörte auch, Körner zu säen und Sprößlinge zu setzen. Danach erhoben sich die Männer zum Tanz der Kraft, des Friedens und der Versöhnung mit dem Tod.

Nach den oben beschriebenen Ritualen standen diejenigen, die an dem Tanz der Versöhnung teilgenommen hatten, auf und gingen fort. Die Frau, die diese Erfahrung gemacht hat, sagte, ihr ganzes Sein sei »von einer Traurigkeit und einem Kummer durchdrungen gewesen, für die es keine Worte gibt«. Mit langsamen, schaukelnden Bewegungen begann sie in leisem monotonem Singsang auszudrücken, was sie fühlte:

Innerlich beweinte ich den Tod von Tausenden meiner Leute – Kindern, Greisen, Männern und Frauen jeden Alters. Ich sah sie in einer langen Prozession über die Berge ziehen, erschöpft, hungrig, verzweifelt, ohne Hoffnung, mit dem Tod am Wegesrand. Während ich eine alte, innerlich leere Indianerin war, fühlte ich mich zugleich wie ein uralter, kahler Berg. Vollkommen bewegungslos folgte ich ihnen, bis sie meiner Sicht entschwanden; aber in irgendeiner Weise war ich immer noch bei ihnen auf ihrer endlosen Reise vorwärts und nirgendwohin, im Leben und im Tod.[27]

Menschen, die rassische und/oder kollektive Erfahrungen machen, werden oft zu Teilnehmern von dramatischen, aber gewöhnlich kurzen Ereignisfolgen in mehr oder weniger fernen historischen Epochen, Kulturen und Ländern. Diese gehen meist mit bestimmten Einsichten in die Beziehungen zwischen Menschen, die Sozialstruktur, die religiösen Praktiken, den Moralkodex, die Kunst und die Technologie der entsprechenden Zeit einher. Manchmal beobachten wir bei demjenigen, der eine solche Erfahrung macht, komplexe Gesten, Körperhaltungen und symbolische Bewegungen. Wieder und wieder haben objektive Betrachter mit Kenntnissen über die Länder oder Völker, die die Betroffenen gerade erleben, bestätigt, daß diese Bewegungsmuster charakteristisch sind und zu den entsprechenden Orten und Zeiten passen.
Sowohl in der Therapie als auch bei Workshops haben wir Menschen komplexe Haltungen (*asanas*) und Gesten (*mudras*) aus alten Yoga-Traditionen annehmen sehen, obwohl sie zuvor keine intellektuellen oder praktischen Kenntnisse dieser spirituellen Richtung hatten. In vielen Fällen erleben Menschen, daß sie an Praktiken von Kulturen teilnehmen, die ihnen in ihrem normalen Bewußtseinszustand vollkommen unbekannt waren. Ohne früheres Wissen oder Übung führen sie Bewegungen aus, die für bestimmte Kulturen charakteristisch sind: den Trancetanz der !Kung-Buschmänner, das Wirbeln der Derwische aus der Sufi-Tradition, rituelle Tänze aus Java oder Bali, die symbolischen Gesten des indischen Kathakali (wie er an der Küste von Malabar aufgeführt wird), der Themen aus der hinduistischen Mythologie zum Ausdruck bringt.
Gelegentlich sprechen Menschen, die andere Leben erfahren, in Sprachen – manchmal unverständlichen, archaischen –, die sie in ihrem Alltag überhaupt nicht kennen. In manchen Fällen konnte die Authentizität der Sprachen durch nachträgliche Auswertung der Tonbandaufzeichnungen von Sitzungen, bei denen diese Phänomene auftraten, bestätigt werden. In anderen Fällen wiesen die geäußerten Laute alle Elemente einer Sprache auf, aber wir konnten nicht entziffern, was gesagt wurde. Das bedeutet nicht notwendigerweise, daß es sich dabei nicht um die authentische Sprache einer bestimmten ethnischen Gruppe gehandelt hätte. Die Linguisten sind

sich darin einig, daß es extrem schwierig ist, all die Tausende von Sprachen und Dialekten auf diesem Planeten zu identifizieren. Aber die Tatsache, daß wir eine große Zahl dieser Vorfälle einordnen konnten, zerstreut die Zweifel an der Authentizität dieses Phänomens. Gelegentlich sind die Töne jedoch auch offensichtlich unartikuliertes Gebrabbel oder das, was in manchen Kreisen als »in Zungen sprechen« bezeichnet wird.

Ahnen- und Rassenerfahrungen vermitteln oft tiefere Einsicht in die symbolische Bedeutung von kulturellen Praktiken. Das gilt selbst dann, wenn die Betroffenen zuvor keinerlei Kenntnis davon hatten. Unsere Nachforschungen zur Verifizierung solcher Erlebnisse haben immer wieder ergeben, daß sie richtig sind, auch wenn sie oft Informationen beinhalten, die eigentlich nur einem kleinen Kreis von Fachleuten bekannt sind.

Ich habe beispielsweise selbst miterlebt, wie jemand, der absolut keine Ahnung von alten Kulturen hatte, aufgrund seiner lebhaften Erfahrungen mit vergangenen Leben Einzelheiten über die Bestattungsrituale im alten Ägypten mitteilen konnte. Dabei waren ihm detaillierte Informationen über die esoterische Bedeutung von bestimmten Amuletten und Grabbehältern, der Farben der Bestattungskegel, der Technik des Einbalsamierens und des Sinns bestimmter ritueller Praktiken zugänglich. Dieser Mann hatte sich selbst als Einbalsamierer erlebt und konnte die Zahl und Beschaffenheit der verwendeten Mumienbandagen, die Materialien, die zur Befestigung des Mumientuchs verwendet wurden, und die Form und Symbolik der vier Kanopenbehälter beschreiben, in denen die Organe und Eingeweide eines Verstorbenen bestattet wurden. Unsere Nachforschungen ergaben, daß alle Einzelheiten, die er über die symbolischen Gestalten auf diesen Krügen sowie über deren jeweiligen Inhalt berichtet hatte, stimmten, obwohl dieses Wissen der Öffentlichkeit nicht ohne weiteres zugänglich war.[28]

Das Geheimnis von Karma und Reinkarnation

Den meisten Menschen, die in westeuropäischen Traditionen aufgewachsen sind, erscheint die Vorstellung von früheren Leben und Karma mindestens fremdartig, wenn nicht sogar bizarr und kindisch. Dennoch kann man kaum übersehen, daß die religiösen Schriften vieler großer Gesellschaften über vergangene Leben, Reinkarnation und Karma sprechen und beschreiben, welche Auswirkungen diese auf unser derzeitiges Leben haben. Aus der Sicht dieser Schriften kommt keiner von uns als »unbeschriebenes Blatt« auf die Welt. Unser derzeitiges Leben ist vielmehr Teil eines Kontinuums, das weit in viele frühere Leben zurückreichen kann und sich vermutlich noch über viele weitere erstrecken wird. In veränderten Bewußtseinszuständen werden Erinnerungen an frühere Leben Teil eines Erfahrungsgewebes, das auch Erinnerungen an die Geburt, die Säuglingszeit, die Kindheit, die Jugend und das Erwachsenenalter im derzeitigen Leben enthält.

Wir alle wissen, daß das zeitgenössische Christentum und die traditionellen Wissenschaften solche Vorstellungen ablehnen oder sogar ins Lächerliche zu ziehen versuchen. Die Forschung im Bereich der transpersonalen Psychologie liefert jedoch immer wieder reichlich Beweise dafür, daß dieses Studiengebiet eine wahre Schatzkiste von Einsichten in die Natur der menschlichen Psyche bildet. Die Hinweise auf Einflüsse aus früheren Leben sind so überzeugend, daß jeder, der behauptet, dies Gebiet sei keiner ernsthaften Forschung würdig, entweder sehr uninformiert oder übertrieben engstirnig sein muß.

Meine Beobachtungen von Menschen, die in veränderten Bewußtseinszuständen frühere Leben wieder erfahren, haben mich im Laufe der Jahre davon überzeugt, daß dieser faszinierende Forschungsbereich wirklich lohnend ist. Ich möchte Ihnen gern einige Beispiele präsentieren, die uns sowohl davon überzeugen, daß Reinkarnationsphänomene extrem bedeutsam sind, als auch davon, daß unser Wissen um sie uns helfen kann, Konflikte in diesem Leben zu lösen und angenehmer zu leben.

Mitte der sechziger Jahre leitete ich am Maryland Psychiatric Research Center in Baltimore ein psychedelisches Forschungs- und

Behandlungsprogramm für Krebspatienten. Einer von ihnen war ein ungelernter Arbeiter, den ich Jesse nennen werde. Als er zu uns überwiesen wurde, litt er unter fortgeschrittenem Hautkrebs, der sich auf die inneren Organe ausgedehnt hatte. Jesse war buchstäblich Analphabet und hatte keine Ahnung von Karma, Reinkarnation oder irgendetwas anderem im Zusammenhang mit östlichen Denkweisen. Unter normalen Umständen hätte man eher davon ausgehen können, daß seine streng katholische Erziehung diese Themen für ihn tabuisiert hätten.

Jesse verlor seinen Kampf gegen den Krebs; er wußte, daß er sterben mußte und war deswegen sehr besorgt und ängstlich. Er willigte in die psychedelische Therapie ein, weil er auf diese Weise versuchen wollte, mit seinen Ängsten klarzukommen. Anfänglich richteten sich die Erfahrungen hauptsächlich auf seine Schuldgefühle über die Art, wie er sein Leben gelebt hatte. Er war katholisch erzogen worden, hatte geheiratet und sich scheiden lassen und die letzten Jahre unverheiratet mit einer anderen Frau verbracht. Er glaubte fest an die Doktrin der Kirche, daß er in den Augen Gottes immer mit seiner ersten Frau verheiratet bleiben würde, was seine derzeitige Situation zu Ehebruch und Sünde machte.

In seinen Sitzungen hatte er Visionen von Kriegsszenen und Ungeheuern, von großen Müllhalden voller Leichen, Gerippen, verfaulenden Abfällen und stinkenden Tierkadavern. Sein eigener Körper lag da, in stinkende Verbände gewickelt, von Krebs zerfressen. Da erschien plötzlich aus dem Nichts ein riesiger Feuerball, und all der Schmutz und Unrat wurde in seine reinigenden Flammen geworfen und von ihnen aufgezehrt. Jesses Fleisch und Knochen wurden vom Feuer vernichtet, aber seine Seele überlebte. Er sah sich in einer Szene des Jüngsten Gerichts, wo Gott seine guten und bösen Taten abwog. Schließlich wurden die positiven Aspekte für gewichtiger befunden als die negativen, und Jesse fühlte sich von seiner Last befreit. Dabei hörte er himmlische Musik erklingen und begann, die Bedeutung seiner Erfahrung zu verstehen.

Er wurde sich bewußt, daß ihn auf nonverbalen Bahnen eine starke Botschaft durchströmte, die sein gesamtes Wesen zu durchdringen schien. Die Botschaft hieß: »Wenn du stirbst, wird dein Leib vernichtet, du aber wirst gerettet; deine Seele wird immer bei dir sein. Du wirst zur Erde zurückkehren, du wirst von neuem leben, aber du weißt nicht, was du auf der nächsten Erde sein wirst.«

Diese Erfahrung hatte zur Folge, daß Jesses Schmerzen nachließen und die akute Angst, unter der er so gelitten hatte, verschwand. Er ging mit dem festen Glauben an die Reinkarnation aus der Sitzung heraus, an ein Konzept also, das im Widerspruch zu seiner eigenen religiösen Tradition stand. Jesse starb fünf Tage später friedlich, vielleicht ein wenig früher als sonst in seinem Kampf gegen den unausweichlichen Tod, fast als ob er es nun eilig gehabt hätte, einen neuen Leib auf der »nächsten Erde« zu bekommen.

Während Jesses Arbeit mit mir war nie von Reinkarnation oder dem Überleben der Seele nach dem physischen Tod die Rede gewesen. Ganz allein hatte er, mit Hilfe von Quellen, die weder er noch ich zuvor gesehen hatten, eine ziemlich komplexe Sicht dessen entwickelt, was nach dem Tode geschieht – eine Vision, die ihm in den letzten Tagen seines Lebens ein tiefes Gefühl von Sicherheit verlieh.[29]

Während man Jesses Erfahrung vielleicht als Wunschdenken abtun kann, gibt es andere mit bestimmten bemerkenswerten Einzelheiten, die sich verifizieren lassen. Ich selbst habe schon eine Reihe von Erfahrungen mit früheren Leben hinter mir, aber keine war lebendiger oder überzeugender als ein Erlebnis bei meiner ersten Rußlandreise. Es veranschaulicht, wie die vergangenen Ereignisse mit unserer jüngsten persönlichen Geschichte verwoben sein können, und wie wir das außergewöhnliche Heilungspotential dieser Erinnerungen einsetzen können.

Ich nahm im Jahr 1961 an einer organisierten Gruppenreise nach Leningrad, Moskau und Kiew teil. Wir erhielten offizielle Intourist-Führer, und alle unsere Besichtigungen liefen unter Aufsicht; allein loszuziehen war strengstens verboten. Kurz vor unserer Abfahrt hatte ich von Pechorskaya Lavra gehört, einem russisch-orthodoxen Kloster in einer alten Katakombe in einem Berg. Dieser Ort in Kiew war der spirituelle Mittelpunkt der Ukraine, und man hatte mir gesagt, die Bolschewiken hätten ihn nur deswegen verschont, weil sie sonst einen Aufstand zu befürchten gehabt hätten.

Schon bei den ersten Informationen über das Kloster hatte ich eine starke emotionale Anziehung und den Wunsch verspürt, es aufzusuchen.
In Kiew erfuhr ich, daß es nicht auf unserem Programm stand, und merkte, daß ich sehr unruhig wurde. Ich erkannte zwar, daß das mit einem großen Risiko verbunden war, beschloß aber dennoch, dann eben allein nach Pechorskaya Lavra zu gehen. Ich sprach fließend Russisch und hatte daher keine Probleme, ein Taxi zu bekommen, das mich zum Kloster brachte. Ich lief durch einen Irrgarten von Katakomben, die von den Mumien all der Mönche gesäumt waren, die dort während Jahrhunderten gelebt hatten und gestorben waren. Die Jahre hatten die Haut ihrer im Gebet gefalteten Hände bereits in braunes Pergament verwandelt. Schmale Gänge öffneten sich zu Höhlen, die mit Ikonen geschmückt und schwach von Kerzenlicht erhellt waren. Durch schwere, weihrauchgeschwängerte Wolkenschwaden sah ich Gruppen von betenden und singenden Mönchen, die in tiefer Trance zu sein schienen.
Als ich langsam durch die Katakomben ging, befand ich mich in einem ungewöhnlichen Bewußtseinszustand; ich hatte deutlich das Gefühl, diesen Ort gut zu kennen. Ich ahnte jede Biegung, jede neue Begegnung im Voraus. Da traf ich auf eine Mumie, deren Hände eine merkwürdige Haltung hatten; sie waren nicht wie die anderen im Gebet gefaltet. Nie zuvor hatte ich auch nur entfernt etwas ähnliches gefühlt wie an diesem Ort. Ich beendete den Ausflug, kehrte ins Hotel zurück und nahm erleichtert zur Kenntnis, daß die Intourist-Führer meine Abwesenheit nicht bemerkt hatten.
Auch nach meiner Rückkehr aus Rußland war ich immer wieder mit meinen Erinnerungen an die Katakomben beschäftigt, besonders mit meinen merkwürdigen Reaktionen auf die Mumie mit den ungefalteten Händen. Aber dann tauchte ich wieder in meine Forschung ein, und die Erfahrung verblaßte aus meinem Gedächtnis.
Viele Jahre später, ich arbeitete damals am Maryland Psychiatric Research Center in Baltimore, lud der Direktor des Instituts zwei für ihre innovative Hypnose-Therapie bekannte Fachleute ein: Joan Grant und ihren Mann Dennys Kelsey. Während ihres vierwöchigen

Aufenthaltes in unserem Zentrum hatten wir Mitarbeiter die Möglichkeit, persönliche Sitzungen bei dem Paar zu machen.

Joan, eine Französin, verfügte über die Fähigkeit, sich selbst in hypnotische Trance zu versetzen und Episoden aus anderen Zeiten und Orten zu erfahren, die die Qualität von Erinnerungen an frühere Leben hatten. Sie hatte mehrere Bücher geschrieben, die auf dieser außergewöhnlichen Fähigkeit beruhten. Dennys war ein britischer Psychiater und Hypnotiseur. Bei ihrer gemeinsamen Arbeit hypnotisierten sie die Klienten und forderten sie auf, in ihrem Gedächtnis so weit zurückzugehen wie nötig, um die Quelle ihrer Probleme bearbeiten zu können. Dabei fanden viele Leute die ursprünglichen Ursachen für Konflikte in früheren Leben. Joan konnte sich in die Erfahrungen der Klienten einstimmen und sie zu einer Lösung ihrer Probleme führen.

Die Frage, an der ich mit ihnen arbeiten wollte, war ein Konflikt, den ich manchmal zwischen Sinnlichkeit und Spiritualität spürte. Im allgemeinen hatte ich viel Lebenslust und genoß alle Freuden, die die menschliche Existenz bietet. Aber gelegentlich verspürte ich ein dringendes Bedürfnis, mich von der Welt zurückzuziehen und mein Leben ganz der spirituellen Praxis zu widmen. Dennys hypnotisierte mich und wies mich an, zeitlich bis an den Beginn des Problems zurückzugehen. Plötzlich war ich ein russischer Junge, der in einem großen Garten stand und ein palastartiges Haus betrachtete, das ich als mein Zuhause erkannte. Wie aus weiter Ferne vernahm ich Joans Worte: »Schau auf den Balkon!« Ohne mich darüber zu wundern, daß sie wußte, daß ich in dem Augenblick ein Haus mit Balkon sah, tat ich, was sie sagte. Ich erblickte eine alte Frau mit verkrüppelten und verkrampften Händen in einem Schaukelstuhl. Ich wußte, daß sie meine Großmutter war und spürte eine Welle von Liebe und Mitgefühl für sie.

Plötzlich veränderte sich die Szene. Ich war in den Straßen eines nahen Dorfes und empfand das einfache, aber farbenfrohe bäuerliche Leben der Muschiks als aufregendes Entrinnen aus dem starren Lebensstil meiner wohlhabenden Familie. Ich erkannte, daß ich schon öfter an diesen Ort gekommen war. Dann sah ich mich in einer dunklen, primitiven Schmiede. Ein riesiger, muskelbepackter

Mann stand halbnackt und stark behaart vor einem glühenden Ofen. Er schlug mit einem großen Hammer auf ein Stück rotglühendes Eisen ein, das er auf dem Amboß formte. Plötzlich spürte ich einen scharfen Schmerz im Auge. Mein ganzes Gesicht verzog sich in schmerzhaftem Zucken, und über meine Wangen liefen die Tränen. Entsetzt erkannte ich, daß mir ein Stück des heißen Eisens ins Gesicht geflogen war und ich starke Verbrennungen hatte.
Ich erlebte den emotionalen Schmerz eines grausam entstellten Jugendlichen mit der Agonie unstillbaren sexuellen Verlangens und der Pein wiederholter Zurückweisung wegen meiner abstoßenden Narben. Voller Verzweiflung beschloß ich, Mönch zu werden, und kam schließlich nach Pechorskaya Lavra. Im Laufe der Jahre waren meine Hände sehr krumm geworden – als Folge von Arthritis oder als hysterische Reaktion, geformt nach der Krankheit meiner geliebten Großmutter?
Die letzte Szene, an die ich mich aus dieser Sitzung erinnern kann, war mein eigener Tod, und irgendwie merkte ich, daß ich in einen Sarg an der Wand der Katakomben gelegt wurde. Meine verkrüppelten Hände konnten nicht im Gebet gefaltet werden, was ein erfolgreiches Ende des Klosterlebens angezeigt hätte, das für mich bis zum Tode ein bitterer Rückzug von dem sinnlicheren Leben bedeutete, nach dem ich mich gesehnt hatte.
Als die Sitzung sich dem Ende näherte, überwältigte mich eine Mischung aus Wut, Kummer und Selbstmitleid, und ich begann zu schluchzen. Dann wurde mir bewußt, daß Joan sanft meine Hände massierte. Ich spürte, wie sie sich langsam entspannten, nicht mehr so spastisch und entstellt waren. Schließlich nahm sie meine Hände in die ihren und fügte sie in der universellen Geste des Gebets zusammen. Sofort überkam mich ein Gefühl von Erlösung, als ob etwas tief in mir geheilt sei. Von diesem Augenblick an habe ich nie wieder den Konflikt zwischen Sinnlichkeit und Spiritualität erlebt, der mich so belastet hatte.

Menschen, die Episoden aus früheren Inkarnationen wiedererleben, heilen während dieses Prozesses oft emotionale und physische Symptome, unter denen sie in ihrem jetzigen Leben leiden. So habe ich beispielsweise chronische Depressionen, psychogenes Asthma, verschiedene Phobien, schwere Migräne, psychosomatische Schmerzen und ähnliche Symptome nach Erfahrungen von früheren Leben ganz verschwinden oder doch beträchtlich schwächer werden sehen. Wenn das alles gewesen wäre, hätte man diese Art von Heilung als das Ergebnis symbolischer, von der Psyche konstruierter Auflösungen erklären können. Aber diese Heilung umfaßt häufig noch eine andere Dimension von Realität, die ahnen läßt, daß hier mehr als nur symbolische Prozesse am Werke sind.

Bei meinem eigenen, oben beschriebenen Erlebnis einer früheren Inkarnation ging es um die Heilung eines inneren Konflikts, unter dem ich litt; sie betraf jedoch nur mich und nicht auch andere Menschen und hätte symbolisch sein können. Aber solche Erfahrungen schließen oft auch andere Leute ein, und die Heilungen können eine interessante Ebene von Synchronizität aufweisen. Ich habe zum Beispiel einmal mit jemandem gearbeitet, der in einer sehr schwierigen, langfristigen feindlichen Beziehung steckte. Bei einer Erfahrung mit einer früheren Inkarnation sah er, daß sein Gegner in einem lang zurückliegenden gemeinsamen Leben sein Mörder gewesen war. Kaum war mein Klient in die Vergangenheit zurückgegangen und hatte dieses Verbrechen vergeben, änderten sich sofort seine aktuellen Gefühle gegenüber diesem Menschen. Alte Animositäten und Ängste verblaßten, und er sah den anderen in einem ganz neuen Licht. Während dies geschah, machte sein einstiger Feind auf der anderen Seite des Globus gleichzeitig, aber unabhängig von ihm eine ähnliche persönliche Erfahrung, die eine Wandlung in dieselbe Richtung bewirkte. Beide hatten ungefähr zur gleichen Zeit etwas erlebt, das ihre Sichtweise grundlegend veränderte und ihre Beziehung, die so lange von Haß geprägt war, heilte. Obwohl die Vorfälle, die bei diesen beiden Menschen einen Wandel hervorriefen, damals anscheinend nichts miteinander zu tun hatten, bewirkten sie dennoch, daß sie wieder zusammenkamen.

Dieses Beispiel ist zwar außergewöhnlich, aber nicht untypisch für das, was bei unserer Arbeit geschehen kann. Immer wieder habe ich karmische Partner dramatische Veränderungen erleben sehen, die sie von der Vergangenheit befreiten und es ihnen möglich machten, alte Wunden zu heilen, unter denen sie schon viele, viele Jahren gelitten hatten. Diese Einstellungsänderungen treten oft wenige Minuten nacheinander bei Menschen auf, die Tausende von Kilometern auseinander sind und keine direkten Kommunikationsmöglichkeiten haben.

Haben wir schon einmal gelebt?

Meine bisherigen Beschreibungen von Erfahrungen mit früheren Leben bringen wichtige Fragen in Hinsicht auf jede ernsthafte Erörterung von Reinkarnation mit sich. Wir könnten uns fragen, ob die Existenz von karmischen Erfahrungen notwendigerweise bedeutet, daß wir schon einmal gelebt haben. Heißt das, daß wir vor diesem Leben schon eine ganze Reihe anderer hatten? Und wären wir damit in diesem Leben weiterhin für unsere Handlungen in früheren Leben verantwortlich? Wenn wir Antworten auf diese Fragen suchen wollen, könnte es sich als nützlich erweisen, nicht nur die Beweise zu untersuchen, die solche Vorstellungen unterstützen oder widerlegen, sondern auch einen Blick auf unsere eigenen historischen Glaubenssätze und Vorurteile zum Thema zu werfen. Allzuoft bestimmt das, was wir zu glauben gelehrt wurden, und nicht unsere eigene faire Prüfung objektiverer Beweise unser Urteil über Phänomene, die sich nicht direkt durch unsere physischen Sinne oder die Mathematik erklären lassen.

Wir müssen uns selbst ins Gedächtnis rufen, daß Reinkarnation und Karma die Eckpfeiler der wesentlichen Religionen Indiens sind, des Hinduismus, Buddhismus, Dschainismus, Sikhismus und des Zoroastrismus. Darüber hinaus sind sie ein integraler Bestandteil des tibetischen Vajrayana, des esoterischen Buddhismus Japans und etlicher buddhistischer Sekten in Südasien.

Im alten Griechenland vertraten verschiedene wichtige Denkschulen den Glauben an Reinkarnation; dazu gehörten die Pythagoräer, die Orphiker und die Platoniker. Diese selbe Doktrin übernahmen die Essener, die Pharisäer, die Karäer und andere jüdische und semijüdische Gruppierungen, sowie die Neoplatoniker und die Gnostiker. Auch in der kabbalistischen Theologie des Judentums im Mittelalter spielte sie eine wichtige Rolle. Ähnliche Vorstellungen finden sich bei historisch, geographisch und kulturell so unterschiedlichen Gruppen wie mehreren afrikanischen Stämmen, den jamaikanischen Rastafari, den amerikanischen Indianern, präkolumbianischen Kulturen, den polynesischen Kahunas, den Anhängern des brasilianischen Umbanda, den Galliern und den Druiden. In unserer modernen westlichen Gesellschaft glauben die Theosophen, die Anthroposophen und bestimmte Spiritualisten an Reinkarnation. Auf den ersten Blick mag es so aussehen, als ob die Vorstellung von Reinkarnation dem christlichen Glauben fremd oder sogar mit ihm unvereinbar ist. Das war jedoch nicht immer so; der Glaube an eine Wiedergeburt war Teil des frühen mystischen Christentums. Nach dem Heiligen Hieronymus, der im vierten und fünften Jahrhundert nach Christi lebte, hat das Thema Reinkarnation eine esoterische Interpretation erfahren, die nur der Kirchenelite zugänglich gewesen war.

Der berühmteste unter den christlichen Denkern, die über die Existenz von Seelen spekulierten, die zur Erde zurückkehrten, war Origines, einer der größten Kirchenväter aller Zeiten. Seine im dritten Jahrhundert geschriebenen Bücher (besonders sein Werk *De principiis*) wurden vom Zweiten Konzil von Konstantinopel, einberufen vom Kaiser Justinian im Jahre 553, verurteilt. Das Verdikt lautete: »Wer auf der ungeheuerlichen Behauptung der Präexistenz von Seelen beharrt und sich der monströsen Doktrin beugt, die daraus folgert, soll mit dem Bannfluch belegt werden!« Dieses Urteil trug sicherlich dazu bei, den Glauben an Reinkarnation als ketzerisch zu etablieren, aber Religionsforscher finden auch in den Schriften des Heiligen Augustinus, des Heiligen Gregorius und des Heiligen Franz von Assisi Spuren ähnlicher Gedanken.

In den letzten dreihundert Jahren wurden diese Negativhaltungen gegenüber Reinkarnation in der Kultur des Westens deutlich von der Newtonschen Wissenschaft gefördert. In der modernen industrialisierten Welt herrscht die Meinung vor, alle Formen von Spiritualität seien als irreführend und falsch abzulehnen. Die Welt scheint also in die geteilt, die fest an Reinkarnation glauben, in die, die neutral oder einfach desinteressiert sind, und in die, die sie ganz ablehnen.

Soviel sollten wir über unsere Glaubenssätze und Vorurteile zum Thema Reinkarnation im Auge behalten, wenn wir zu unserer ursprünglichen Frage zurückkehren. Gibt es irgendetwas, daß die moderne Bewußtseinsforschung zu diesem Problem beitragen kann? Der wichtigste Beitrag ist die Erkenntnis, daß es weder richtig noch nützlich ist, von Reinkarnation als von einem »Glauben«, das heißt von einer Meinung zu sprechen. Lassen Sie mich das erklären.

Die Lehre von der Reinkarnation ist nicht eine Frage des Glaubens, sondern ein ernsthaftes Bemühen, Begriffsformen für sehr konkrete und spezifische Erfahrungen und Beobachtungen zu schaffen, die mit früheren Leben zusammenhängen. Zwar ist die Existenz dieser Erfahrungen eine Tatsache, die jeder mit außergewöhnlichen Bewußtseinszuständen vertraute Forscher bestätigen kann, aber es gibt verschiedene Möglichkeiten, dieselben Daten zu interpretieren. Das ist nicht viel anders als bei anderen wissenschaftlichen Fragen. Schließlich ist die Theorie der Schwerkraft nicht dasselbe wie die Schwerkraft. Wir können uns weigern, Erfahrungen von früheren Leben ernstzunehmen, weil wir die Theorie der Reinkarnation nicht mögen, aber dieselbe Denkweise auf die Schwerkraft anzuwenden, hieße zu leugnen, daß Objekte fallen, weil wir die Theorien nicht mögen, die das erklären.

Fangen wir bei den beobachtbaren Tatsachen an. Wir wissen beispielsweise, daß lebendige Erfahrungen von früheren Leben in veränderten Bewußtseinszuständen ganz spontan auftreten. Sie erfordern keinerlei Programmierung oder frühere Kenntnisse über das Thema. In vielen Fällen enthalten diese Erfahrungen genaue Informationen über frühere Zeiten, die objektiv verifiziert werden können. In der therapeutischen Arbeit hat sich gezeigt, daß viele emotionale Störungen in früheren Leben und nicht im jetzigen wurzeln und daß die aus diesen Störungen resultierenden Symptome nachlassen oder verschwinden, wenn der Betroffene die ihnen zugrundeliegende Erfahrung aus früheren Inkarnationen wiedererleben kann. Auch die mit diesen Erfahrungen einhergehende Synchronizität legt nahe, daß diese Phänomene ernsthafte Aufmerksamkeit verdienen. Ian Stevensons Untersuchungen an Kindern, die angaben, sich an Vorfälle in früheren Leben erinnern zu können, liefern weitere überzeugende Beweise für die Bedeutung dieses Gebietes. Der Glaube, daß das individuelle Bewußtsein den Tod des physischen Körpers überlebt, bildet eine Erklärungsmöglichkeit für diese Beobachtungen. Aber es wäre ein Fehler, das mit einem endgültigen »Beweis« zu verwechseln. Wir müssen bedenken, daß die Wissenschaft nie etwas »beweist«; sie »widerlegt« oder »verbessert« bestehende Theorien. Die Geschichte der Wissenschaft selbst lehrt uns, daß keine einzelne Theorie alle Aspekte eines Phänomens erklärt, und daß es immer mehr als eine Theorie gibt, die behauptet, die beobachtbaren Tatsachen einordnen zu können. Es sollte daher möglich sein, Erfahrungen von früheren Leben anzuerkennen und alternative Erklärungen zu finden, die nicht die Theorie einschließen, die Seele würde den Tod überleben oder das individuelle Bewußtsein weise von einem Leben zum nächsten Kontinuität auf.

Und tatsächlich liefern uns die spirituellen Schriften mindestens zwei alternative Erklärungen. In der hinduistischen mystischen Tradition etwa wird der wörtliche Glaube an Reinkarnation als eine minderwertige Interpretation von Karma gedeutet. Diese Theorie sagt, alle Abgrenzungen und Unterteilungen im Universum seien willkürlich. In der letzten Analyse existiert nur das kreative Prinzip des kosmischen Bewußtseins. Dies jedoch inkarniert sich, nimmt physische Formen an. Aus dieser Sicht ist das gesamte Universum ein göttliches Spiel (*lila*) des einen Höchsten Wesens (*Brahman*). Jeder, der dieses Konzept begreift, wird sehen, daß karmische Erscheinungen nur eine weitere Ebene von Illusion sind.

Eine andere Erklärung lautet, es handele sich bei dem, was da inkarniere, um das gesamte menschliche Bewußtsein. Dieses Feld, das auch Überseele genannt werden kann, schließt alles menschliche Leben ein; es erstreckt sich über den ganzen Planeten und alle Zeit; es nimmt individuelle Identitäten an, um sich selbst kennenzulernen und zu erforschen. Nach dem Tod eines Individuums kehren die unangepaßten Teile jener Lebenserfahrung zur Überseele zurück, wo sie Bausteine für zukünftige Inkarnationen werden. Wie das Bild der vielkammerigen Perlboote (*Nautilus pompilius*, Gattung der Kopffüßler) verkörpert die Theorie der Überseele die Konzepte von Trennung und Beständigkeit in einer Weise, die beide transzendiert.

Außersinnliche Wahrnehmung und Parapsychologie

Das Interesse an transpersonalen Phänomenen ist in der westlichen Wissenschaft weder neu noch auf den Bereich der Psychologie beschränkt. Die Parapsychologie, zugegebenermaßen eine hoch kontroverse Disziplin unter den respektierteren Wissenschaftsfeldern, untersucht seit vielen Jahrzehnten Möglichkeiten, ohne die Hilfe unserer Sinnesorgane Zugang zu Informationen zu erlangen. Erforscht worden sind verschiedene Formen von außersinnlicher Wahrnehmung (ASW), das heißt der Fähigkeit, räumliche Grenzen, Entfernungen und Begrenzungen der linearen Zeit zu transzendieren. Wir hätten auch sie zu einem Teil unserer bisherigen Erörterungen machen können, aber ich ziehe es vor, sie wegen des besonderen Interesses seitens der Parapsychologen in einem gesonderten Abschnitt zu beschreiben.

Zu den durch die Transzendenz von räumlichen Grenzen gekennzeichneten ASW-Phänomenen gehören außerkörperliche Erfahrungen, die Fähigkeit entfernte Ereignisse zu erleben und Telepathie. Zu den durch die Transzendenz von Zeitgrenzen charakterisierten ASW-Phänomenen gehören Präkognition (Wissen um Ereignisse, die erst stattfinden werden), Hellsehen (vergangene und zukünftige Ereignisse sehen) und Psychometrie (außersinnlicher Zugang zur Geschichte von Objekten).

Die Erfahrungen, in denen sich das Bewußtsein vom Körper löst, oder außerkörperliche Erfahrungen können in vielfältigen Formen und unterschiedlicher Intensität auftreten. Sie können als isolierte Episoden irgendwann im Leben erscheinen oder als gebündelte oder

aufeinander folgende Geschehnisse auftreten und Teil des Prozesses einer transpersonalen Krise oder Öffnung für das Übersinnliche sein.
Diese Art von Erfahrung kann viele verschiedene Auslöser haben, etwa lebensgefährliche Notfälle, Nahtoderfahrungen, vorübergehender klinischer Tod, Sitzungen in tiefer Erfahrungstherapie, psychospirituelle Krisen und die Einnahme von bestimmten psychoaktiven Substanzen. Einige der bemerkenswertesten Erlebnisse dieser Art werden im *Tibetanischen Totenbuch* beschrieben. Die Wissenschaftler nehmen diese alten Darstellungen erst ernst, seit die moderne Forschung auf dem Gebiet der experimentellen Psychiatrie und die Thanatologie ihre Authentizität bestätigen.
Wir können erleben, daß unser Bewußtsein unseren Körper verläßt, sich von ihm löst und dann auf den Körper zurückschaut; in ausgeprägterer Form können wir unseren Körper zurücklassen und an weit entfernte Orte fliegen.
Ich selbst habe vor vielen Jahren, bald nach meiner Ankunft in den Vereinigten Staaten, als Teil eines Ausbildungsprogramms für Fachleute auf dem Gebiet der geistigen Gesundheit unter fachlicher Aufsicht eine LSD-Erfahrung gemacht, bei der ich plötzlich eine merkwürdige Mischung aus Heiterkeit und Seligkeit verspürte. Ich hatte das Gefühl, eine erstaunliche Welt betreten zu haben, wie etwa die der frühen Christen, in der Wunder möglich, akzeptabel und verständlich waren. Da begann ich, über die Probleme von Raum und Zeit und die unauflösbaren Widersprüche von Endlosigkeit und Ewigkeit nachzudenken, die unseren Verstand in normalen Bewußtseinszuständen so verblüffen. Ich konnte nicht verstehen, wie ich mich einer Gehirnwäsche hatte beugen können, nach der die eindimensionale Zeit und der dreidimensionale Raum zwingend und objektiv wirklich schienen. In dem Zustand, in dem ich mich befand, schien es mir völlig offensichtlich, daß es im Reich des Geistes keine solchen Begrenzungen gibt, da Raum und Zeit nur mentale Konstrukte sind.
Im transpersonalen Reich des Bewußtseins lassen sich beliebig viele Zeiten und Räume schaffen und erleben. In dieser Welt konnte eine Sekunde ebensoviel sein wie eine Ewigkeit. In dieser Situation

kam mir der Gedanke, daß ich nicht an die Begrenzungen von Raum und Zeit gebunden sein mußte. Ich konnte ohne Einschränkungen im Raum-Zeit-Kontinuum reisen. Davon war ich so fest überzeugt, daß ich versuchen wollte, auf diese Weise nach Prag zu reisen, in meine viele Tausende von Kilometern entfernte Geburtsstadt. Ich setzte mich in Bewegung und hatte das Empfinden mit rasender Geschwindigkeit durch den Raum zu fliegen. Aber zu meiner großen Enttäuschung und ganz gegen meine Erwartungen gelangte ich nirgendwohin.

Mir wurde augenblicklich klar, daß ich noch immer unter dem Einfluß meiner alten Konzepte von Raum und Zeit stand und daher in Begriffen wie Richtung und Entfernung dachte. So kam mir der Gedanke, der richtige Ansatz wäre vermutlich der, mich selbst glauben zu machen, der Ort der Sitzung sei mit meinem Zielort identisch. Als ich mich auf diese Weise meiner Aufgabe näherte, überkamen mich einige recht bizarre Empfindungen. Ich fand mich an einem merkwürdigen, ziemlich überfüllten Platz voller Vakuumröhren, Drähte, elektrischer Widerstände und Kondensatoren wieder. Nach einem kurzen Moment der Verwirrung erkannte ich, daß ich in einem Fernseher in einer Wohnung in Prag gefangen war, in der ich meine Kindheit verbracht hatte. Irgendwie versuchte ich, die Lautsprecher des Apparates zum Hören und die Röhre zum Sehen zu benutzen. Mir wurde deutlich, daß ich vor dem letzten begrifflichen Hindernis stand, da das Mittel, mit dem ich die Illusion der Distanz überwand, der modernen Elektronik entsprang.

Sobald ich akzeptierte, daß das Bewußtsein keine Grenzen kennt, brach ich aus dem Fernseher aus und wanderte in der Wohnung meiner Eltern herum. Diese Erfahrung war ebenso nüchtern und wirklich wie irgendetwas anderes in meinem Leben. Ich ging zum Fenster und sah auf die Uhr an der Straßenecke. Sie zeigte sechs Stunden Zeitunterschied zu dem Ort an, den ich in den USA verlassen hatte. Trotz der Tatsache, daß dies der tatsächlichen Differenz zwischen den beiden Zeitzonen entsprach, schien es mir kein überzeugender Beweis zu sein. Ich wußte schließlich um den Zeitunterschied, und mein Gehirn hätte diese Erfahrung leicht selbst fabriziert haben können.

Ich wollte noch genauer wissen, ob das, was ich erlebte, im üblichen Sinne »objektiv wirklich« war. Schließlich beschloß ich, einen Test zu machen. Ich würde ein Bild von der Wand nehmen und meine Eltern später fragen, ob sie irgendetwas Ungewöhnliches in der Wohnung bemerkt hätten. Ich griff nach dem Bild, wurde aber von dem unangenehmen Gefühl gebremst, das könne ein gefährliches Unterfangen sein. Die Atmosphäre war unheimlich und erinnerte an böse Kräfte und schwarze Magie. Es fühlte sich so an, als würde ich mit meiner eigenen Seele Glücksspiele treiben. Ich hielt sofort inne, um über die Konsequenzen meiner Handlungen nachzudenken.
Vor meinem inneren Auge tanzten die Bilder von weltberühmten Spielbanken. Ich sah Roulettekugeln, die in atemberaubender Geschwindigkeit kreisten, die mechanischen Bewegungen von Spielautomaten, Würfel, die auf den Spieltischen klickten, Szenen von Spielern an Bakkarat-Tischen und die flackernden Lichter von Wett-Tafeln. Dem folgten Bilder von Lauschangriffen bei Geheimtreffen von Politikern, Militärs und Wissenschaftlern. Ich erkannte, daß ich meinen Egozentrismus noch nicht überwunden hatte und der Versuchung nicht würde widerstehen können, meine übersinnlichen Kräfte für selbstsüchtige Bedürfnisse einzusetzen. Wenn ich tatsächlich die Kontrolle über Raum und Zeit hätte, könnte ich mir dadurch, daß ich die Ergebnisse von Spielen und Rennen im Voraus wüßte, unbegrenzte Geldmengen verschaffen. Es gäbe keine Geheimnisse mehr. Ich könnte bei Gipfelgesprächen mithören und Zugang zu den allerexklusivsten wissenschaftlichen und militärischen Informationen haben. Das würde ungeahnte Möglichkeiten eröffnen, den Lauf der Geschichte in der Welt zu kontrollieren.
Ich begann zu verstehen, welche Gefahren mein Experiment in sich barg. Verschiedene Bücher fielen mir ein, die davor warnten, mit diesen Kräften herumzuspielen, bevor man die selbstsüchtigen Triebe des eigenen Ego überwunden hatte. Ich stellte fest, daß ich dem geplanten Test meiner augenscheinlichen Kräfte sehr ambivalent gegenüberstand. Wenn ich bestätigen könnte, daß es über eine Entfernung von mehreren tausend Kilometern möglich ist, die physische Umgebung zu manipulieren, würde mein ganzes Universum

auseinanderfallen, und ich würde mich im Zustand äußerster metaphysischer Verwirrung befinden. Die Welt, die ich kannte, würde nicht mehr existieren.

Letzten Endes konnte ich mich selbst nicht dazu durchringen, das Experiment durchzuziehen. Das ermöglichte es mir, weiter mit der Vorstellung zu liebäugeln, ich hätte bei dieser Sitzung Raum und Zeit überwunden. In dem Augenblick, in dem ich aufgab, war ich wieder zurück in den Staaten in dem Zimmer, in dem alles begonnen hatte.

Bis heute gibt es immer wieder einmal Momente, in denen ich zutiefst bedauere, daß ich eine so einzigartige Gelegenheit, meine Fähigkeit, Raum und Zeit zu manipulieren, habe verstreichen lassen. Die Erinnerung an das damit verbundene metaphysische Grauen läßt mich jedoch daran zweifeln, daß ich mich anders entscheiden würde, wenn sich die Gelegenheit noch einmal böte. Glücklicherweise kann man die Authentizität von außerkörperlichen Erfahrungen auch anders überprüfen. Dieses faszinierende Gebiet ist in den letzten zwei Jahrzehnten systematisch von einer jungen Wissenschaftsdisziplin erforscht worden, die »Thanatologie« heißt. Sie beschäftigt sich gezielt mit Erfahrungen, die mit dem Sterben und dem Tod zusammenhängen.

Raymond Moody, Kenneth Ring, Michael Sabom, Elisabeth Kübler-Ross und andere hoch angesehene Forscher haben wiederholt festgestellt, daß Menschen in Nahtodsituationen außerkörperliche Erfahrungen machen können, bei denen sie Zeugen von Ereignissen in anderen Zimmern oder sogar fernen Orten sind. Diese Berichte sind durch unabhängige Beobachter objektiv verifiziert worden. Eine noch größere Herausforderung für die Newtonsche Wissenschaft bildet eine andere Entdeckung dieses Forschungsgebietes: Klinisch blinde Menschen, die außerkörperliche Erfahrungen machen, können visuelle Beschreibungen von bestimmten Szenen abgeben und verlieren diese Fähigkeit wieder, wenn sie sich von der Krankheit oder dem Trauma erholt haben, das die Nahtodeserfahrung ausgelöst hatte. Unsere eigenen Beobachtungen bestätigen Passagen aus dem *Tibetanischen Totenbuch*, in denen es heißt, wir nähmen gleich nach dem Tode den »Bardo-Körper« an, der die

üblichen Begrenzungen von Raum und Zeit transzendieren und recht frei auf der Erde herumreisen kann.
In der Zeit, in der ich mich aktiv der thanatologischen Arbeit widmete, habe ich ein Krankenhaus in Miami besucht. Einer der Ärzte dort hatte gerade die ungewöhnliche Nahtodeserfahrung einer kubanischen Einwanderin verifiziert. Während ihres Herzstillstandes hatte sie eine außerkörperliche Erfahrung, bei der sie sich plötzlich in einem Haus in Kuba wiederfand, in dem sie einmal gelebt, das sie aber seit vielen Jahren nicht mehr gesehen hatte. Von dem Herzanfall erholte sie sich gut, aber das, was sie während der außerkörperlichen Erfahrung gesehen hatte, beunruhigte sie sehr. Sie berichtete, daß die Leute, die nun in dem Haus wohnten, einige Änderungen vorgenommen hätten, die ihr überhaupt nicht gefielen. Sie hätten alles umgestellt, einige Möbelstücke ausgetauscht und den Zaun in einem Grünton gestrichen, den sie ekelhaft fand. Der betreuende Arzt hatte das überprüfen können und festgestellt, daß sie die in ihrer Abwesenheit am Haus erfolgten Änderungen korrekt wiedergegeben hatte – einschließlich der Tatsache, daß der Zaun nun einen sehr ungewöhnlichen Grünton hatte.
Unsere Fähigkeit, unseren leiblichen Körper zu verlassen und an andere Orte zu reisen, ist bei kontrollierten Laboruntersuchungen auch von Forschern mit gutem wissenschaftlichen Ruf nachgewiesen worden. Zu ihnen gehören Charles Tart von der University of California in Davis und Russell Targ und Harold Puthoff vom Stanford Research Institute.
Bei Russell Targs Untersuchungen zum »Fern-Sehen« wird so vorgegangen: Der »Seher« bleibt in einer sorgfältig kontrollierten Laborumgebung, eine zweite Versuchsperson wird irgendwo draußen als »Leuchtturm« plaziert, an einem dem Seher unbekannten Ort, den ein Computer aussucht. Der Leuchtturm erfährt, welche Position der Computer für ihn ausgewählt hat und begibt sich dorthin. Wenn er angekommen ist, wird der Seher gebeten zu beschreiben, was der Leuchtturm sieht. Die Entfernung zwischen den beiden Versuchspersonen scheint keine wesentlichen Auswirkungen auf die Fähigkeit des Sehers zu haben, den Ort genau zu beschreiben; sie kann einige wenige Straßen oder viele tausend Meilen betragen.

Ein sowjetischer Übersinnlicher konnte bei mehreren erfolgreichen Versuchen nicht nur die genaue Position von Targs Mitarbeiter Keith Harary beschreiben, sondern auch das, was Harary an der nächsten vom Computer ausgewählten Stelle sehen würde – noch bevor der Leuchtturm selbst dort war oder wußte, was er sehen würde!

Die frühe Forschung auf dem Gebiet des Fern-Sehens beschäftigte sich mit Männern und Frauen, die wegen ihrer übersinnlichen Fähigkeiten ausgewählt worden waren, aber man fand bald heraus, daß buchstäblich jeder so geschult werden kann, daß er diese Aufgabe bewältigt. Die meisten Forscher wurden davon überzeugt, daß Fern-Sehen und andere telepathische Fähigkeiten durchaus normale menschliche Möglichkeiten sind. Viele Leute berichteten nach ihren Erfahrungen mit Fern-Sehen, daß es bei der Entwicklung dieser Fertigkeit weniger um neues Lernen als darum geht, negative Konditionierungen zu »verlernen«, die einen glauben machen, diese Fähigkeiten seien »unwirklich«.

Gute Hellseher haben auch ohne visuelle oder verbale Hinweise Zugang zur Vergangenheit ihrer Klienten oder der Geschichte eines physischen Objektes. Ich selbst habe wiederholt erlebt, wie Anne Armstrong und Jack Schwarz komplexe und detaillierte Informationen abrufen konnten. Die Fähigkeit, auf diese Weise Wissen anzapfen zu können, legt nahe, daß Erinnerung unabhängig vom leiblichen Körper existiert und zwar in einer so zwingenden Form, daß sie von anderen menschlichen Fähigkeiten als den fünf Sinnen erkannt werden kann. Statt sich wie ein Eisenbahngleis als schmale Spur in zwei Richtungen (Vergangenheit und Zukunft) in die Ferne zu erstrecken, könnte Zeit auch mehr so etwas wie ein endloser Ozean sein, dessen jeder Tropfen uns sofort unabhängig davon, wo wir uns befinden, zugänglich ist.

Mir als Bewußtseinsforscher ist völlig klar, daß unsere Erfahrungen von außergewöhnlicher Wahrnehmung mit tiefer metaphysischer Angst, so wie ich sie erlebte, als ich mich durch Zeit und Raum in die Wohnung meiner Eltern projizierte, einhergehen können. Diese Angst beruht auf der Tatsache, daß solche Erfahrungen grundsätzliche Glaubenssätze über die Natur der Wirklichkeit in Frage stellen und untergraben. Wenn diese Grundannahmen, die unser tägliches Handeln bestimmen, bedroht werden, ist es meist sehr viel leichter, die Existenz dieser Wahrnehmung zu leugnen, als dem zu vertrauen, was wir erlebt haben und es anzunehmen. Wenn wir uns also entscheiden müssen, ob wir eine neue Weltsicht annehmen oder unsere Ängste beschwichtigen wollen, wählen wir oft letzteres.

In eine mythologische Welt jenseits von Raum und Zeit

In diesem und dem vorhergehenden Kapitel haben wir uns damit beschäftigt, wie das transpersonale Bewußtsein uns Erlebnisse untersuchen läßt, die die Grenzen von Raum und Zeit transzendieren. Selbst in diesem Erfahrungsbereich sind jedoch die Leute, die wir sehen, und die Ereignisse, auf die wir treffen, »wirklichen« Menschen oder Geschehnissen ähnlich, auch wenn sie auf ganz andere Arten wahrgenommen werden, als wir sie aus unserem Alltagsleben kennen. Das transpersonale Bewußtsein ermöglicht es uns, noch darüber hinaus zu gehen. Wir können dabei auch Wesenheiten, Situationen und Orten begegnen, die wenig oder gar keine Ähnlichkeit mit den Wirklichkeiten haben, in denen wir uns sonst bewegen. Hier verlassen wir die vertrauteren Erfahrungen und betreten die Welt, die die Schamanen und die Seher kennen, die Welt der Götter, der Dämonen und der übermenschlichen Wesen aus Mythen und Märchen.

9. Jenseits einer gemeinsamen Wirklichkeit

Mythen entstammen keinem Begriffssystem; sie entstammen einem Lebenssystem; sie entstammen einem tieferen Zentrum. Wir dürfen Mythologie nicht mit Ideologie verwechseln. Mythen kommen von dort, wo das Herz ist und wo die Erfahrung ist, auch wenn sich der Verstand wundern mag, warum Menschen so etwas glauben. Der Mythos zeigt nicht auf Fakten; er verweist über die Fakten hinaus auf etwas, das die Fakten informiert.

Joseph Campbell, *An Open Life: In Conversation with Michael Toms*

Es gibt eine große Kategorie von transpersonalen Erfahrungen, die über das Raum/Zeit-Kontinuum und die Realität hinausgeht, die wir in unserem Alltag erfahren. In ihr erleben wir die Welt des Mythos, der Erscheinungen und der Kommunikation mit Toten sowie die Fähigkeit, Auren, Chakras und andere subtile Energien zu sehen, die auch durch moderne wissenschaftliche Methoden nicht zu erkennen oder zu verifizieren sind. Hier können wir auch geistigen Führern, »Krafttieren« und verschiedenen über- oder untermenschlichen Wesenheiten begegnen oder auf phantastische Reisen in andere Universen gehen.

Der verstorbene Aldous Huxley hat darauf hingewiesen, daß die ungewöhnliche Welt, der wir hier begegnen, nicht zu schnell als rein mentale Gebilde ohne besonderen Sinn abgetan werden sollten. Er sagte:

Gleich der Giraffe und dem Schnabeltier sind die Wesen, die die entlegenen Zonen der Psyche bewohnen, äußerst unvorstellbar. Dennoch gibt es sie, sie sind wahrnehmbare Realitäten, und als solche können sie von niemandem unbeachtet gelassen werden, der ehrlich versucht, die Welt, in der wir leben, zu verstehen.[30]

In diesem Kapitel werden wir uns ausführlich den entlegeneren Regionen des Bewußtseins widmen. Dazu verwenden wir Beschreibungen von Erfahrungssitzungen von ganz unterschiedlichen Menschen. Beginnen wir mit einem der kontroversesten Gebiete dieses Reiches – mit der Kommunikation mit Toten.

Spiritistische und mediale Erfahrungen

Zu dieser Kategorie zählen wir spiritistische Seancen, das Erforschen der Möglichkeit, daß das Bewußtsein nach dem Tode überlebt, telepathische Kommunikation mit verstorbenen Verwandten und Freunden, Kontakte mit körperlosen Wesenheiten und Erfahrungen im Astralreich. In der einfachsten Form sehen Leute Erscheinungen von Verstorbenen und erhalten Botschaften von ihnen. So sah zum Beispiel eine Frau ihren Mann in seinem Lieblingssessel im Wohnzimmer sitzen – einen Tag nach seinem Tod. Er begrüßte sie und fragte, wie es ihr ginge. Sie meinte, sie sei so weit in Ordnung. Dann erzählte er ihr von einigen Schriftstücken, die sie brauchen würde, um seine Angelegenheiten abzuwickeln, und sagte ihr, wo sie sie finden würde. Sie hatte nicht gewußt, wo sie sich befanden, und seine Informationen erwiesen sich als sehr nützlich, weil sie ihr viel Sucherei ersparten. Berichte über diese Art von Erlebnissen gibt es von Patienten in der Erfahrungstherapie, von Teilnehmern an psychedelischen Sitzungen, aus der Arbeit von übersinnlich Begabten und von Menschen, die Nahtoderfahrungen gemacht haben.

Bei einer komplexeren Form derartiger Erfahrungen geht ein Medium in tiefe Trance und erfährt im Laufe des Ereignisses groteske Veränderungen an seiner oder ihrer körperlichen Erscheinung. Die Haltung, die Gesten und der Gesichtsausdruck des Mediums können vollkommen fremd erscheinen, und die Stimme kann Veränderungen in der Betonung, im Akzent, im Klang und im Stimmfall aufweisen. Ich habe selbst miterlebt, wie Menschen in solchen Zuständen sich in Sprachen äußerten, die sie nicht kannten und von denen sie sich nicht erinnern konnten, sie in ihrem normalen, trancefreien Zustand je gehört oder gesprochen zu haben. Ich habe schon Leute in Zungen reden hören, sie automatisch Texte niederschreiben, kunstvolle Bilder malen oder undeutbare hieroglyphische Zeichen entwerfen sehen. Bestechende Beispiele hierfür finden sich in der Spiritistischen Kirche auf den Philippinen und in Brasilien, die von den Lehren von Allen Kardec inspiriert wurde.

Der brasilianische Psychologe und Übersinnliche Luiz Antonio Gasparetto, der dieser Kirche sehr nahe steht, kann in leichter Trance im Stil verschiedenster Maler der unterschiedlichsten Länder auf aller Welt arbeiten. Vor einigen Jahren hatte ich anläßlich eines einmonatigen Seminars in Esalen die Möglichkeit, ihn genauer zu beobachten. Ebenso wie seine Fähigkeit, Gemälde zu produzieren, die das Wesen einfingen, das die großen Künstler ausmachte, hat mich die enorme Geschwindigkeit beeindruckt, mit der er arbeitete, wenn er die toten Meister »channelte«. In den Zeiten, in denen er arbeitete, schaffte er bis zu fünfundzwanzig Leinwände in der Stunde.

Gasparetto kann in völliger Dunkelheit oder bei Rotlicht arbeiten, bei dem es vollkommen unmöglich ist, Farben richtig zu unterscheiden. Ich habe ihm oft dabei zugeschaut, wie er zwei Gemälde gleichzeitig anfertigte, mit jeder Hand eines. Gelegentlich malte er mit den Füßen unter dem Tisch, wobei das Werk seiner eigenen Sicht verborgen war. Dennoch entstanden ästhetisch angenehme Gemälde mit all der Subtilität der Farben und Formen und der Kompositionskunst der verstorbenen Meister.

Wenn jede Kommunikation mit körperlosen Wesenheiten nur Visionen und ein vages, subjektives Gefühl von Interaktion mit ihnen beinhalten würde, könnten wir diese Erfahrungen leicht als Produkte der Phantasie, Einbildungen oder Wunschdenken abtun. Aber so einfach ist die Sache oft nicht. Häufig vermittelt das »körperlose Wesen« Informationen, die sich später verifizieren lassen. Typisch dafür ist das folgende Beispiel aus den Aufzeichnungen über die Therapiesitzung eines jungen depressiven Patienten, über den ich bereits im achten Kapitel berichtet habe: Richard.

Richard machte die Erfahrung, in einem Raum zu sein, der die Eigenschaften des Astralreiches aufwies. Dieses Reich hatte eine unheimliche Ausstrahlung und war von körperlosen Wesen bevölkert, die sich äußerst intensiv darum bemühten, mit Richard in Kommunikation zu treten. Er konnte sie weder hören noch sehen, spürte aber ihre nahezu greifbare Gegenwart und erhielt von ihnen telepathische Botschaften. Eine von ihnen war so konkret, daß ich beschloß, sie niederzuschreiben.

Es handelte sich um die Bitte an Richard, sich mit einem Ehepaar in der Stadt Kromeríz in Mähren in Verbindung zu setzen und sie wissen zu lassen, daß es ihrem Sohn Ladislav gut ginge und daß man gut für ihn sorge. Die Botschaft enthielt den Namen des Ehepaares, die genaue Adresse und die Telefonnummer. Alle diese Daten konnten weder mir noch dem Patienten bekannt gewesen sein. Diese Erfahrung war höchst rätselhaft. Sie nahm sich wie ein Fremdkörper in Richards sonstigem Erleben aus und hatte keinerlei Bezug zu seinen Problemen und der übrigen Behandlung. Er schien überhaupt keine Verbindung zwischen der Kommunikation mit den Wesenheiten und irgendetwas in seinem sonstigen Leben finden zu können.

Nach einigem Zögern und mit gemischten Gefühlen beschloß ich, das zu tun, was mich zur Zielscheibe des Spotts meiner Kollegen hätte werden lassen, wenn sie es herausgefunden hätten. Ich ging zum Telefon, wählte die Nummer in Kromeríz und fragte, ob ich mit Ladislav sprechen könnte. Zu meinem Erstaunen fing die Frau am anderen Ende der Leitung zu weinen an. Als sie sich beruhigt hatte, sagte sie mit gebrochener Stimme »Unser Sohn ist nicht mehr bei uns. Er starb vor drei Wochen.«[31]

Das zweite Beispiel betrifft einen engen Freund und früheren Kollegen von mir, Walter N. Pahnke. Im Sommer 1971 fuhr Walter mit seiner Frau Eva und den Kindern im Urlaub in ein unmittelbar am Meer gelegenes Häuschen nach Maine. Eines Tage schwamm er allein zum Tauchen ins Meer hinaus und kehrte von dort nicht mehr zurück. Trotz intensiver und wohlorganisierter Suche konnten weder sein Körper noch irgendein Teil seiner Taucherausrüstung gefunden werden. Unter diesen Umständen fiel es Eva schwer, seinen Tod zu akzeptieren und zu verarbeiten. Ihre letzte Erinnerung an Walter war die, daß er voller Energie und bei bester Gesundheit aus dem Haus ging. Sie konnte einfach nicht glauben, daß er nicht mehr Teil ihres Lebens war, und war nicht in der Lage, sich dazu aufzuraffen, einen neuen Abschnitt zu beginnen.

Da sie Psychologin war, besaß sie die notwendige Qualifikation, um an einem LSD-Training für Angehörige sozialer Berufe, das im Rahmen eines speziellen Programms an unserem Institut angeboten wurde, teilzunehmen. In der Hoffnung, mehr Erkenntnisse zu gewinnen, entschloß sie sich für eine psychedelische Erfahrung und bat mich, ihr dabei Beistand zu leisten. In der zweiten Hälfte der Sitzung hatte sie eine sehr lebhafte Vision von Walter und führte ein langes telepathisches Gespräch mit ihm. Er gab ihr spezielle Instruktionen in bezug auf jedes ihrer drei Kinder und forderte sie auf, ein neues eigenes Leben zu beginnen, das nicht durch die Erinnerung an ihn belastet und eingeschränkt war. Es war eine sehr tiefgehende und befreiende Erfahrung.

Gerade als Eva anfing, sich zu fragen, ob die ganze Episode nicht lediglich eine Wunschphantasie war, erschien ihr Walter kurz noch einmal, und zwar mit der folgenden Bitte: »Ich habe noch etwas vergessen. Würdest du mir einen Gefallen tun und ein Buch zurückgeben, das ich von einem Freund geliehen habe. Es ist in meinem Arbeitszimmer in der Mansarde.« Er nannte ihr noch den Namen des Freundes sowie den Titel des Buches und beschrieb ihr, auf welchem Bücherbrett an welcher Stelle es zu finden war. Nach der Sitzung war Eva mit Hilfe seiner Anweisungen tatsächlich in der Lage, das Buch zu finden und es zurückzugeben, obwohl sie vorher nichts von dessen Existenz gewußt hatte.[32]

Durch ihre Arbeit im transpersonalen Bewußtseinszustand konnte Eva den Tod ihres Mannes innerlich in einer Weise abschließen, die selbst viele Monate der Therapie im biographischen Reich vielleicht nur teilweise ermöglicht hätten.

Als ich später darüber nachdachte, schien es genau zu Walter zu passen, daß er Eva gleich die Gelegenheit mitlieferte, ihre Erfahrungen zu verifizieren. Er war ein enger Freund von Eileen Garrett gewesen, einer berühmten Übersinnlichen und Vorsitzenden der American Parapsychological Association. Walter hatte vor ihrem Tod mit ihr über die Möglichkeit gesprochen, nach ihrem Tod ein Experiment durchzuführen, daß die Existenz des Jenseits beweisen würde.

Einer der Teilnehmer an unserem dreijährigen Training für Fachleute hatte bei Sitzungen seiner Kollegen in Holotroper Atemarbeit® eine Vielzahl von transpersonalen Erfahrungen bezeugt und auch selbst einige erlebt. Er war jedoch weiterhin sehr skeptisch gegenüber der Authentizität dieser Phänomene und fragte sich immer wieder, ob sie besondere Aufmerksamkeit verdient hätten. Bei einer seiner eigenen holotropen Sitzungen erlebte er dann eine ungewöhnliche Synchronizität, die ihn davon überzeugte, daß sein Bild vom menschlichen Bewußtsein zu konservativ gewesen war. Bei dieser Sitzung traf er seine Großmutter, die schon seit vielen Jahren verstorben war. Er hatte ihr als Kind sehr nahegestanden und war von der Vorstellung, daß er wirklich wieder mit ihr kommunizieren könnte, tief bewegt. Trotz seines tiefen emotionalen Engagements bei dieser Erfahrung bewahrte dieser Mann eine professionell skeptische Haltung gegenüber dieser Begegnung. Er wußte, daß er zu ihren Lebzeiten viele wirkliche Interaktionen mit ihr gehabt hatte und folgte der Theorie, daß er aus den alten Erinnerungen leicht eine große Zahl imaginärer Begegnungen kreiert haben konnte.

Aber dies Erlebnis war emotional so profund und überzeugend, daß er es einfach nicht als Wunschdenken abtun konnte. Also beschloß er, Beweise dafür zu suchen, daß es wirklich war und nicht nur ein Produkt seiner Phantasie. Er bat seine tote Großmutter um irgendeine Form von Bestätigung und erhielt folgende Botschaft: »Geh zu Tante Anna und schau nach abgeschnittenen Rosen.« Noch immer skeptisch entschloß er sich, am nächsten Wochenende zum Haus seiner Tante zu fahren. Als er ankam, war sie im Garten, umgeben von abgeschnittenen Rosen. Er war überrascht. Der Tag seines Besuches war genau der eine Tag im Jahr, an dem die Tante sich vorgenommen hatte, ihre Rosenbüsche radikal zurückzuschneiden.[33]

Erfahrungen dieser Art sind zwar weit davon entfernt, definitive Beweise für die Existenz von astralen Reichen und körperlosen

Wesen zu liefern, aber sie legen eindeutig nahe, daß dieses faszinierende Gebiet die ernsthafte Aufmerksamkeit der Bewußtseinsforscher verdient.

Energetische Phänomene des feinstofflichen Körpers

In außergewöhnlichen Bewußtseinszuständen vermag man Energiefelder zu sehen und zu erfahren, die von den mystischen Traditionen des Ostens beschrieben, von der Wissenschaft des Westens aber noch nicht verifiziert worden sind. Ich spreche hier von »Auren«, »feinstofflichen Körpern«, »Akupunktur-Meridianen«, »Nadis«, »Chakras« und ähnlichem. Wenn man über diese Energiefelder nachdenkt, sollte man im Auge behalten, daß solche Erfahrungen selbst in den Traditionen, aus denen sich diese Begriffe entwickelten, immer mit der feinstofflichen und nicht mit der groben, physischen Welt assoziiert wurden.

So war es vor vielen Jahren eine große Überraschung für mich, daß Menschen des westlichen Kulturkreises – auch solche, denen diese Lehren völlig fremd waren – mit großer Detailgenauigkeit vom Erleben solcher Phänomene berichteten. Manche sahen um andere Leute herum verschiedenfarbige Energiefelder, die den Beschreibungen der Auren in traditionellen esoterischen Aufzeichnungen entsprachen. Andere erlebten in ihrem Körper einen Energiefluß entlang Leitungen, die genau mit den Diagrammen der Nadis und Chakras der alten indischen Tantra-Schriften oder den Akupunktur-Meridianen der überlieferten chinesischen Medizin übereinstimmten.

Die Fähigkeit, Auren zu sehen und durch sie eine allgemeine Diagnose der gesundheitlichen Verfassung abzugeben, wird seit Tausenden von Jahren trainiert. Und die Arbeit mit den feinstofflichen Energien des menschlichen Körpers gehört zu den alten Traditionen des Heilens. Ich selbst habe erlebt, wie Jack Schwarz in den Vereinigten Staaten Auren so sehen kann, daß er in der Lage ist, die medizinische Vorgeschichte von Menschen zu »lesen« und aktuelle Krankheiten zu diagnostizieren. Seine Fähigkeiten sind immer wie-

der unter recht scharfen Bedingungen von Forschern aus dem medizinischen Bereich überprüft und dokumentiert worden. Unterm Strich sind seine Leistungen wirklich beeindruckend.
Zu den verschiedenen Systemen mit feinstofflichen Energien gehört auch die Schlangenkraft oder *Kundalini*-Energie. In den tantrischen Schulen des Hinduismus und Buddhismus gilt diese Energie als die kreative Energie des Universums. Man glaubt, daß sie im allgemeinen schlafend am unteren Ende der menschlichen Wirbelsäule ruht. Sie kann durch spirituelle Praktiken oder den Kontakt mit einem Guru aktiviert werden oder sich spontan durch unbekannte Auslöser erheben. Wenn sie erweckt ist, steigt sie in Form aktiver Energie oder *Shakti* durch Leitungswege im feinstofflichen Körper (*Nadis*) nach oben; unterwegs öffnet und aktiviert sie die sieben Chakras, die auf einer Linie von der Basis der Wirbelsäule bis zum Scheitelpunkt des Kopfes liegen.
Bei einer Kundalini-Erfahrung treten oft starke Hitze- und Energieempfindungen auf, die die Wirbelsäule hinaufzuströmen scheinen. Damit einhergehend kann man intensive Emotionen, Zuckungen, Spasmen, heftiges Zittern, komplexe Verrenkungen und ein breites Spektrum transpersonaler Phänomene erleben.
Meine Frau Christina hatte in ihrer ersten Ehe bei der Geburt ihres Sohnes ein solches Erlebnis, das schließlich ihre eigene Suche nach der Bedeutung des transpersonalen Reiches auslöste. So beschreibt sie selbst die Endphase der Geburt:

Plötzlich spürte ich irgendwo in mir ein Schnappen. Ganz unerwartet wurden starke und unerwartete Energien freigesetzt und begannen, durch meinen Körper zu strömen. Ich fing an, unkontrollierbar zu zittern. Enorme elektrische Beben liefen von meinen Zehen die Beine und die Wirbelsäule hinauf zum Scheitelpunkt meines Kopfes. Dort explodierten leuchtende Mosaike weißen Lichts, und statt mit der Lamaze-Atmung weiterzumachen, merkte ich, wie sich fremde, unfreiwillige Atemrhythmen durchsetzten.
Es war, als sei ich gerade von einer wunderbaren, aber erschreckenden Kraft getroffen worden, und ich war zugleich aufgeregt und entsetzt. Das Zittern, die Visionen und das spontane Atmen waren gewiß nicht das, was ich nach all den Monaten der Geburtsvorbereitung erwartet hatte.[34]

Bei der Geburt ihres zweiten Kindes, Sarah, stellten sich ähnliche Empfindungen ein, aber dieses Mal gaben die Ärzte ihr Beruhigungsmittel, die alles unterdrückten. Einige Jahre später lud eine Freundin sie ein, Swami Muktananda kennenzulernen. Christina hatte zu dieser Zeit zwar wenig Interesse an spirituellen Angelegenheiten, aber sie nutzte die Möglichkeit, ein Wochenende lang ihrer Verantwortung als Mutter und Ehefrau zu entkommen.

Während des Kurses saß sie mit den anderen und lernte zu meditieren. Swami Muktananda sprach gelegentlich zu ihnen, und sein Auftreten hinterließ bei Christina einen tiefen Eindruck. Am zweiten Tag dann machte sie eine vollkommen unerwartete Erfahrung.

Während einer Meditationszeit sah er mich erst an und schlug mir dann mit der Hand mehrmals kräftig auf die Stirn. Der Effekt dieses scheinbar einfachen Ereignisses war der, daß der Deckel, unter dem ich all die Erfahrungen, Emotionen und Energien seit Sarahs Geburt verstaut hatte, wegflog.

Plötzlich fühlte ich mich, als sei ich an eine Steckdose mit Hochspannungsstrom gestöpselt worden, und ich begann unkontrollierbar zu zittern. Mein Atem nahm einen automatischen, schnellen Rhythmus an, der jenseits meiner Kontrolle zu liegen schien, und eine Vielfalt von Visionen überflutete mein Bewußtsein. Ich weinte aus dem Gefühl heraus, geboren zu werden; ich stürzte in Schmerz und Ekstase, Stärke und Sanftheit, Liebe und Angst, Höhen und Tiefen. Ich war auf einer Achterbahn der Erfahrungen, und ich konnte nicht mehr bremsen. Der Geist war aus der Flasche entwichen.[35]

Bei Kundalini-Erfahrungen wie diesen kann man unfreiwillig zu lachen oder zu weinen beginnen. Manche singen Lieder oder Mantras, sprechen in fremden Sprachen, stoßen Tierlaute aus oder nehmen spontan Yoga-Haltungen oder -Gesten an. Dem uneingeweihten Beobachter mag es scheinen, daß der oder die Betroffene schlechterdings den Verstand verloren hat. Und bei demjenigen, den die Erfahrung unvorbereitet trifft, kann die Angst entstehen, verrückt zu werden. Nähert man sich jedoch der Kundalini-Erfahrung innerhalb der Yoga-Traditionen, wird sie als verstärktes Gewahrsein dessen, was wir das transpersonale Reich nennen, und als dramatische Öffnung für das spirituelle Leben gesehen.

Begegnungen mit Tiergeistern

Bei den bisherigen Erörterungen von Tierbewußtsein haben wir transpersonale Erfahrungen betrachtet, die eine volle Identifikation mit der physischen Form verschiedener Arten beinhalteten. Es ist jedoch auch möglich, die spirituellen Aspekte einer bestimmten Art oder ihr archetypisches Wesen zu erfahren.

Die Begegnung mit Tiergeistern oder »Krafttieren« spielt eine wichtige Rolle im Schamanismus, der ältesten Religion und Heilkunst der Menschheit. Die Schamanen verschiedener alter Traditionen nehmen in veränderten Bewußtseinszuständen, in die sie entweder spontan oder durch gezielte Trancetechniken geraten, Kontakt zu Tiergeistern auf. Diese Verbindung nutzen sie für viele verschiedene Zwecke, vom Aufspüren des Wilds für die Jäger des Stammes bis zur Diagnose und Heilung von Krankheiten.

Durch den Geistwächter oder das Krafttier kann ein Schamane oder eine Schamanin Kontakt zu den Kräften der Tierwelt und anderen Teilen der Natur aufnehmen. In den schamanischen Traditionen können die tierischen Geistführer die Kräfte der gesamten Art repräsentieren, die der Schamane zu Hilfe holt, um zusätzliches Wissen, Heilungsenergie oder Jagderfolge zu erlangen oder Veränderungen herbeizuführen, die für den Stamm erforderlich sind. Die Techniken, mit denen der Kontakt zu diesen Geistern hergestellt wird, ist von Kultur zu Kultur unterschiedlich. Die Zuni-Völker (die Ashiwi) in New Mexico verwenden beispielsweise kleine Steinschnitzereien von Tieren, die sie »Fetische« nennen; durch sie rufen sie den Geist des Tieres herbei, der entweder direkt mit ihnen kommuniziert oder als eine Art Vermittler zwischen Menschen und höheren spirituellen Formen der natürlichen Welt fungiert.

In den schamanischen Kulturen werden Krafttiere als Quelle der persönlichen Vitalität, der Gesundheit und der Fähigkeit betrachtet, eine freudvolle Existenz in Harmonie mit der Natur zu leben. Viele von den Tänzen, Liedern, Gebeten und anderen Aspekten des rituellen Lebens in diesen Kulturen kreisen um solche Krafttiere – man kommuniziert mit ihnen, nimmt Aspekte ihrer Weisheit oder Kraft an und stellt wieder Brücken zu ihnen her, wenn die Verbindung verlorengegangen ist, sei es durch Nachlässigkeit, einen Mangel an Ehrfurcht oder dadurch, daß entweder die Tiergeister oder größere Geister der Natur beleidigt worden sind.

Während meiner Forschungen stellte ich überrascht fest, daß Erfahrungen mit Tiergeistern keineswegs auf die Angehörigen von Naturvölkern begrenzt sind. Bei der Arbeit in außergewöhnlichen Zuständen treten sie selbst bei Leuten aus den modernsten, technologisch orientierten städtischen Gesellschaften auf. Bei holotropen und psychedelischen Sitzungen, schamanischen Workshops und spontanen psychospirituellen Krisen kommt es regelmäßig zur Kommunikation mit Krafttieren. Ich habe oft Situationen miterlebt, in denen diese Erfahrungen so überzeugend waren, daß sie bei einem zuvor skeptischen Menschen des Westens ein tiefes und echtes Interesse am Schamanismus wecken konnten. In überraschend vielen Fällen wirkte die Erfahrung auf die Betroffenen so transformierend, daß sie sich schließlich weiteren systematischen Unterweisungen bei erfahrenen Schamanen oder Anthropologen unterzogen.

Erfahrungen mit Tieren weisen viele verschiedene Formen auf, zwischen denen man unterscheiden muß. Manchmal erscheint das Tier in einem Traum oder in einer Vision und ist einfach symbolischer Ausdruck der Sprache des Unbewußten. Die Bedeutung solcher Bilder läßt sich meist durch Traumanalyse wie Freudsche Psychotherapie oder andere Ansätze zur Trauminterpretation entschlüsseln. In Träumen oder Visionen können Tiere eine kryptische Botschaft repräsentieren, die etwas über die Gefühle und persönlichen Eigenschaften des Erlebenden enthüllt. So könnte das Bild eines Tigers oder eines Panthers als Ausdruck von extrem aggressiven Gefühlen beim Träumenden gedeutet werden, während ein Hengst, ein Stier oder ein Ziegenbock vielleicht einen starken sexuellen Trieb symbolisieren.

Diese Art von symbolischen Bildern muß man von der transpersonalen Identifikation mit verschiedenen Tieren unterscheiden. Bei letzterer lauten die Beschreibungen immer, die Erfahrung sei ungewöhnlich lebendig und authentisch gewesen, und es ist völlig eindeutig, daß das Tier ganz unabhängig von dem, der es sieht, eine eigene Identität besitzt. Diese unabhängige Identität wird oft durch die Tatsache bestätigt, daß die Erfahrung Informationen über das Tier enthüllt, die der Betroffene vorher nicht kennen konnte.

Wer eine echte transpersonale Erfahrung mit einer tierischen Erscheinung erlebt, widersteht gewöhnlich allen Versuchen, der Erfahrung symbolische Bedeutungen zu verleihen; sie ist, was sie ist – eine Erfahrung, ein Tier zu sein oder mit einem Tier zu kommunizieren –, und es gibt nichts zu interpretieren oder zu analysieren.

Man kann sich nicht nur mit einem einzelnen Tier, sondern auch mit der »Seele« einer gesamten Art identifizieren, die aus den kollektiven Erfahrungen aller Mitglieder dieser Gruppe besteht. Der Frage, ob es so etwas wie die Seele einer Art gibt, hat sich auch die westliche Wissenschaft ernsthaft gewidmet. Der Biologe Rupert Sheldrake glaubt, daß die Erinnerungen und die Weisheit verschiedener Arten in sogenannten »morphogenetischen Feldern« gespeichert sind, die mit den Methoden der derzeitigen Wissenschaft nicht erschlossen werden können, aber offenbar durch schamanische Techniken zugänglich sind. Auch Gregory Bateson widmete sich diesem Thema in seinen Untersuchungen zur Rolle des Geistes in der Natur.

Die Erfahrungen mit Tiergeistern oder Krafttieren ist ganz anders als die symbolischen Erfahrungen von Tieren oder die transpersonale Identifikation mit einzelnen Tieren oder ganzen Arten. Symbolische Erfahrungen sind Konstrukte des Unbewußten; Identifikationen mit einzelnen Tieren oder der Seele verschiedener Arten handeln von Phänomenen, die die physische Welt reflektieren. Krafttiere dagegen gehören zum Reich der archetypischen Wirklichkeit. Sie haben außerordentliche Eigenschaften, die sie von den Tieren abheben, denen wir in der Natur begegnen könnten. Sie strahlen ungewöhnliche Energie aus, besitzen die Fähigkeit, in den Sprachen der Menschen zu sprechen und können sich sogar in einem Wechsel von menschlicher und tierischer Form manifestieren. Manchmal treten sie auch in unüblichen Lebensräumen auf. So kann beispielsweise eine Schlange mit oder ohne die Hilfe von Flügeln durch die Luft fliegen. Diese ungereimten Eigenschaften zeigen, daß das Krafttier die üblichen Rollen ähnlicher Tiere in der Natur transzendiert.

Der folgende Abschnitt ist ein gutes Beispiel für das Erleben von Tierbewußtsein und die Kommunikation mit Tiergeistern. Der Bericht stammt von dem Berater und Schriftsteller Hal Zina Bennett, der bereits vor zwanzig Jahren mit Tierfetischen zu arbeiten begann. Bei diesem System der amerikanischen Indianer kommuniziert der Schamane durch eine kleine steinerne Figur des entsprechenden Tieres mit dessen Geist.

Ich hielt die kleine Figur (einen aus Stein geschnitzten Berglöwen) in der rechten Hand, so wie mein Führer es mir gezeigt hatte, und sprach sie in der Rolle an, die sie im traditionellen Zuni-Denken einnimmt: »Hüter des Nordens«. Die Kommunikation war sehr stark und direkt – eher aus dem Bauch heraus, denn durch Worte –, so als ob ich mit jeder Körperzelle des Tieres Verbindung aufnehmen könnte und gelegentlich nicht nur diesen Körper beobachten, sondern selbst zu diesem Körper werden würde. Rasch entstand ein klares inneres Bild von einer schönen, schlanken, sehr würdevollen Löwin, die fast verborgen zwischen hohen Gräsern am Rande einer Schlucht stand.

Die Berglöwin kam vorsichtig auf mich zu, schritt in einem entspannten Zickzackmuster näher. Ihre Augen schienen mich träge zu betrachten, aber mir war bewußt, daß zwischen uns etwas war, das ich nur als energetische Verbindung beschreiben kann. Wenn ich mich bewegte oder auch nur aggressive Gedanken oder Gefühle ihr gegenüber hatte, spürte sie die Veränderung in dieser energetischen Verbindung und machte sofort einen großen Satz. Ich spürte, daß ich Angst vor ihr und Respekt für sie empfand, aber irgendetwas in meinem Inneren sagte mir, daß ich in ihrer Gegenwart sicher sein würde, wenn ich nur meine derzeitige Geistesverfassung aufrechterhalten würde, nämlich einfach von ihr zu lernen.

Als zwischen Hal und der Berglöwin nur noch zwei oder drei Meter lagen, blieb das Tier stehen, sah ihn direkt an und spannte plötzlich in höchster Bereitschaft und Aufmerksamkeit jeden Muskel des Körpers an. Sie starrte unbewegt, und ihm war so, als ob sie »meine Seele als Ziel fixieren« würde. Für die Dauer vielleicht einer Minute blieb er erstarrt sitzen, fürchtete, die Löwin würde ihn anspringen, und stellte sich vor, wie sie ihn mit scharfen Klauen in Stücke reißen würde. Hal erzählt weiter:

Plötzlich stieß sie den Kopf vor, bleckte die Zähne und brüllte mich mit einem ohrenbetäubenden Heulen an, das mir das Blut gerinnen und prickelnde elektrische Ströme den Rücken hinaufsteigen ließ. Dann hielt sie inne, und mich überschwemmten Gefühle von Liebe und Zuneigung für sie. Meine Angst war weg, großer Bewunderung gewichen. Die Löwin legte sich nieder, putzte sich kurz, drehte dann den Kopf und schien an mir vorbeizublicken, als ob es für sie bedeutungslos wäre, ob ich nun da wäre oder nicht.
Tief aus ihrem Körper drang ein wunderbar knurrender Ton, und es dauerte einen Augenblick, bis ich erkannte, daß sie schnurrte – so wie es eine Hauskatze tun würde, aber mit größerem Volumen, einem tiefen rollenden Ton, der in fast sexueller Weise in meinem Leib widerklang.
Es gab, wie gesagt, keine Worte zwischen uns, aber in dem Augenblick, in dem wir zusammen waren, gewann ich eine neue Perspektive hinsichtlich des Bewahrens von individuellen Grenzen und Gebieten, sowie Achtung vor der Jagd und einen tiefen, heiligen Respekt und auch Liebe für den Geist der Beute. Die Berglöwin hatte ein profundes Verständnis der Natur und ihre Beziehung zu ihr war nicht die zu einem Ort, sondern zu einer beeindruckenden Kraft, an der jeder einzelne teilnahm, ob als Jäger, als Gejagter oder als jemand, der irgendwie außerhalb dieses Systems des Tierlebens stand.

Hal kehrte noch eine Weile täglich zu diesem Ort in seinem Geist zurück und lernte jedesmal mehr über die Berglöwin und ihre Sichtweise des Lebens. Sie ist seitdem zu seiner wichtigsten geistigen Beraterin geworden, wenn Fragen hinsichtlich persönlicher Grenzen oder des rechten Gebrauchs von Macht auftauchen.

Begegnungen mit Geistführern und übermenschlichen Wesen

Begegnungen mit Geistführern gehören zu den wertvollsten und beglückendsten Erfahrungen im transpersonalen Reich. Die Führer werden als übermenschliche Wesen wahrgenommen, die auf höheren Bewußtseinsebenen und Energieniveaus existieren. Manchmal erscheinen sie in erkennbar menschlichen Formen und sprechen so zu uns wie es vielleicht jemand in einem Traum täte, als strahlendes Licht oder starkes Energiefeld. Nur selten kommunizieren diese Führer verbal mit uns. Information wird stattdessen telepathisch durch andere Kanäle als unsere fünf Sinne übermittelt.

Viele Menschen mit geistigen Führern, die ihnen in ihrem Leben helfen, sagen, diese seien ganz spontan erschienen. Sie können plötzlich in einer Zeit innerer Krisen, bei einer ernsthaften Erkrankung, nach einer körperlichen Verletzung oder durch spirituelle Praktiken auftauchen. Manche stellen sich selbst namentlich vor, andere bleiben anonym.

Geistige Führer können auf vielerlei Art helfen. Manchmal greifen sie im Angesicht von Gefahr ein und geben Rat oder bieten uns in Zeiten schwierigen psychischen und spirituellen Wachstums Unterstützung. Es kann sein, daß sie nach der Krise oder dem Notfall nie wieder erscheinen, es kann aber auch sein, daß sie uns weiterhin in unseren Alltagsangelegenheiten begleiten.

C. G. Jung erzählt in *Erinnerungen, Träume, Gedanken* eine wunderbare Geschichte über Geistführer. Eines Tages kam ein Inder zu Jung zu Besuch, ein spiritueller Lehrer, und da Jung sehr am indischen Gedankengut interessiert war, führten sie ein langes Gespräch. Auf die Frage nach dem Namen seines spirituellen Lehrers antwortete der Besucher: »Chankaracharya«. Dieser Name war Jung vertraut, da es sich um einen großen Kommentator der Veden handelte. Der allerdings war vor vielen Jahrhunderten gestorben, und es erschien Jung unwahrscheinlich, daß er der Lehrer gewesen sein sollte. Also fragte er nach.

»Ja, den meine ich«, erwiderte der Inder zu Jungs Erstaunen.

»Sie meinen also einen Geist?« fragte Jung.

»Natürlich war es ein Geist«, bestätigte der Mann. »Es gibt auch geistige Gurus. Die meisten haben lebende Menschen als Gurus. Es gibt aber immer wieder solche, welche einen Geist zum Lehrer haben.«[36]

Die Menschen haben über die Jahrhunderte immer wieder Informationen von geistigen Führern und übermenschlichen Wesen erhalten. Manche Empfänger bewahren die Informationen zum eigenen Gebrauch; andere handeln als Mediatoren und lassen Dritte an ihrer Kommunikation teilhaben. In neuerer Zeit wird solche geteilte

Kommunikation als »Channeling« bezeichnet. In manchen Fällen haben Mitteilungen dieser Art für Millionen Menschen in aller Welt Bedeutung gewonnen. So ist allgemein akzeptiert, daß die Veden, die zu den ältesten religiösen Schriften gehören, auf Enthüllungen beruhten, die von alten indischen Weisen und Sehern gechannelt wurden. Im Islam glaubt man, der Koran sei von Mohammed in visionären Zuständen gechannelt worden. Und die in den Vereinigten Staaten einflußreiche Kirche der Mormonen geht auf Erkenntnisse zurück, die Joseph Smith zu Beginn des neunzehnten Jahrhunderts gechannelt hat.

Wer die Bücher von Alice Bailey gelesen hat, weiß, daß viele der Werke, die unter ihrem Namen erschienen sind, ihr von einem Wesen namens »Der Tibeter« durchgegeben worden sind. Bailey selbst hat diesen geistigen Führer als den wahren *Autor* einiger ihrer Titel genannt. Der hoch geachtete Psychiater Roberto Assagioli kommunizierte mit demselben Wesen und schrieb ihm die Urheberschaft an den Schlüsselprinzipien seines Systems des persönlichen Wachstums zu, der »Psychosynthese«. In einigen Fällen liefern geistige Führer pragmatische, nützliche Dienste wie den, das Channel auf diejenigen Passagen in Büchern hinzuweisen, die die notwendigen Informationen zu einem bestimmten Thema bieten.

C. G. Jung hatte im Laufe seines Lebens viele starke transpersonale Erfahrungen. Bereits erwähnt habe ich eine dramatische Episode, während derer er seinen berühmten Text *Septem Sermones ad Mortuos* channelte; das Wesen, das dieses Channeling inspirierte, stellte sich selbst als der Gnostiker Basilides vor. Jung hatte auch Erlebnisse mit seinem geistigen Führer Philemon, der ihn viel über die Dynamik der menschlichen Psyche lehrte. Als er in den letzten Lebensjahren über dieses gechannelte Material nachdachte, sagte Jung, ein Großteil seiner Arbeit beruhe auf so erhaltenen Informationen, und bezweifelte, daß seine persönlichen Leistungen auf dem Gebiet der Erforschung der menschlichen Psyche möglich gewesen wären, wenn er sich auf das beschränkt hätte, was auf traditionellere Weise zugänglich war.

In den letzten zwei Jahrzehnten ist Channeling ziemlich beliebt geworden und hat die Aufmerksamkeit einer breiten Öffentlichkeit

errungen. Jane Roberts Schriftenreihe, die von einem Wesen namens »Seth« stammt, gehört zu diesen Büchern, die auf gechannelten Botschaften von geistigen Führern beruhen. Außerdem gibt es *Emmanuels Buch* von Pat Rodegast, *Messages from Michael* von Yarbo und David Spanglers *New Age Transformations Revelations*. Zu den bekanntesten gechannelten Texten gehört der Bestseller *A Course in Miracles*. Dieses Buch findet nicht nur bei ungezählten Laien großen Anklang, sondern dient auch weithin anerkannten Fachleuten wie Hugh Prather und dem Arzt Gerald D. Jampolsky als Grundlage für ihre Vorträge und Seminare. Der ursprüngliche Text wurde von Helen Schucman gechannelt, einer traditionell ausgebildeten Psychologin und Atheistin, die nicht an das Paranormale glaubte und mit einer soliden Stellung an der Universität und hervorragenden fachlichen Qualifikationen ausgestattet war.
Kontakte mit geistigen Führern oder Channeling gehören zu dem breiten Spektrum der transpersonalen Erfahrungen, die in veränderten Bewußtseinszuständen auftreten können. Bei dem folgenden Beispiel handelt es sich um den Bericht eines Philosophieprofessors über seine Erfahrungen mit einer ganzen Gruppe von geistigen Führern, die ihm wie ein kosmischer Ältestenrat erschienen. Das ganze ereignete sich in einer Sitzung, in der er in außergewöhnliche Bewußtseinszustände gelangte.

Die Intelligenz, die unserem Universum Existenz gab, ist enorm hochentwickelt, und das Wirken dieser Intelligenz übertrifft bei weitem das, was der Mensch verstehen kann. Wenn man Zugang zu diesem Wissen haben will, muß die Intelligenz einen lehren, wie man sie empfängt. Da diese Intelligenz nichts anderes ist, als das eigene Sein, geht es darum zu lernen, wie man auf mehr und mehr Ebenen des »eigenen« Seins oder des SEINS schlechthin wach sein kann. Heute empfing ich mehrere Visionen des Universums und Anweisungen, wie ich diese Visionen aufnehmen sollte. All das wurde von einem Ältestenrat vermittelt.
Die Ältesten waren die Hüter des Wissens, des Wissens darüber, was seit vielen Milliarden Jahren im Universum los ist. Da ich dieses Wissen suchte, wurde ich vor den Ältestenrat gebracht, um es zu empfangen. Dieses Wissen wird einem nicht einfach gegeben, man muß es erarbeiten. Zunächst muß man diese Ebene von Bewußtheit erreichen, und dann muß man daran arbeiten, die Konzentration aufrechtzuerhalten, die notwendig

ist, um das Wissen zu empfangen, das sie einem zugänglich machen können.
Ich saß mit dem Ältestenrat am Urkern des Universums, an den Eingeweiden der Erde, wo die Hüter der physischen Existenz planen und Dinge geschehen lassen. Ich wollte verstehen, ich wollte wissen. Wenn mir etwas einfiel, was ich wissen wollte, wußte der Rat sofort darum und nahm es als formale Bitte an. Der Vorsitzende des Rats rief in rhythmischem Singsang: »Er will das wissen«. Dann fielen die anderen ein und begannen mit einer Anrufung. Sie sangen, um die Kraft aufzubauen, derer es bedarf, um Zugang zu Wissen zu erlangen.

Nach Aussage des Philosophieprofessors gewährte ihm der Ältestenrat Zugang zu »erfahrendem Lernen« und ließ ihn »sehen, wie einige Teile des Universums funktionieren«. Er hatte das Gefühl, er könne »alles wissen«, was er wissen wolle, wenn er die Kraft hätte, es zu ertragen. Um es jedoch ertragen zu können, meinte er, in der Lage sein zu müssen, sich ebenso groß zu machen wie die Wirklichkeit, über die er etwas wissen wollte. Irgendwie beantwortete seine Fähigkeit, das Universum auf diese Weise zu sehen, eine so tief in ihm verborgene Sehnsucht, daß er wußte, daß sie ihn »schon seit Abertausenden von Jahren antrieb«. Er fährt fort:

Manchmal machte ich einen Fehler; während die Ältesten rhythmisch sangen, wurde ich abgelenkt. Wenn das geschah, packte mich etwas bis an die Knochen und sagte: »Hör zu! Hör zu! Werde doch erwachsen! Hör zu! Das ist es doch nicht, worum es hier geht. Also paß jetzt auf!« Diese großen Mönche bleuten es mir ein: »Hör zu! All diese Dinge haben ihren Platz. Aber wenn du die Struktur des Universums verstehen willst, mußt du sie auf tiefen Ebenen hereinlassen können. Du mußt in der Lage sein, sie zu erfahren!«[37]

Besuche in anderen Dimensionen und Paralleluniversen

Gelegentlich scheinen sich transpersonale Abenteuer in fremden Umgebungen abzuspielen, in Welten, deren Wirklichkeit ganz anders ist als unsere eigene. Diese Welten scheinen sich häufig auf anderen Ebenen der Realität zu befinden, die parallel zur unseren liegen und gleichzeitig existieren. Die Wesen, die diese anderen Reiche bewohnen, weisen oft bizarre Formen auf, die keine Ähnlichkeit mit dem haben, was wir aus unserer physischen Wirklichkeit kennen, und sie folgen Gesetzmäßigkeiten, die uns ebenso fremd sind. Viele dieser Wesen sind intelligente Geschöpfe, aber ihre Emotionalität und Intellektualität ähnelt der unseren nur wenig oder gar nicht.

Die Beschreibungen der Abenteuer in diesen anderen Universen klingen oft wie geniale Science-Fiction-Geschichten, etwa der *Krieg der Sterne* in den Filmen von George Lucas oder den allerphantastischsten Sequenzen aus der Fernsehreihe »Raumschiff Enterprise«. Die Abenteuer selbst werden teilweise als gefährlich wahrgenommen, was manchmal am feindlichen Wesen der auftretenden Geschöpfe, manchmal auch an der Angst vor dem Unbekannten oder der Ungewißheit liegt. Wenn die Situation gefährlich zu sein scheint, dann deswegen, weil sich der Besucher in einer Umgebung wiederfindet, die vollkommen fremd ist, in einer Welt, in der ein falscher Schritt den drohenden Untergang verspricht.

In dieser Kategorie von transpersonalen Erfahrungen sind die Grenzen zwischen der objektiven Wirklichkeit und dem mythischen Reich des kollektiven Unbewußten besonders verschwommen. Man kann sehr verunsichert sein, ob es sich bei der eigenen Erfahrung tatsächlich um einen Besuch auf einem entlegenen Planeten in unserem Kosmos, eine interdimensionale Reise in ein Paralleluniversum oder einen visionären Zustand handelt, der das kollektive Unbewußte einbezieht. Dasselbe Interpretationsproblem kann es bei Erfahrungen geben, bei denen es um Besuche von Ufos aus anderen Welten und Begegnungen mit fremden Formen von Intelligenz geht. Wie Sie bei der Erörterung der Ufo-Phänomene sehen werden, weisen Erfahrungen dieser Art ungewöhnliche Eigenschaften auf, die sie in eine Grauzone zwischen die Konsensrealität und die Welt des Bewußtseins und der Archetypen stellen.

Reisen in mythische Wirklichkeiten

Die meisten von uns betrachten Mythen als fiktive, erdachte Geschichten über die Abenteuer imaginärer Helden in nicht vorhandenen Ländern – als Produkte von Phantasie und Vorstellungskraft. Aber die Pionierarbeit von C. G. Jung und Joseph Campbell, um nur zwei Namen zu nennen, hat gezeigt, daß dieses Verständnis von Mythologie oberflächlich und falsch ist. Sie hat demonstriert, daß echte Mythen Manifestationen von grundlegenden organisierenden Prinzipien im Kosmos sind, die auf unser Leben einwirken. Jung nannte sie Archetypen.

Diese Archetypen kommen durch unsere individuelle Psyche zum Ausdruck, aber es handelt sich nicht um menschlichen Schöpfungen. In gewissem Sinne sind die Archetypen unserer Psyche übergeordnet und repräsentieren universal herrschende Prinzipien, die sich in unserem individuellen Leben zeigen. Nach Jung können starke Archetypen nicht nur unsere individuellen Prozesse und Verhaltensweisen, sondern auch große kulturelle und historische Ereignisse beeinflussen. Archetypen sind universal und überschreiten historische, geographische und kulturelle Grenzen, wenn sie auch in unterschiedlichen Kulturen unter anderen Namen oder in Abweichungen auftreten mögen. Da es in Mythen um Archetypen geht, kann man sie wirklich autonom nennen, und sie sind keineswegs darauf angewiesen, daß wir sie erschaffen. Sie existieren in dem riesigen Meer des menschlichen Wissens, das Jung das »kollektive Unbewußte« nannte, und sie sind so wirklich die Vögel, die am Himmel fliegen oder das Seegetier, das sich in den Gewässern tummelt.

Die moderne Erforschung von veränderten Bewußtseinszuständen hat Jungs Einschätzung der Archetypen bestätigt und eine weitere wichtige Dimension hinzugefügt. In veränderten Zuständen scheinen sich die Grenzen, die wir gewöhnlich zwischen den Mythen und der materiellen Welt sehen, aufzulösen. Während die feste, stoffliche Welt in dynamische Energiemuster zerfällt, wird die Welt der archetypischen Realitäten zunehmend wirklicher und greifbarer. Unter diesen Bedingungen werden mythologische Figuren buchstäblich lebendig und nehmen unabhängige Existenzformen an. Dasselbe gilt für die Landschaften und Strukturen, die die mythische Welt bilden. Die sich daraus ergebende Erfahrungswelt ist mindestens so konkret und überzeugend wie unsere Alltagsrealität.

Archetypen sind in ihrer elementarsten und profundesten Form vollkommen abstrakte und jenseits der Möglichkeiten der menschlichen Wahrnehmung liegende Prinzipien. In geänderten Zuständen können sie jedoch auch in Formen auftreten, die wir durch inneres Sehen, Hören, Riechen, Schmecken, Tasten in der wirklich greifbaren Form einer *Gegenwart* wahrnehmen. Manche Archetypen sind universal und finden sich in verschiedenen Ausdrucksformen in allen Kulturen dieser Welt. Daneben gibt es stärker individualisierte archetypische Variationen. So stellen die universalen Archetypen von Mutter oder Vater in verkürzter Form ohne Berücksichtigung von Rasse, Hautfarbe, Kultur oder bestimmten Umständen alle entscheidenden Charakteristika dieser Rollen dar. Spezifischere und engere Archetypen sind der Gute Vater und die Gute Mutter oder ihre negativen Gegenstücke, der Tyrannische Vater und die Schreckliche Mutter. Andere Beispiele für universale Archetypen sind der oder die Weise Alte, die Liebenden, der Märtyrer, der Listige und der Verstoßene.

Jung, der sich lebenslang der Erforschung der Archetypen widmete, erkannte im Hinblick auf die menschliche Persönlichkeit und das Verhalten drei Schlüsselarchetypen: 1. die Anima oder Personifikation der weiblichen Aspekte im Unbewußten des Mannes; 2. den Animus oder die Verkörperung der maskulinen Elemente im Unbewußten der Frau; und 3. den Schatten, der den unbekannten, dunklen und unterdrückten Teil unserer Persönlichkeit bildet. Diese drei Aspekte unserer Psyche sind gewöhnlich versteckt und uns verborgen, aber sie beeinflussen die Entscheidungen, die wir im Leben treffen, und tragen somit dazu bei, unser Verhalten und unsere Lebenserfahrungen so lange zu formen, bis wir sie ins Bewußtsein heben und sie kennenlernen.

Vor einiger Zeit hatte ich selbst bei einer psychedelischen Sitzung Gelegenheit, die Welt der Archetypen kennenzulernen. Diese persönliche Erfahrung hat wesentlich zu meinem Verständnis dieses faszinierenden Aspekts unserer Psyche beigetragen.

Gegen Ende einer Sitzung, bei der ich bemerkenswerte Visionen der Apokalypse hatte, sah ich plötzlich eine große Bühne. Sie schien mitten im Nirgendwo zu stehen, im kosmischen Raum und außerhalb der Zeit zu schweben. Dort fand eine fabelhafte Parade der personifizierten universalen Prinzipien (der Archetypen) statt, die durch ein komplexes Zusammenspiel die Illusion der Phänomene erschaffen, das von den Hindus *lila* genannte göttliche Spiel des kosmischen Bewußtseins. Diese Szene war so großartig und erhaben, daß es meine Fähigkeiten übersteigt, sie zu beschreiben.
Die Archetypen, die ich erblickte, waren mehrgestaltige Figuren mit vielen Facetten, Ebenen und Dimensionen von Bedeutung. Es war unmöglich, mich ganz auf irgendeinen bestimmten Aspekt von ihnen auszurichten, da sie, noch während ich sie beobachtete, auf unglaublich feingesponnene Weise holographisch ineinander verschmolzen. Jede einzelne schien die Essenz ihrer Funktion und zugleich alle konkreten Manifestationen dieses Prinzips in der Welt der Erscheinungen zu repräsentieren. Es handelte sich eindeutig um individuelle Wesenheiten, die aber eine riesige Zahl anderer Wesen und Situationen aus allen Zeiten und Orten der Geschichte in sich bargen.
Ich sah Maya, ein rätselhaftes, ätherisches Prinzip, die Illusion symbolisierend, die die Welt der Materie erschafft. Dann war da eine Anima-ähnliche Gestalt, die Verkörperung des ewigen weiblichen Prinzips oder der ewig weiblichen Kraft. Und eine erschreckende Mars-ähnliche Figur, die das Prinzip hinter allen Kriegen in der Geschichte der Menschheit zu sein schien; die königliche Gestalt des Herrschers, der zurückgezogene Eremit, der ausweichende Listige und die Liebenden, die all die sexuellen Dramen im Laufe der Jahrtausende repräsentierten. Sie alle verneigten sich in meine Richtung, gerade so, als ob sie Anerkennung für ihre sternenartigen Vorstellungen im göttlichen Spiel des Universums erwarteten. Sie schienen meine große Bewunderung tatsächlich zu genießen.

Neben den oben beschriebenen universalen Archetypen treffen wir in transpersonalen Bewußtseinszuständen auch auf universale archetypische Motive oder Themen. Diese können als Handlungsstrang, Parabeln oder Geschichten erscheinen, deren Konflikte und Auflösungen die archetypischen Gestalten einsetzen. Viele von diesen Themen finden ihren Ausdruck im menschlichen Sexual- und Sozialleben; mit ihnen sind wir alle wohl vertraut. Als innere Erfahrung lassen sie sich als Quelle biographischer Schwierigkeiten, das heißt emotionaler Konflikte ausmachen, die schon früh in unserem Leben in Bewegung gerieten. Ein hervorragendes Beispiel für dieses Thema stellt der Haß des Sohnes auf den Vater und die Zuneigung für die Mutter dar, die Sigmund Freud in seiner berühmten Arbeit über den Ödipus-Komplex populär gemacht hat. Dieses Thema hatte er dem mehr als zweitausend Jahre zuvor von Sophokles geschriebenen *Ödipus* entnommen. Das Gegenstück dieses archetypischen Themas bildet der Elektra-Komplex, die Liebe der Tochter für den Vater und die Feindschaft zur Mutter.

Das Thema des guten und des bösen Bruders wurde durch die biblische Geschichte von Kain und Abel unsterblich gemacht. Und auch Märchen und Legenden bringen oft diese Art von archetypischen Themen zum Ausdruck. »Schneewittchen« und »Aschenputtel« beschreiben schmerzhafte Konflikte zwischen dem Mädchen und der bösen Mutter oder Stiefmutter. »Hänsel und Gretel« zeichnet das Drama von zwei liebenden Geschwistern, die von der bösartigen Muttergestalt bedroht werden. Viele Geschichten aus der Weltliteratur sind Variationen zum Thema der Liebenden: Tristan und Isolde, Romeo und Julia, Abelard und Heloise, um nur einige der romantischen Paare zu nennen. Zu anderen Formen von archetypischen Konflikten gehören der Folterer und das Opfer, der Mörder und der Ermordete, der Tyrann und der Unterdrückte und der Gefangene und der Befreier. Freud meinte, diese Mythen würden den biosozialen Konflikten entstammen, die wir in unserem Alltagsleben erfahren. Aus diesem Sichtwinkel ist der Ödipus-Mythos eine künstlerische Schöpfung, die von den universalen psychologischen Konflikten inspiriert wurde, die junge Knaben in einem bestimmten Alter durchmachen.

Meine eigenen Beobachtungen von veränderten Bewußtseinszuständen unterstützen aber eher C. G. Jungs Vorstellung, die Welt der Archetypen verfüge über eine unabhängige Existenz. Diese Welt ist unserer Alltagsrealität übergeordnet und stellt ihre bewegende Kraft dar. So ging Jung beispielsweise davon aus, daß unsere tatsächlichen Konflikte mit unserem Vater (so wir Jungens sind) universale Wurzeln haben; diese Konflikte sind Ausdruck des Ödipus-Mythos, der unabhängig von uns und der Alltagsrealität besteht. Joseph Campbell machte dies in seinem Buch *Lebendiger Mythos* sehr deutlich. Und dasselbe kommt in Jean Shinoda Bolens Büchern *Göttinnen in jeder Frau* und *Götter in jedem Mann* zum Ausdruck.

Es ist sehr schwierig, jemandem, der noch nie veränderte Bewußtseinszustände erlebt hat, zu erklären, wie man sich selbst als universalen Archetypus erleben kann, etwa als Große Mutter, die die Essenz der Mutterschaft und die Eigenschaften aller Mütter der Welt in der gesamten Geschichte repräsentiert. Vielleicht geht das am besten, wenn Sie sich eine einzige dreidimensionale Gestalt vorstellen. Die ist so gebaut, daß Sie immer wieder mit einem neuen Aspekt dieser Gestalt konfrontiert werden, wenn Sie um sie herumlaufen und sie aus einem anderen Winkel sehen – und dennoch scheinen alle Aspekte nur eine weitere Sicht auf das Ganze zu sein. Dies ist in der Holographie tatsächlich bereits demonstriert worden. Vor einigen Jahren wurde in Honolulu ein Komposit-Hologramm ausgestellt. Es hieß »das Kind von Hawaii« und bestand aus einer Sammlung von individuellen Gesichtern mehrerer Kinder auf Hawaii, die in einem einzigen holographischen Bild zusammengefaßt waren. Das enthielt zwar viele Gesichter, aber sie waren alle so übereinandergelegt, daß ein einziges Bild entstand, das sich aber veränderte und bei jedem Wechsel des Blickwinkels oder Standpunkts ein neues Antlitz enthüllte.

Einige mythologische Gestalten und Motive sind zwar Variationen universaler Archetypen, haben aber für eine bestimmte Kultur oder Religion eine besondere Bedeutung. So Jesus Christus und die Jungfrau Maria für die Christen; der Avalokiteshvara und Kuan-yin des Bodhisattva sind speziell buddhistisch; und die Regenbogenschlange gehört zur Traumzeitwelt der australischen Aborigines. Unabhängig von ihrer Universalität oder ihrer jeweiligen Besonderheit lassen sich zwei Kategorien der im transpersonalen Reich auftretenden Gottheiten unterscheiden: die erste hat mit den Kräften des Lichts und des Guten zu tun wie Christus, Apoll, Isis oder Krishna; die zweite geht mit Dunkelheit und dem Bösen einher, etwa Satan, Hades, Seth und Ahriman. In vielen Fällen verkörpert eine einzige Gottheit sowohl das Licht wie die Dunkelheit, das Gute wie das Böse. Das charakterisiert besonders die orientalischen Gottheiten, während die Mythologie des Westens eher zur strengen Dichotomie neigt. Beispiele für Götter, die die Polaritäten transzendieren, sind der hinduistische Brahma oder die fünf Buddhas, wie sie im *Tibetanischen Totenbuch* beschrieben werden.

Die Welt der Archetypen

Viele Menschen auf dem spirituellen Pfad begegnen archetypischen Göttern zuerst im Zusammenhang mit dem Prozeß von Tod und Wiedergeburt. Vorangehende Teile dieses Buches untersuchten, wie verschiedene Aspekte unserer biologischen Geschichte mit Archetypen aus dem kollektiven Unbewußten verschmelzen. Hier ist die Begegnung mit diesen scheinbar entsetzlichen, zornigen Göttern ein sehr wichtiger Teil von Tod und Wiedergeburt. Für jemanden auf dem spirituellen Weg sind sie die Überbringer des symbolischen Ich-Todes, eines für die spirituelle Öffnung notwendigen Schrittes. Und an diesem Punkt trifft man auch zum ersten Mal die glücklichen Archetypen, nämlich im Augenblick der Wiedergeburt oder während der ozeanischen Glückseligkeit im Mutterleib.

Die archetypischen Gestalten sowohl der glücklichen als auch der zornigen Götter sind mit großer Energie und numinoser Kraft ausgestattet. Wenn wir ihnen begegnen, geht diese Erfahrung meist mit starken Emotionen einher. Die Art der Antwort hängt von dem Wesen der Gottheit ab; sie kann auf der gesamten Bandbreite zwischen Verzückung und höchster Glückseligkeit bis zu metaphysischem Schrecken, überwältigendem körperlichen oder emotionalen Schmerz und dem Gefühl, den Verstand zu verlieren, angesiedelt sein. Diese Konfrontationen können sehr stark sein, aber man hat doch nie das Gefühl, vor dem Allerhöchsten oder den letztendlichen Kräften des Universums zu stehen. Diese Götter sind, ob wohlwollend oder bösartig, selbst Schöpfungen der höheren Kraft, Personifikationen der universalen Schlüsselprinzipien. Darauf hat Joseph Campbell in vielen seiner Vorträge hingewiesen, besonders im Zusammenhang mit religiöser Andacht. Er betonte, daß individuelle Götter nicht um ihrer selbst willen angebetet werden, sondern als konkreter Ausdruck der höchsten schöpferischen Macht gesehen werden sollten, die jede Form transzendiert. Man muß sie als »für das Transzendente, dessen Ausdruck sie sind, transparent ansehen«.[38]

Viele Jahre der Forschung haben belegt, daß wir mythische und archetypische Wirklichkeiten in veränderten Bewußtseinszuständen nicht nur bezeugen, sondern tatsächlich zu diesen Archetypen *werden* können. Wir können uns vollkommen mit Sisyphus identifizieren, der in den Tiefen des Hades seinen schweren Stein den Berg hinaufrollt. Wir können zu Theseus werden, der im dunklen Labyrinth den Minotaurus erschlägt. Wir können die Schönheit der Aphrodite ausstrahlen oder im Glanz von Helius und Apollo leuchten. Wir können die äußere Gestalt und die inneren Erfahrungen von mythischen Geschöpfen wie Zerberus, Zyklopen oder Zentauren annehmen.

Bemerkenswert war die Entdeckung, daß Menschen, die in einer bestimmten Kultur aufgewachsen sind oder einer bestimmten Rasse angehören, nicht auf die Archetypen dieser Kultur oder Rasse beschränkt sind. Wir haben bei unseren Forschungen beispielsweise miterlebt, wie weiße, städtische Amerikaner der Mittelschicht in veränderten Bewußtseinszuständen bedeutungsvolle Begegnungen mit so legendären Helden wie dem polynesischen Maui oder Shango, dem Bantu-Gott des Krieges und der Sexualität, hatten. Über die Jahre habe ich mehrfach erlebt, wie europäische und amerikanische Frauen zur Hindu-Göttin Kali wurden und deren traditionellen Gesichtsausdruck mit weit aus dem Mund herausgestreckter Zunge annahmen, obwohl ihnen diese Gestalt zuvor überhaupt nicht bekannt war. Umgekehrt hatten in Indien und Japan verschiedene Workshopteilnehmer, die in den dortigen Traditionen geboren und erzogen worden waren, starke Identifikationen mit Christus.

Gelegentlich wird selbst die Welt der Märchen lebendig. Dann begegnen wir oder identifizieren uns mit Seejungfrauen, Elfen, Feen, Gnomen oder Trollen. Besonders interessant ist die Feststellung, daß viele Leute, die keine vorherigen Kenntnisse von bestimmten mythologischen Gestalten hatten, diese nicht nur genau und in großem Detail *erleben*, sondern auch Bilder von ihnen zeichnen können, die genau zu den alten Beschreibungen dieser Gestalten paßten. Wenn man buchstäblich Tausende von Beweisstücken dieser Art gesehen hat, wird sehr deutlich, daß jeder Zugang zu den archetypischen Themen aller Zeiten und Kulturen hat, nicht nur zu denen unseres gegenwärtigen biologischen Umfeldes.

Unsere Erforschung veränderter Bewußtseinszustände unterstützt daher die Konzepte von C. G. Jung, der meinte, wir könnten in unseren Träumen und Visionen Mythen erfahren, die nicht unserer eigenen Kultur entstammen und die uns bis dahin weder aus Gesprächen oder Beschreibungen noch aus künstlerischen Darstellungen bekannt waren. Dies ist die Welt des »kollektiven Unbewußten«, ein endloses Meer des Wissens, aus dem wir schöpfen können. In diesem Zeitalter der fortgeschrittenen Technologie könnten wir das kollektive Unbewußte vielleicht mit einer Sendestation vergleichen, die ununterbrochen jedes Stück Programm-Material und Information ausstrahlt, das je in Radio und Fernsehen gesendet worden ist. Wir können jederzeit »den Sender wechseln«, uns von dem Alltagssender, den wir normalerweise hören, abkoppeln und uns stattdessen einer endlosen Zahl anderer Sender zuwenden, die die Grenzen von Raum, Zeit und selbst Arten überschreiten. Es ist buchstäblich unmöglich, sich vorzustellen, daß wir immer von dieser Information umgeben sind und sie jederzeit anzapfen können. Aber unser Vergleich mit Radiowellen gibt uns ein ungefähres Bild von dem riesigen Ausmaß der Informationen, die uns durch das kollektive Unbewußte zugänglich sind.

Intuitives Entschlüsseln universaler Symbole

Seit Freuds klassischer Arbeit über die Interpretation von Träumen ist die Erforschung psychologischer Symbole ein wichtiger Teil der Tiefenpsychologie gewesen. Nach Freud stehen Symbole für etwas, das wir bereits wissen, das wir aber unannehmbar finden und ablehnen. In unseren Träumen wird solch problematisches Material – meist sexueller Natur – vom entsprechenden Symbol ersetzt; so könnte beispielsweise ein durch einen Tunnel rauschender Zug Ausdruck der frustrierten sexuellen Wünsche des Träumenden sein. Freud verbrachte viele Jahre mit dem Versuch, alle Symbole zu identifizieren, die die männlichen und weiblichen Geschlechtsorgane, den Geschlechtsverkehr und andere Aspekte des instinkthaften Lebens repräsentieren.

Jung lehnte diese symbolischen Interpretationen Freuds ab. Er meinte, das, worüber Freud spräche, solle man als »Zeichen« sehen; sie wären einfach eine andere Art, eine bekannte Realität darzustellen, nicht viel anders als die Piktogramme auf den heutigen Verkehrsschildern. Jung vertrat die Ansicht, echte Symbole seien keine kryptischen Aussagen über biologische Funktionen, sondern Hinweise auf komplexe transzendentale Wirklichkeiten.

Universale Symbole spielen seit vielen Jahrhunderten in vielen Religionen eine wichtige Rolle. So ist beispielsweise die indo-iranische Swastika, ein Kreuz, dessen Arme gegen die Uhrzeigerrichtung stehen, ein der Sonnenscheibe verwandtes, altes Symbol für Frieden und Wohlbefinden. (In der veränderten Form der Arme in Uhrzeigerrichtung wurde es dann zum berüchtigten Hakenkreuz der Nazis.) Die jahrhundertealten Symbole von Shiva lingam und yoni haben vielfältige Bedeutungen, die von den männlichen und weiblichen Geschlechtsorganen und Zeugungsfunktionen bis zu den statischen und dynamischen Kräften der Existenz reichen – reines Bewußtsein und Schöpfungsenergie. Das Kreuz, ein Symbol mit prähistorischen Ursprüngen, hat in unterschiedlichen Kulturen tiefe universale Bedeutung. In der ältesten Auslegung zeigt es auf die Sonne und durch sie auf die kreative Kraft des Universums. Für andere symbolisiert es die gesamte Existenz, da es die vier Kardinalrichtungen oder -punkte und die Mitte bezeichnet. Im allgemeinen Christentum steht es für die historische Kreuzigung Christi, während es im esoterisch-mystischen Teil derselben Religion verschiedene Aspekte der Inkarnation, des spirituellen Todes und der Wiedergeburt bezeichnet. In der ägyptischen Variante war das Nilkreuz oder *ankh* das heiligste Symbol der Mysterien von Isis und Osiris, bei dem die Neophyten ihre Unsterblichkeit und das ewige Leben entdeckten.

Der sechszackige Stern – zwei in entgegengesetzte Richtungen zeigende, sich überlappende Dreiecke, hat je nach Zeit und Kultur viele verschiedene Bedeutungen. In der alten und mittelalterlichen Alchemie spiegelte er die Vereinigung der vier Elemente – Erde, Wasser, Feuer und Luft. In der Kabbala wird er der »Davidstern« genannt und repräsentiert einen Erleuchteten, bei dem das niedrigere Bewußtsein (das aufwärts gerichtete Dreieck) höhere Ebenen zu erreichen und das höhere Bewußtsein (das nach unten zeigende Dreieck) sich in der physischen Welt nützlich und funktionsfähig zu machen versucht. In der tantrischen Tradition steht der sechszackige Stern für die Vereinigung der männlichen und der weiblichen Prinzipien.

Das berühmte taoistische Yin-Yang-Symbol repräsentiert das dynamische Zusammenspiel des weiblichen und des männlichen Prinzips oder die aktiven und die passiven Aspekte des Tao, des schöpferischen Prinzips des Kosmos. Auch der Lotos hat im spirituellen Symbolismus vieler Kulturen einschließlich der des alten Ägypten, Indiens und Mittelamerikas eine wichtige Rolle gespielt; insgesamt war er ein Symbol des spirituellen Potentials des Menschen.

Es überrascht mich noch immer, daß Menschen in transpersonalen Geistesverfassungen solche Symbole nicht nur spontan vor sich sehen, sondern auch ihre tiefere esoterische Bedeutung entziffern können – selbst wenn sie über keinerlei intellektuelles Wissen über die spirituellen Traditionen verfügen, denen diese Zeichen entstammen. Das läßt vermuten, daß es sich dabei nicht um vom Menschen zu religiösen Zwecken entworfene Logos, sondern um Elemente einer symbolischen Sprache des kollektiven Unbewußten handelt.

Den Schöpfer und das kosmische Bewußtsein erfahren

Bei den dramatischsten und alles umfassenden transpersonalen Erfahrungen scheinen sich die Grenzen aufzulösen und die Unterscheidungen zwischen uns selbst und anderen Menschen, Objekten oder Kräften zu verschwinden. Wir erleben Einheit und begegnen oder identifizieren uns sogar vollkommen mit dem kreativen Prinzip des Universums. Je nachdem, wie stark wir noch unser Gefühl für die übliche Identität aufrechterhalten, erleben wir diese Begegnung entweder als staunender Zeuge oder als die kreative Kraft selbst. Dieses kreative Prinzip kann ganz unterschiedliche Formen annehmen. Manchmal erscheint es als personifizierte Weltseele oder Schöpfer, als ein Archetyp höherer Ordnung, der die Macht über alle anderen hat. Ich habe erlebt, daß Leute mehr als einem Schöpfer begegnen, etwa männlichen und weiblichen Gottheiten, die zusammenarbeiten, wie sie in den Mythologien vieler Kulturen vertreten sind, oder sogar einer ganzen Hierarchie von Universen und Schöpfern. Viel häufiger wird diese kreative Kraft des Universums als etwas jenseits aller Form wahrgenommen – als reines Bewußtsein, das mit höchster Intelligenz und der Fähigkeit ausgestattet ist, alle und jede Erfahrungswelt zu erschaffen, ob sichtbar oder unsichtbar, körperlich oder ätherisch.

Beschreibungen von der Erfahrung des kosmischen Bewußtseins finden sich in den religiösen Schriften aller Zeiten. Das letztendliche kreative Prinzip hat viele Namen – Brahman im Hinduismus, Dharmakaya im Mahayana-Buddhismus, das Tao im Taoismus, das Pneuma in der gnostischen Lehre, der göttliche Atem in der christlichen Mystik, Allah im Sufismus und Kether in der Kabbala. Die grundlegende Botschaft der mystischen Traditionen lautete nicht nur, erfahrend Verbindung zum kreativen Prinzip aufzunehmen, sondern jeder von uns sei in gewisser Weise das kreative Prinzip. Das ist deswegen möglich, weil alle Grenzen im Universum letztendlich illusorisch und beliebig sind und daher transzendiert werden können. Diese ewige Weisheit kommt am besten in dem berühmten Satz *Tat tvam asi* (oder »Das bist du«, du bist das Göttliche) aus den alten indischen Upanischaden zum Ausdruck. Die moderne Erforschung veränderter Bewußtseinszustände hat starke Belege für dieses Verständnis der menschlichen Natur geliefert, da sie zweifelsfrei nachweisen kann, daß man durch verschiedene bewußtseinserweiternde Methoden transzendente Zustände erreichen kann.

Wenn wir die Erfahrung machen, daß wir uns mit dem kosmischen Bewußtsein identifizieren, haben wir das Gefühl, die Gesamtheit der Existenz in uns zu bergen und die Wirklichkeit zu begreifen, die allen anderen Wirklichkeiten zugrundeliegt. Wir spüren zutiefst, daß wir Verbindung zum höchsten Prinzip allen Seins haben. In diesem Zustand ist es vollkommen klar, daß dieses Prinzip das letzte und einzige Geheimnis ist; hat man seine Existenz erst akzeptiert, kann man alles andere daraus verstehen und erklären. Die Erfahrung des kosmischen Bewußtseins ist uferlos, unergründlich und jenseits von Worten. Und doch befriedigt selbst ein sehr kurzes Erlebnis davon unser Bedürfnis zu verstehen vollkommen. Alle Fragen nach den Geheimnissen des Lebens scheinen beantwortet, und es gibt keine Notwendigkeit, noch weiter zu suchen. Menschen, die diese Erfahrung nicht gemacht haben, kann man das nicht vermitteln, und es ist auch nicht notwendig. Es wird zu einem sich selbst bestätigenden und zutiefst persönlichen Ereignis.

Die vermutlich berühmteste Aussage darüber, wie vergeblich der Versuch ist, die Essenz der kosmischen Quelle in Worte oder Gedanken zu fassen, stammt von Laotse, einem chinesischen Weisen, der im vierten Jahrhundert vor Christi Geburt lebte:

> Der SINN, der sich aussprechen läßt, ist nicht der ewige Sinn.
> Der Name, der sich nennen läßt, ist nicht der ewige Name.
> »Nichtsein« nenne ich den Anfang von Himmel und Erde.
> »Sein« nenne ich die Mutter der Einzelwesen.[39]

Die Sprachen der Kulturen mit alten mystischen Traditionen, die auf erfahrender Selbsterforschung beruhen (wie das Chinesische, das Tibetische oder Sanskrit), haben ein reiches und anspruchsvolles Vokabular für die verschiedenen mystischen Zustände des Bewußtseins. Aber selbst dann scheinen die Worte die Bedeutung nur dann angemessen zu vermitteln, wenn wir sie zu einer persönlichen

Erfahrung in Beziehung setzen können. In den spirituellen und philosophischen Schriften Indiens gibt es den Begriff *saccidananda*, der das Erfahren des kosmischen Bewußtseins beschreibt. Dieses zusammengesetzte Wort hat drei Wurzeln *sat*, die Existenz; *chit*, Bewußtheit oder Intelligenz; und *ananda*, Glückseligkeit. Saccidananda bedeutet demnach so viel wie »glückselige, intelligente Bewußtheit der Existenz«. Es handelt sich um eine Erfahrung ohne jeden konkreten Inhalt, aber das Wesen, für das es steht, besitzt die Fähigkeit, unendliche Erfahrungswelten zu erschaffen.

Da sich die Erfahrung, der letztendlichen kreativen Kraft zu begegnen, nicht in der Alltagssprache beschreiben läßt, kann ihr die Poesie vielleicht eher gerecht werden, aber auch sie hat damit Schwierigkeiten. Die spirituellen Werke von Rumi, Omar Khayyam, Kabir, Kahlil Gibran, Sri Aurobindo oder der heiligen Hildegard von Bingen sind der Beschreibung dieser Erfahrung vermutlich am nächsten gekommen.

Die folgende Beschreibung des kosmischen Bewußtseins stammt von jemandem, der sich schon seit vielen Jahren der systematischen Selbsterforschung widmet. Ich biete sie hier an, da sie zumindest andeutungsweise die Gefühle, Gedanken und Einsichten vermittelt, die bei dem Prozeß entstehen.

Dann veränderte sich das Geschehen und wurde zu einer extrem starken und bewegenden Erfahrung des Kosmischen Baumes. Das vereinigte Feld der kosmischen Energie, das ich zuvor erlebt hatte, wurde nun zu einem stämmigen, im Raum schwebenden Baum aus strahlender Energie. Er war größer als die größte Galaxie und bestand ganz aus Licht. Das Herz des Baumes war in dem Leuchten nicht zu sehen, wohl aber die Äste und Blätter am Rande. Ich erlebte mich selbst als eines dieser Blätter; die Leben meiner Familie und meiner engen Freunde waren auf einem kleinen Zweig um mich herum gebündelt. All unsere unterschiedlichen Eigenschaften, die uns zu den Individuen machten, die wir waren, schienen aus dieser Perspektive recht kleine, fast beliebige Variationen der einen fundamentalen Energie zu sein.

Ich wurde um den Baum herumgeführt und gelehrt, wie man von der Erfahrung eines Menschen zu der eines anderen gelangt. Es war geradezu lächerlich einfach. Verschiedene Leben rund um den Globus waren nichts

als verschiedene Erfahrungen des Baumes. Die Wahl war es, die alle Erlebnisse regierte; verschiedene Wesen, die alle Teil des Seins selbst waren, hatten einfach so mannigfaltige Erfahrungen gewählt. An diesem Punkt war ich der Baum. Nicht, daß ich die ganze Breite seiner Erfahrung gehabt hätte, aber ich wußte, daß ich dieses eine, umfassende Bewußtsein war. Ich wußte, daß seine Identität meine wahre Identität war.
Zwar hatte ich mich schon vor vielen Jahren dem Monismus verschrieben, aber nun erlebte ich tatsächlich das nahtlose Fließen von Bewußtsein zu Kristallisationen von Verkörperung. Ich erlebte, wie Bewußtsein sich in getrennten Formen manifestiert und dabei vereint bleibt. Ich wußte, daß es grundlegend nur *Ein Bewußtsein* im Universum gab. Aus dieser Perspektive schienen meine eigene Identität und die von anderen temporär und beinahe trivial. Meine echte Identität zu erfahren, erfüllte mich mit einem profunden Gefühl einer numinosen Begegnung.

In den nächsten Stunden nahm ihn dieses Bewußtsein auf eine außergewöhnliche Reise durch das Universum mit. Es war, als ob es ihm sein Werk zeigen wollte. Er war davon überzeugt, daß dieses Bewußtsein der Schöpfer unseres gesamten physischen Universums war. Es nahm ihn irgendwohin mit oder öffnete ihn für Erfahrungen, und nach einiger Zeit lernte er das verborgene Wirken des Kosmos verstehen. Immer wieder überwältigten ihn die Größe, die Subtilität und die Intelligenz dessen, was er zu sehen bekam. Die Schönheit des Entwurfs war so beeindruckend, daß ihm dauernd der Atem stockte. Er fährt fort:

Diese Tour war die außergewöhnlichste Reise meines Lebens. Die Anblicke intelligenter Gestaltung schwemmten mich wiederholt in kosmische Ekstase. Obwohl diese Erfahrungen schon aus sich heraus erstaunlich waren, war der bestechendste Aspekt der heutigen Sitzung für mich nicht die Entdeckung der Dimensionen des Universums, sondern das, was mein Sehen und Verstehen für das Bewußtsein bedeuteten, mit dem ich unterwegs war. Es war so glücklich, jemandem zu haben, dem es sein Werk zeigen konnte. Ich hatte das Gefühl, es hätte seit Jahrmilliarden darauf gewartet, daß sich das verkörperte Bewußtsein so weit entwickelt, daß endlich jemand sehen, verstehen und schätzen könnte, was es geleistet hatte.
Ich spürte die Einsamkeit dieser Intelligenz, die ein solches Meisterwerk geschaffen und niemanden hatte, der es bewunderte, und ich weinte. Ich

weinte um seine Isolation und aus Andacht vor der tiefen Liebe, die diese Einsamkeit als Teil eines größeren Plans auf sich genommen hatte. Hinter der Schöpfung spürte ich eine Liebe von außergewöhnlichen Ausmaßen. Die gesamte Existenz ist ein Ausdruck von Liebe. Die Intelligenz des Entwurfs des Universums entspricht der Tiefe der Liebe, die diesen inspiriert hat.

Irgendwo hier spürte ich, daß ich das auf dieser Reise gesammelte Wissen nicht mit mir würde nehmen können. Auch die Intelligenz, mit der ich zusammen war, wußte das, was für sie die paar Stunden mit mir noch kostbarer machte. Es gab nichts, was ich mit diesem Wissen würde tun können, als es jetzt zu erleben. Mein größter Dienst war der, einfach zu schätzen, was ich sah. Es schien extrem wichtig zu sein, dem Schöpfer seine Schöpfung in liebender Achtung zu spiegeln. Zu sehen, zu verstehen und zu schätzen.[40]

Bei dieser Art von Erfahrung können wir profunde Einsichten in den Prozeß der Schöpfung gewinnen und sogar die damit verbundenen Kräfte und Impulse fühlen. Wir spüren eine zwingende Fülle kreativer Energie, immense Liebe und großes Mitgefühl, einen unwiderstehlichen künstlerischen Impuls, endlose Neugier und eine Leidenschaft fürs Experimentieren. Die Identifikation mit der kreativen Energie des Kosmos führt oft zu einer neuen Einstellung zum Leben und wird zur Grundlage eines neuen Verständnisses der Existenz. Die meisten Menschen sind begeistert, wenn sie ihren wirklichen kosmischen Status entdecken und gewinnen eine vollkommen neue Sicht ihrer alltäglichen Probleme. Die meisten lassen alle Gefühle zurück, sie seien Opfer von Drangsal und Heimsuchungen oder sogar solcher globaler Probleme wie wirtschaftlicher Streitereien und Kriege. Sie wissen statt dessen, daß sie auf einer anderen Ebene aktive Teilnehmer an der Schöpfung eines universalen Dramas sind.

Gelegentlich kann es aber auch zu negativen Reaktionen auf diese Art von kosmischen Einsichten kommen. Manche Leute finden es schwierig, in ihr Alltagsbewußtsein zurückzukehren und Rollen anzunehmen, die im Lichte dessen, was sie gerade erlebt haben, trivial scheinen. Andere sind enttäuscht, weil sie erkannt haben, daß sie als Menschen Akteure in einem vorbestimmten kosmischen

Spiel sind, und sie wehren sich dagegen, diese Tatsache anzunehmen. Die Reaktionen und Einsichten nach einer solchen Erfahrung können von Enttäuschung bis zu dem Gefühl reichen, man spiele bei der fortschreitenden Entwicklung des Bewußtseins eine wichtige Rolle. Es scheint keine einfachen Antworten auf die Fragen zu geben, die als Ergebnis einer solchen Erfahrung auftauchen. Letzten Endes heißt es immer: Unsere eigene individualisierte Suche nach Antworten ist ein integraler Teil der Entwicklung des kosmischen Bewußtseins.

Das Erleben kosmischen Bewußtseins liefert uns wichtige Einsichten für ein tieferes Verständnis der höchsten Formen von Schöpfertum. Die Literatur über Kreativität ist voller Beispiele von außergewöhnlichen künstlerischen, wissenschaftlichen, philosophischen und religiösen Inspirationen, die aus einer transpersonalen Quelle stammen und in veränderten Bewußtseinszuständen empfangen wurden. Selbst die kürzesten Anflüge mystischer Einsicht führen oft zu außergewöhnlichen Ergebnissen. Das Ausmaß allerdings, in dem Menschen an diesen Augenblicken der Einsicht und Entdeckung teilnehmen, ist individuell sehr unterschiedlich. Die damit verbundenen Mechanismen fallen im allgemeinen in drei Kategorien.

Bei der oberflächlichsten Form der kreativen Inspiration kämpft der Betreffende schon seit Monaten oder sogar Jahren mit einem schwierigen Problem und kommt zu keiner Antwort. Und dann findet er plötzlich seine Lösung – oft unerwartet und geradezu ausbruchsartig. Das geschieht gewöhnlich, während sich der Betreffende in einem veränderten Bewußtseinszustand befindet im Traum, bei hochgradiger körperlicher Erschöpfung, im Fieberwahn oder bei der Meditation. Das oft hierfür zitierte Beispiel ist Friedrich August Kekulé, der eine plötzliche Vision der chemischen Formel für Benzol hatte, während er in die Flammen seines Herdfeuers starrte – eine Einsicht, die die Geburt der modernen organischen Chemie einläutete. Oder der russische Chemiker Dmitrij Mendelejew, der sein berühmtes Periodensystem der chemischen Elemente aufstellte, als er von den langen Bemühungen, diese gemäß ihres atomaren Gewichts zu kategorisieren, vollkommen erschöpft im

Bett lag. Zu den vielen in ähnlichen Situationen entstandenen Entdeckungen gehören Niels Bohrs planetares Modell des Atoms, Heisenbergs Formel der grundlegenden Prinzipien der Quantenphysik und die chemische Übertragung von Nervenimpulsen, für die Otto Loewi einen Nobelpreis erhielt.

Bei einer zweiten Form der kreativen Inspiration kann plötzlich eine Idee auftauchen, die ihrer Zeit weit voraus ist. In diesem Fall überkommt uns Jahre oder sogar Jahrhunderte vor der Entwicklung einer dazugehörigen wissenschaftlichen Grundlage, die ihn rechtfertigen oder interpretieren könnte, ein »inspirativer Blitz« aus dem transpersonalen Reich. Ein Beispiel dafür ist die atomistische Theorie, die Leukippos von Milet und Demokrit aufgestellt haben – zweitausendvierhundert Jahre bevor die moderne Physik die für den Beweis der Existenz von Atomen erforderliche Technologie entwickelt hatte. Oder die von dem ionischen Philosophen Anaximander zweitausend Jahre vor Darwins Evolutionstheorie geäußerte Ansicht, alles Leben habe sich aus den Meeren entwickelt. Nach etlichen Jahrhunderten der Prägung durch die Newtonsche Mechanik entstand in den letzten Jahrzehnten ein wissenschaftliches Verständnis von Raum, Zeit und Materie, das mit den Visionen des Universums in den uralten religiösen Schriften des Ostens übereinstimmt. Mit dieser Konvergenz moderner westlicher Wissenschaft und alter östlicher Philosophie hat sich neben anderen Physikern besonders Fritjof Capra in seinem Buch *Das Tao der Physik* beschäftigt. In der modernen Wissenschaftsphilosophie wird nun allgemein anerkannt, daß diese Art von intuitiven Einsichten einen integralen und wichtigen Teil der wissenschaftlichen Erforschung der Natur bilden.

Die dritte und höchste Form der transpersonalen Eingebung ist der Prometheus-Impuls. Davon spricht man, wenn ein Wissenschaftler, Erfinder, Künstler, Philosoph oder spiritueller Visionär eine plötzliche Erkenntnis hat, bei der er oder sie ein ganzes Produkt in seiner vollendeten Form vor sich sieht. Die Tatsache, daß sich ein Genie aus transpersonalen Quellen nährt, spiegelt sich sogar in der Alltagssprache. Solche außergewöhnlichen Leistungen schreiben wir dann »göttlicher Inspiration« zu oder bezeichnen sie als »Geschenk des Himmels«. Das berühmteste Beispiel für diese Kategorie ist vermutlich Einsteins Relativitätstheorie, deren Prinzipien sich ihm durch kinästhetische Empfindungen in den Muskeln offenbarten. Oder Nikola Teslas Konstruktion des ersten funktionsfähigen Hochfrequenztransformators, dessen gesamte Bauweise er in einer Vision sah. Tesla hatte noch weitere ähnliche Visionen, die ihm das Material für den Entwurf drahtloser Energieübertragung, Stromerzeugung durch Solaranlagen und Ausnutzung der Meereswellen und schließlich ein breites Spektrum von automatisierten Werkzeugen boten.

Der Prometheus-Impuls kommt sogar in der Mathematik vor, in einer Disziplin also, die wir im allgemeinen mit Logik und reinem Verstand assoziieren. Ein hervorragendes Beispiel dafür bietet Karl Friedrich Gauß, ein Mathematiker und Astronom des achtzehnten Jahrhunderts, der viele wichtige Beiträge zur Zahlentheorie, zur Geometrie gebogener Flächen und zur Anwendung der Mathematik auf Elektrizität und Magnetismus lieferte. Gauß konnte selbst ungewöhnlich komplexe Berechnungen sozusagen auf der Stelle durchführen und erklärte, seine wissenschaftlichen und mathematischen Einsichten kämen ihm wie ein Blitz – durch »Gottes Gnade«. Und vor einigen Jahren konnte Srinivas Ramanujan, ein in einem kleinen Dorf in Indien aufgewachsener junger Mann ohne formale Bildung, hochkarätige Mathematiker in Cambridge mit seinen erstaunlichen Lösungen von sehr komplexen mathematischen Problemen in Erstaunen versetzen. Er selbst sagte, die Dorfgöttin Namagiri habe ihm dies mathematische Wissen in einer Reihe offenbarender Träume zuteil werden lassen.

Diese Art von Inspiration kommt besonders häufig in der Kunst und in der Religion vor. Der englische Dichter William Blake sagte von seinem Werk *Milton*: »Ich habe dieses Gedicht nach unmittelbarem Diktat geschrieben, manchmal zwölf oder zwanzig bis dreißig Zeilen auf einmal, ohne vorherige Überlegung und gegen meinen Willen.« Rainer Maria Rilke sagte, *Die Sonette an Orpheus* seien ihm in ihrer endgültigen Form eingegeben worden und hätten keiner weiteren Bearbeitung bedurft. Wolfgang Amadeus Mozart behauptete, er fände seine Symphonien oft fertig in seinem Kopf, während Richard Wagner die Musik beim Komponieren seinem »inneren Ohr« entspringen hörte. Johannes Brahms berichtete einem Biographen über seine Eingebungen und seinen kreativen Prozeß: »Sofort strömen die Ideen auf mich ein, direkt von Gott; ich sehe nicht nur bestimmte Themen vor meinem geistigen Auge, sondern auch die richtige Form, in die sie gekleidet sind, die Harmonien und die Orchestrierung. Takt für Takt wird mir das fertige Werk geoffenbart, wenn ich mich in dieser seltenen, inspirierten Gefühlslage befinde.« Noch deutlicher sind die Worte mit denen Giacomo Puccini den Prozeß der Entstehung einer Oper beschreibt: »Die Musik zur *Madame Butterfly* wurde mir von Gott diktiert; ich fungierte lediglich als Werkzeug, das sie zu Papier brachte und dem Publikum übermittelte.«[41]

Die göttlichen Erleuchtungen der spirituellen Propheten haben tiefgreifend auf das Schicksal ganzer Nationen und das Leben von Milliarden von Menschen eingewirkt. Da brauchen wir nur an Buddha unter dem Bodhibaum, Moses auf dem Berg Sinai, Jesus in der Wüste, Paulus auf der Straße nach Damaskus und Mohammeds visionäre Nachtreise zu denken. Die heiligen Schriften der großen Religionen – die Veden, die Thora, die Bibel, der Koran – sind Aufzeichnungen von Eingebungen, die den Autoren in veränderten Bewußtseinszuständen gechannelt wurden.

In Anbetracht der überwältigenden Beweise für visionäre Erfahrungen auf allen Gebieten des Lebens scheint es bemerkenswert, daß die traditionelle Wissenschaft des Westens diese entscheidende Kraft in der Menschheitsgeschichte weiterhin ignoriert. Paradoxerweise entstand René Descartes »Abhandlung über die Methode«, das Buch, das die gesamte Struktur des westlichen Wissens umformte und die Grundlagen für die moderne Wissenschaft lieferte, durch drei Träume und einen Traum im Traum, der wiederum den Schlüssel für die Interpretation des größeren Traumes bot. Welch Ironie: Das ganze Gebäude der rationalen, reduktionistischen, positivistischen Wissenschaft, die heute »subjektives Wissen« ablehnt, fußt auf einer Enthüllung in einem veränderten Bewußtseinszustand!

Die suprakosmische und metakosmische Leere

Eines der rätselhaftesten transpersonalen Phänomene ist die Erfahrung der suprakosmischen und metakosmischen Leere, der uranfänglichen Leere, des Nichtseins und der Stille. Diese außergewöhnliche spirituelle Erfahrung ist hochgradig paradoxer Natur. Die Leere existiert jenseits aller Form. Sie kann zwar die Quelle von allem sein, läßt sich jedoch selbst aus nichts anderem ableiten. Sie ist jenseits von Raum und Zeit. Wir können in der Leere nichts Konkretes wahrnehmen, haben aber zugleich das sichere Gefühl, daß nichts fehlt. Diese absolute Leere birgt gleichzeitig die gesamte Existenz in sich, da sie alles in potentieller Form enthält.

Die Leere transzendiert alle üblichen Kausalitätsbegriffe. Menschen, die sie erfahren haben, werden sich deutlich der Tatsache bewußt, daß verschiedene Formen aus dieser Leere auftauchen und entweder in der Erscheinungswelt oder als Archetyp Existenz annehmen können, und das ohne jeden ersichtlichen Grund oder Anlaß. Unserem Alltagsbewußtsein ist die Vorstellung, daß sich etwas vollkommen grundlos ereignen oder Gestalt annehmen könnte, unverständlich, aber wenn wir die Leere erleben, überrascht sie uns nicht im mindesten. Wie bei den Quantenwellentheorien der modernen Physik, läßt sich die Leere als Ansammlung einer endlosen Zahl von »Quanten« sehen, das heißt als Teile und Teilchen, die vollständige Muster von möglichen Ereignissen bilden. Dadurch, daß wir eine bestimmte Wirklichkeit *auswählen*, wird diese Realität im Bewußtsein erschaffen.

10. Erfahrungen psychoider Natur

Der sich in einem synchronistischen Phänomen manifestierende Archetypus ist wahrhaftig ehrfurchtgebietend, wenn nicht sogar wie ein Wunder – ein nicht geheuerlicher Schwellenhocker. Er ist zugleich physisch und psychisch und kann wie der Gott Janus zwei Gesichter tragen. Die zwei Gesichter des Archetypus sind in dem gemeinsamen Kopf der Bedeutung vereint.

Stephan A. Holler, *The Gnostic Jung*

Von allen Erfahrungen im transpersonalen Reich bilden die psychoider Natur die größte Herausforderung für unsere übliche Wahrnehmung der Wirklichkeit. Der Begriff *psychoid* wurde zuerst von C. G. Jung in Bezug auf Archetypen des kollektiven Unbewußten verwendet. Jung stellte fest, daß Archetypen einem Großteil der Menschheit oder sogar allen Menschen gemeinsam und in diesem Sinne transindividuell sind, das heißt, sie werden nicht von der Geschichte oder Erfahrung eines einzelnen erschaffen. Jung glaubte jedoch ursprünglich, es handele sich um angeborene psychische Prädispositionen, ähnlich den Instinkten, die daher ihre Entsprechungen in unserem Gehirn hätten.

In seinen ersten Ausführungen zum Thema schrieb Jung auch, die Archetypen würden innerhalb der Psyche arbeiten, besäßen aber kein von uns unabhängiges Bewußtsein. Diese Ansicht hat er später revidiert. Er gelangte zu der Auffassung, Archetypen hätten ein von dem unseren durchaus getrenntes Bewußtsein und könnten allein denken und handeln. Also waren sie nicht wie fiktive, von ihren Autoren geschaffene und kontrollierte Charaktere. In *Erinnerungen, Gedanken, Träume* schreibt Jung: »Gewiß spielt das Ich und sein Wille eine große Rolle. Das was Ich will, ist aber in hohem Maße und in einer ihm meist unbewußten Weise durchkreuzt von der Autonomie und Numinosität archetypischer Vorgänge.«[42] Er revidierte seine ursprüngliche Sicht der Archetypen, weil sie einige der wichtigen Charakteristika der Archetypen nicht erklärte, besonders in Hinsicht auf das von ihm als Synchronizität bezeichnete Phänomen. Er beobachtete, daß es viele Fälle gab, in denen Archetypen auf sinnvolle und kohärente Weise mit Ereignissen in der äußeren Welt zusammentrafen, was Beziehungen zwischen den inneren und den äußeren Wirklichkeiten vermuten läßt, die sich nicht in Kausalitätsbegriffen, einem der Schlüssel der traditionellen Wissenschaft des Westens, erklären lassen.

Jungs Erkenntnis, daß es Phänomene außerhalb von Ursache und Wirkung gibt, brachte ihn zu der Definition von Synchronizität als einem »Prinzip akausaler Zusammenhänge«. Bedeutungsvolle Koinzidenzen zwischen der inneren Welt, der der Visionen und Träume, und der äußeren Welt der »objektiven Wirklichkeit« bedeuteten für Jung, daß die beiden Welten vielleicht nicht so deutlich voneinander abgegrenzt sind, wie wir denken. Er begann davon zu sprechen, Archetypen seien »psychoider Natur«, das heißt, sie gehören weder zum Reich der Psyche noch zu dem der materiellen Realität. Sie existieren statt dessen in einem merkwürdigen Zwielichtbereich zwischen Bewußtsein und Materie.[43]

Das Verwischen der Grenzen zwischen Bewußtsein und Materie stellt alles in Frage, was wir in der traditionellen Denkweise des Westens gelehrt werden. Bereits in jungen Jahren drängen uns Eltern, Lehrer und religiöse Führer, klare Linien zwischen »subjektiv« und »objektiv«, »wirklich« und »unwirklich«, dem Bestehenden und dem Nichtbestehenden, dem Greifbaren und dem Ungreifbaren zu ziehen. Dennoch findet eine Realität, die Jungs akausalem Universum ähnlich ist, zunehmend Zustimmung in der modernen Wissenschaft, besonders in der Quantenphysik und der Relativitätstheorie. Aus diesem Grund liegt die Erforschung der psychoiden Phänomene an den äußersten Grenzen des menschlichen Wissens. Leider gestaltet sich ein ernsthafter wissenschaftlicher Zugang zu diesem Gebiet außerordentlich schwierig.

Schließlich stellt diese Kategorie von Erfahrungen nicht nur die radikalste Herausforderung für die traditionelle wissenschaftliche Weltsicht dar, sondern sie ist auch von Haus aus schwer faßbar und kann kapriziöse, fast listige Eigenschaften aufweisen. Noch verzwickter wird das Ganze dadurch, daß viele in diese Kategorie gehörenden Erfahrungen durch Filme und Bücher weit verbreitet worden sind. Wir haben uns daran gewöhnt, die Existenz von Geistern, Ufos, Poltergeistern und Psychokinese der imaginären Welt von Horrorfilmen und Romanen zuzuordnen. Diese Popularisierung ermuntert uns zwar, solche Angelegenheiten zumindest in unterhaltsamen Kategorien zur Kenntnis zu nehmen, verstärkt aber auch die Neigung, die Dinge zu trivialisieren, und uns dahingehend zu konditionieren, daß wir sie einfach als Phantasien abtun. Die moderne Bewußtseinsforschung und die Untersuchungen veränderter Zustände haben in der Zeit seit Jungs Tod beachtliche Unterstützung für seine Gedanken über psychoide Phänomene gebracht. Derzeit kann es keinen Zweifel daran geben, daß dieses Gebiet viel mehr Aufmerksamkeit als bisher verdient. Auf den nächsten Seiten werden wir daher mehrere Arten von transpersonalen Erfahrungen psychoiden Charakters betrachten. Ihr gemeinsamer Nenner liegt darin, daß sie mehr als Produkte von Phantasie und Vorstellungskraft sind, daß ihnen aber bestimmte Merkmale fehlen, die sie als im üblichen Sinne unwiderruflich »real« kennzeichnen würden. Im Folgenden gebrauche ich den Begriff *psychoid* in einem weiteren Sinne als Jung, der das Wort ursprünglich nur im Zusammenhang mit den Archetypen verwendet hat.

Bei psychoiden Erfahrungen lassen sich drei Grundkategorien unterscheiden. Die erste enthält die häufigsten psychoiden Phänomene – im Jungschen Sinne Synchronizitäten. Ihr würden wir die inneren Erfahrungen zuordnen, die mit Ereignissen in der materiellen Welt synchron laufen. Weder die inneren Erfahrungen noch die äußeren Ereignisse sind dabei notwendigerweise ungewöhnlich; verblüffend ist vielmehr die akausale Verbindung zwischen beiden. Die Existenz dieser Art von Synchronizitäten legt nahe, daß Psyche und Materie nicht voneinander unabhängig sind, sondern sich zu spielerischen Interaktionen treffen, bei denen die Grenzen zwischen ihnen verblassen oder verschwinden.

Die zweite Kategorie stellt einen wesentlichen Schritt darüber hinaus dar. Ihr ordnen wir Ereignisse in der äußeren Welt zu, die mit inneren Erfahrungen zusammenhängen und die die traditionelle Wissenschaft für unmöglich halten würde. Typische Beispiele für diese Kategorie wären Ereignisse, die Teilnehmer an spiritistischen Séancen bezeugen, und die sogenannten Poltergeist-Phänomene, die im Umfeld bestimmter Menschen auftreten. Diese beiden Arten von Erfahrungen sind von hervorragenden Parapsychologen gründlich erforscht worden. In diese Kategorie gehören auch das in der spirituellen Literatur immer wieder beschriebene »übernatürliche Leuchten«, das die Körper von bestimmten Heiligen umgibt; auch moderne Athleten berichten gelegentlich von Ereignissen, die in den Bereich des physisch Unmöglichen fallen. Ein weiteres Phänomen, das hierher gehört, ist die Grauzone der Ufo-Begegnungen, die auch deutlich psychoide Züge aufweisen.

Eine dritte Kategorie ist den Formen psychoider Erfahrungen vorbehalten, bei denen geistige Aktivität willentlich dafür eingesetzt wird, die Konsensrealität zu manipulieren. Dazu gehören Psychokinese, zeremonielle Magie, Heilen und Hexen bei Naturvölkern und die übernatürlichen Leistungen der Yogis (genannt *siddhis*).

Synchronizität: Welten jenseits der Kausalität

Die kartesianisch-Newtonsche Wissenschaft beschreibt das Universum als ein unendlich komplexes System von mechanischen Ereignissen, die streng deterministisch sind und dem Prinzip von Ursache und Wirkung unterliegen. Jeder Prozeß in der Welt hat seine bestimmten Ursachen und führt seinerseits wieder dazu, daß andere Dinge geschehen. Trotz des damit einhergehenden recht unangenehmen Widerspruchs – des Problems nämlich, die ursprüngliche Ursache aller Ursachen zu definieren – bildet dieses Verständnis der Realität noch immer den grundlegenden Glaubenssatz traditioneller Wissenschaftler. In Form von Kausalität zu denken, war in der westlichen Wissenschaft so erfolgreich, daß es schwierig war, sich auch nur vorzustellen, es könnte Prozesse geben, die nicht dem

Diktat von Ursache und Wirkung unterliegen – mit einer Ausnahme natürlich, dem Beginn des Universums selbst.

Wegen eben dieses tief verwurzelten Glaubens an die Kausalität als zentrales Prinzip der Natur hat Jung viele Jahre lang gezögert, seine Beobachtungen von Ereignissen zu veröffentlichen, die nicht in diesen Raster paßten. Er hielt seine Arbeit zu diesem Thema so lange zurück, bis er und andere Hunderte von überzeugenden Beispielen für Synchronizität gesammelt hatten, und er absolut sicher war, daß er etwas Valides zu berichten hätte. In seiner berühmten Arbeit *Synchronizität als ein Prinzip akausaler Zusammenhänge*, brachte Jung seine Ansicht zum Ausdruck, Kausalität sei kein absolutes Naturgesetz, sondern ein statistisches Phänomen. Und er verwies zudem darauf, daß es viele Fälle gibt, in denen dieses »Gesetz« nicht gilt.

Die meisten von uns haben selbst schon merkwürdige Koinzidenzen erlebt, die sich gewöhnlichen Erklärungsversuchen entziehen. Der österreichische Biologe Paul Kammerer, einer der ersten, der sich für die wissenschaftlichen Implikationen dieses Phänomens interessierte, berichtete, sein Trambahnbillet hätte die gleiche Nummer getragen wie die Theaterkarte, die er sofort nach der Fahrt kaufte; später am Abend erhielt er einen Anruf, bei dem ihm jemand dieselbe Zahlenreihe als Telefonnummer angab.[44]

Der Astronom Flammarion zitiert eine amüsante Geschichte einer dreifachen Koinzidenz, die mit einem gewissen Monsieur Deschamps und einer bestimmten Art von Plumpudding zu tun hat. Als Junge erhielt Herr Deschamps ein Stück dieses Puddings von einem Monsieur de Fortgibu. Zehn Jahre später sah er denselben Pudding auf der Speisekarte eines Pariser Restaurants und orderte beim Kellner eine Portion. Es stellte sich aber heraus, daß das letzte Stück gerade einem anderen Gast serviert worden war – Monsieur de Fortgibu, der just in dem Augenblick im selben Restaurant war. Wiederum viele Jahre später war Monsieur Deschamps zu einem Fest eingeladen, bei dem dieser Pudding als seltene Köstlichkeit angeboten wurde. Noch während er aß, dachte er, nun würde nur noch Monsieur de Fortgibu fehlen. In dem Moment ging die Tür auf, und ein alter Mann trat ein. Es war Monsieur de Fortgibu, der aus Versehen in diese Gesellschaft hineingeplatzt war, weil man ihm für die Einladung, zu der er eigentlich wollte, eine falsche Adresse gegeben hatte.[45]

So interessant diese und ähnliche Vorkommnisse auch gewesen sein mögen, war Jung doch primär an den Koinzidenzen interessiert, bei denen verschiedene äußere Ereignisse bedeutungsvolle Verbindungen zu inneren Erfahrungen aufwiesen. Das war die Art von offensichtlichen Koinzidenzen, die er als Synchronizitäten bezeichnete; sie beinhalten das »simultane Auftreten eines psychischen Zustandes mit einem oder mehreren äußeren Ereignissen, die sinnvolle Parallelen zu dem momentanen subjektiven Zustand zu sein scheinen«. Unter den vielen Vorkommnissen von Synchronizität in Jungs eigenem Leben ist eines besonders berühmt geworden; es ereignete sich während einer Therapiesitzung mit einer seiner Patientinnen. Diese war ziemlich therapieresistent, und bis zu diesem bestimmten Ereignis hatte man wenig oder gar keinen Fortschritt erzielt. Die Frau erzählte von einem Traum, in dem sie einen goldenen Skarabäus als Geschenk erhielt. Während der Analyse dieses Traums hörte Jung ein Geräusch am Fenster. Als er hinging, fand er auf dem Sims einen skarabäusartigen Rosenkäfer, der sich bemühte hineinzukommen. Es handelte sich um eine sehr seltene Art, die in diesen Breitengraden sicher dem Skarabäus am nächsten kommt. So etwas war Jung noch nie passiert. Er öffnete das Fenster, nahm den Käfer auf und zeigte ihn der Patientin. Diese erstaunliche Synchronizität hatte tiefe Auswirkungen auf ihren Prozeß und markierte den Beginn einer psychischen Erneuerung.[46]

Meine Frau und ich haben beide bei unserer Arbeit viele bemerkenswerte Synchronizitäten beobachtet und auch selbst in unserem Privatleben erfahren. Besonders eine ist mir noch lebhaft im Gedächtnis. Wie ich bereits erwähnte, durchlebte Christina eine psychospirituelle Krise, die zwölf Jahre anhielt und spontan auftretende Episoden veränderten Bewußtseins mit sich brachte. Zu einer bestimmten Zeit tauchte in ihren Visionen immer wieder dasselbe Symbol auf: ein weißer Schwan. Am Abend nach einem Tag, an dem sie eine besonders bedeutungsvolle Schwanvision gehabt hatte, nahmen wir beide an einer schamanischen Sitzung mit dem Anthropologen und Schamanen Michael Harner teil, der damals Gast unseres einmonatigen Seminars am Esalen-Institut in Kalifornien war. Michael führte ein Heilungsritual der Salish-Indianer durch, bei dem es ein »Geist-Kanu« gibt. Bei dieser Zeremonie geht der Schamane auf eine visionäre Reise in die Unterwelt, um die Seele eines Klienten zurückzuholen, der ihn um Hilfe gebeten hat. Der Schamane erlebt auf seiner inneren Reise drei Begegnungen mit einem Tier, das danach zum Geistwächter oder Krafttier des Klienten ernannt wird. Bei dieser Sitzung meldete sich Christina als Klientin. Michael trat seine visionäre Reise in die Unterwelt an, und als er zurückkam, flüsterte er Christina ins Ohr: »Dein Krafttier ist ein weißer Schwan«. Danach tanzte sie vor der Gruppe den Schwanentanz.

An dieser Stelle ist der Hinweis wichtig, daß Michael Harner keine Ahnung von Christinas inneren Prozessen hatte und nichts von ihren früheren Schwanvisionen wußte. Am nächsten Tag bekam Christina einen Brief von jemandem, der einige Monate zuvor an einem unserer Workshops teilgenommen hatte. Sie öffnete ihn und fand ein Photo ihres spirituellen Lehrers Swami Muktananda. Er saß im Garten neben einem großen weißen Blumenkübel in der Form eines Schwans; der Meister blickte schelmisch, und sein rechter Daumen und Zeigefinger waren zum universalen Zeichen für »okay« gebogen, was Zustimmung bedeutete. Auch wenn es keine kausalen Verbindungen zwischen diesen einzelnen Ereignissen gab, bildeten sie doch deutlich ein sinnvolles psychologisches Muster.

Synchronistische Ereignisse wie diese können mit vielen anderen Formen von transpersonalen Erfahrungen und gelegentlich auch mit perinatalen Sequenzen verbunden sein. Ich habe immer wieder hochgradig unwahrscheinliche Ansammlungen von Unfällen und Mißgeschicken im Leben von Menschen gesehen, die sich bei ihrem inneren Prozeß der Erfahrung des Ich-Tods näherten. Wenn sie diesen Prozeß vollendeten und die spirituelle Wiedergeburt erlebten, verschwanden diese Bedrohungen fast wie von Zauberhand. Wenn jemand durch schamanische oder andere innere Arbeit Kontakt zu einem tierischen Geistführer aufnimmt, taucht dieser, wie Christinas Beispiel zeigt, immer wieder in seinem Leben auf. Eben-

so ergeben sich in Zeiten der inneren Konfrontation mit archetypischen Bildern – wie Animus, Anima, der großen Muttergöttin, der Göttin der Liebe und anderen – im Alltagsleben häufig Kontakte zu Menschen, die diese Archetypen ideal repräsentieren. Geschieht das, ist die einzige *Ursache*, die wir für solche Synchronizitäten finden können, das kapriziöse Zusammenspiel unserer inneren Welten und der physischen Welt außerhalb von uns.
Das Konzept der Synchronizität birgt wichtige Implikationen für die psychotherapeutische Praxis. In einem mechanischen Universum, in dem alles durch Ursache und Wirkung verbunden ist, gibt es keinen Raum für »sinnvolle Koinzidenzen« im Jungschen Sinne. In der herkömmlichen Psychiatrie erhält jemand, der solche wahrnimmt, bestenfalls die Diagnose, er *projiziere* auf *rein zufällige* Ereignisse einen besonderen Sinn; schlimmstenfalls heißt es, er leide unter Halluzinationen oder Wahnbildern. Traditionelle Psychiater wissen entweder nichts über die Existenz von echten Synchronizitäten oder ziehen es vor, dieses Konzept zu ignorieren. Das führt dazu, daß sie »sinnvolle Koinzidenzen« fälschlicherweise als Symptom ernster pathologischer Störungen (Beziehungswahn) diagnostizieren. Bei vielen Menschen in psychospirituellen Krisen, die von ganz validen Synchronizitäten berichten, erfolgt eine vollkommen unnötige Einweisung in die Psychiatrie. Würde man diese Erfahrungen richtig verstehen und als Manifestationen einer psychospirituellen Krise behandeln, könnte man diesen Menschen schnell mit Ansätzen helfen, die die spirituelle Entwicklung unterstützen, statt sie all den Problemen auszusetzen, die eine unnötige Einweisung mit sich bringt.
Jung selbst war sich vollkommen der Tatsache bewußt, daß das Konzept der Synchronizität nicht mit der traditionellen Wissenschaft vereinbar war, und verfolgte mit regem Interesse die revolutionäre neue Weltsicht, die sich aus der modernen Physik entwickelte. Er war mit Wolfgang Pauli befreundet, einem der Begründer der Quantenphysik, und die beiden pflegten einen sehr fruchtbaren Gedankenaustausch. Ähnlich unterstützte ihn Albert Einstein in persönlichen Gesprächen ausdrücklich, das Konzept der Synchronizität weiterzuverfolgen, da dieses vollkommen zum neuen

Denken in der Physik passe.[47] Bedauerlicherweise haben jedoch die meisten Psychologen und Psychiater die revolutionären Entwicklungen in der modernen Physik und der Jungschen Psychologie immer noch nicht angenommen.

Hinter die Grenzen der materiellen Wirklichkeit stoßen

Viele Erfahrungen im psychoiden Reich gehen mit physischen Ereignissen in der äußeren Welt einher, die das zu verletzen scheinen, was wir für Naturgesetze halten. Diese Ereignisse können auf die Wahrnehmung durch einen einzelnen beschränkt oder für die Beobachtung vieler offen sein, und daher weisen sie die üblichen Charakteristika der Konsensrealität auf. Die traditionelle Psychiatrie ist sich der Existenz solcher Situationen bewußt, verweist sie aber unglückseligerweise in den Bereich der Pathologie.

Eine Wirklichkeit, die nicht dem kartesianisch-Newtonschen Weltbild entspricht, die aber dennoch von zwei Menschen geteilt wird, wird in der Psychiatrie als *folie à deux* bezeichnet. Wenn eine ganze Familie eine solche Realität teilt, wie das bei den Erfahrungen war, die zu Jungs *Septem Sermones ad Mortuos* führte, heißt das entsprechende traditionelle Etikett *folie à famille*. Betrifft diese Situation eine große Zahl von Menschen, nennt man ihre kollektive Erfahrung »Massenhalluzination«. Bei näherer Betrachtung zeigt sich jedoch, daß man die so etikettierten Phänomene genauer untersuchen und nicht so leichtfertig abtun sollte. Man hat sie über die Jahrhunderte in verschiedenen Teilen der Welt beobachtet und aufgezeichnet. Ein tieferes Verständnis der zugrundeliegenden Mechanismen könnte unsere Sicht der Wirklichkeit radikal ändern.

Einige psychoide Phänomene führen zu dramatischen Veränderungen des menschlichen Körpers und seiner Funktionsweisen. Die religiöse und die mystische Literatur sind voller Beschreibungen solcher spektakulärer Veränderungen bei Menschen, die transpersonale Bewußtseinszustände erleben. So haben viele Leute, die Heiligen und spirituellen Lehrern wie Sankt Ignatius von Loyola oder Sri Ramana Maharishi begegnet sind, erklärt, deren Körper habe auf ungewöhnliche Weise geleuchtet. Ebenso ist vielfach belegt, daß bestimmte christliche Mystiker und Kontemplative im Zustand der ekstatischen Verzückung, in dem sie sich transpersonal mit Jesus Christus identifizierten, deutliche, blutende Wunden (Stigmata) an Händen und Füßen, offensichtliche Lanzenstiche im Bauch oder Punkturmale an den Stellen des Schädels aufwiesen, wo Christus die Dornenkrone trug. Man geht allgemein davon aus, der Heilige Franz von Assisi sei der erste gewesen, bei dem diese Veränderungen deutlich geworden seien; seit seiner Zeit sind mehr als dreihundert Fälle bekannt geworden, bei denen die Kreuzigungszeichen aufgetreten sind. Diesen Stigmata verwandt ist das »Zeichen der Vermählung«, ein ringförmiger Fleischwulst, der bei manchen Nonnen als Symbol ihrer Verlobung mit Christus am Finger wächst.

Eine weitere körperliche Manifestation transpersonaler Bewußtseinszustände ist extreme Körperhitze. In der christlichen Literatur heißt sie »Feuer der Liebe« (*incendium amoris*); der berühmteste Fall der Moderne ist der des Padre Pio aus Foggia in Italien, dessen Ärzte bei ihm Körpertemperaturen von über vierzig Grad maßen. In der Sufitradition ist dieses Phänomen als »Feuer der Trennung« bekannt; im tibetischen Buddhismus als *Tum-mo*, das »innere Feuer«. Es gibt belegte Fälle von extremen Formen dieses Phänomens, bei denen der Betroffene explodiert oder in Flammen aufgeht – offenbar durch irgendeine Form von Selbstentzündung. Ähnlich unglaublich sind die Berichte über die Fähigkeit bestimmter Menschen, die sich entschlossen haben, auf Nahrung zu verzichten. Ein guter Freund von uns, der verstorbene Tantraforscher Ajit Mokerjee, hat uns erzählt, er habe persönlich Einsiedler im Himalaya gekannt, die überhaupt keine Nahrung brauchten und sich – ausgerechnet! – mit ein paar Tropfen Quecksilber im Jahr am Leben hielten.

Nach tibetischen Schriften und Aussage einiger tibetischer Lehrer, mit denen wir intensiven persönlichen Kontakt hatten, können sich die Körper der Meister, die sich bestimmten geheimen Praktiken widmeten, nach deren physischem Tod tatsächlich dematerialisieren. Dem stehen Berichte über die augenscheinliche Unverwesbarkeit der Körper anderer Heiliger wie Bernadette von Lourdes und Paramahansa Yogananda gegenüber, deren Körper angeblich nicht zerfielen. Ein weiteres Phänomen, das die Glaubensbereitschaft gebildeter Menschen im Westen übersteigt, das aber verschiedentlich in der spirituellen Literatur auftaucht, ist das der Levitation. Beschrieben haben dies Leute, die persönlich die Gelegenheit hatten, manche christliche Heilige, einschließlich Teresa von Avila, verschiedene indische *yogis*, tibetische Lamas sowie Medien wie Daniel Douglas Home und Eusapia Palladino zu beobachten. Auch wenn ich selbst noch nie Zeuge der hier genannten extremen Phänomene geworden bin, bleibe ich dafür offen. Schließlich haben wiederholt glaubwürdige Zeugen von solchen Ereignissen berichtet, und dann sind sie den Vorfällen auch eng verwandt, die ich bei meiner eigenen Arbeit beobachte. Michael Murphys Buch *The Future of the Body* bietet eine erstaunliche Übersicht sorgfältig dokumentierter übernatürlicher Vorkommnisse über die Jahrhunderte.

Die übersinnliche Seite des Sports

Im modernen Leben treten solche außergewöhnlichen Ereignisse am häufigsten dort auf, wo man sie am wenigsten erwarten würde – beim Sport. Wir schreiben Leistungen der Superlative bei verschiedenen athletischen Aktivitäten gern einer Kombination aus angeborener Disposition, psychischer Ausdauer und hartem körperlichen Training zu. Ein Blick nach innen hingegen enthüllt, daß die Sportler selbst das oft ganz anders sehen. Viele berichten, sie seien zur Zeit ihrer Spitzenleistungen in einem Zustand gewesen, der der mystischen Verzückung ähnele. Ihre Erfahrung im psychoiden Reich, etwa die radikale Verschiebung von Raum und Zeit, grenzte für sie ans Wundersame. Das Buch *The Psychic Side of Sports* von Michael Murphy und Rhea White ist eine Goldgrube für solche Beispiele mit Berichten von Athleten aus fast jeder Sportart. Darüber hinaus deckten die Forschungen von Murphy und White viele

Vorfälle auf, bei denen die außergewöhnlichen inneren Erfahrungen der Sportler mit entsprechenden Wahrnehmungen auf seiten der Zuschauer einhergingen.
Fußballspieler, Rennfahrer, olympische Taucher und andere haben eine extreme Verlangsamung der subjektiven Zeit beschrieben, die ihnen das Gefühl gab, sie hätten beliebig viel Zeit, das zu tun, was sie vorhatten. Golfer, Fußballspieler, Taucher, Drachenflieger und Bergsteiger berichten von drastischen Veränderungen der Körpererscheinung; diese wurden manchmal von Zuschauern als tatsächliche Veränderung der Körpergröße und -form wahrgenommen. Footballspieler haben erzählt, sie schienen die feste Abwehrwand vor sich dadurch überwunden zu haben, daß sie sich auflösten und auf der anderen Seite rematerialisierten. Läufer können unerschöpfliche Energiequellen verspüren und das Gefühl haben, sich mühelos und ohne Bodenberührung zu bewegen. Der große Fußballer Pele hat beschrieben, daß er an einem Tag, an dem alles gut lief, eine merkwürdige Ruhe, Euphorie und endlose Energie verspürte. Er war sich absolut sicher, daß er durch die Verteidigung des Gegners hindurch dribbeln und körperlich durch sie hindurch gelangen konnte. Scharen von glaubwürdigen Zeugen haben bestätigt, daß Morehei Uyeshiba, der Erfinder des Aikido, die physischen Gesetze zu transzendieren schien, wenn er seine Fähigkeiten demonstrierte. Er stand bis zu sechs mit Messern bewaffneten und in Kampfkünsten wohltrainierten Angreifern gegenüber und schien seine Größe und Gestalt zu verändern, konnte einige Sekunden verschwinden und dann wieder an anderer Stelle auftauchen. Einige von diesen Leistungen sind in Dokumentarfilmen über seine Kunstfertigkeit festgehalten; seine Anhänger schwören, der Film sei nie bearbeitet oder in anderer Weise manipuliert worden, obwohl der Meister manchmal so vor unseren Augen zu verschwinden scheint, als handele es sich um einen photographischen Trick. Zeugen der Filmarbeit geben an, sie hätten dieselben wundersamen Ereignisse miterlebt, die der Film zeigt.

Die Welt der Parapsychologie: Wissenschaft, Betrug und Dichtung

Eine weitere große Kategorie psychoider Erfahrungen, die traditionell von Parapsychologen untersucht wird, ist die der spiritistischen Manifestationen und Poltergeistphänomene. Die transpersonalen Erfahrungen, die mit körperlosen Wesenheiten und Geistern einhergehen, haben wir bereits erörtert. Viele von ihnen bringen verschiedene physische Ereignisse mit sich, die mit inneren Erlebnissen synchron sind oder auch von anderen Menschen beobachtet und bestätigt werden können. So gelten beispielsweise deswegen viele Orte als spukig, weil die Besucher unabhängig voneinander dieselbe Art ungewöhnlicher Vorkommnisse erleben.

Bei ungezählten spiritistischen Séancen haben die Teilnehmer gemeinsam merkwürdige Dinge erlebt: Klopfen und Krachen an Wänden und Böden, Berührungen durch unsichtbare Hände, Stimmen aus dem Nichts, das Spielen musikalischer Instrumente und kalte Luftzüge. In manchen Fällen gab es auch Erscheinungen von Verstorbenen oder ihre Stimmen, die durch das Medium sprachen. In bestimmten Fällen konnten sie Telekinese und Materialisationen, die Levitation von Gegenständen und Menschen, die Bewegung von Gegenständen durch die Luft, Manifestationen von ektoplasmischen Formationen und das Erscheinen von Schriften oder kleinen Objekten beobachten, für die es keine Erklärung gab. Der berühmte amerikanische Parapsychologe R. B. Rhine nannte dies »physische Mediumschaft«. Solche Ereignisse traten besonders häufig bei den Séancen mit bestimmten Medien auf, etwa Eusapia Palladino und Daniel Douglas Home. Diese Sitzungen wurden wiederholt von erfahrenen Forschern begleitet.

Es gibt keine Frage, daß viele Teilnehmer in der Zeit um die Jahrhundertwende, als der Spiritismus seine weiteste Verbreitung erlebte, Opfer gerissener Schwindler wurden. Selbst berühmte Medien wie Eusapia Palladino wurden gelegentlich beim Schummeln erwischt. Aber wir sollten das Kind nicht mit dem Bade ausschütten und daraus schließen, daß dieses ganze Gebiet nichts als Betrug ist. Man kann sich nur schwerlich vorstellen, daß so viele hervorragende Forscher so viel Zeit und Energie in ein Feld gesteckt haben sollten, in dem es keine echten Phänomene zu beobachten gäbe. Auf kaum einem anderen Gebiet sind die Expertenaussagen so zahlreicher hochkarätiger Zeugen als Dummheit und Leichtgläubigkeit gewertet und damit abgeschrieben worden. Wir müssen erkennen, daß unter den ernsthaften Forschern viele Menschen mit herausragenden Qualifikationen waren, wie etwa der berühmte Physiker Sir William Crookes, der Nobelpreisträger, Arzt und Physiologe Charles Richet und Sir Oliver Lodge, ein Mitglied der Royal Society in England.

Der Poltergeist

Ein weiteres interessantes Phänomen, das die Parapsychologen untersuchen, ist in den letzten Jahren in Hollywood recht beliebt geworden: der Poltergeist. Der technische Begriff dafür lautet *wiederholte spontane Psychokinese*. Er bezeichnet einen breiten Bereich bizarrer Ereignisse, die spontan beginnen können, und für die es keine vernünftige Erklärung gibt. Man sieht Gegenstände durch die Luft fliegen, Feuer fangen, fallen und zerbrechen. Andere werden auf mysteriöse Weise in geschlossene Räume, Schränke oder Schubladen hinein oder aus ihnen heraus teleportiert. Ein ganzes Zimmer oder Gebäude kann voller Geräusche wie Klopfen, Krachen, Kratzen, Pfeifen oder sogar menschlichen Stimmen sein. Untersuchungen der Poltergeist-Phänomene führen meist zur Entdeckung einer Einzelperson, oft eines Jugendlichen, der die Quelle der ungewöhnlichen Vorkommnisse zu sein scheint. Wenn der Konflikt mit diesem Menschen gelöst ist, oder er aus dieser Umgebung entfernt wird, hören die Phänomene meist auf.

Interessanterweise scheinen sich die Muster psychoider Manifestationen im Laufe der Jahre zu ändern. Es gibt in der heutigen Zeit sozusagen keine körperlichen Medien mehr, während hochgradig glaubwürdige Forscher weiterhin Poltergeistfälle aufzeichnen und untersuchen. Früher war der Verursacher dieser Phänomene meist

eine junge Frau im Alter von durchschnittlich sechzehn Jahren; heute scheinen es ebenso häufig Männer zu sein wie Frauen, und das Durchschnittsalter ist auf zwanzig Jahre angestiegen.
Da sie sich der extrem kontroversen Natur wiederholter spontaner Psychokinese bewußt waren, haben die besten Forscher ihre Fälle ungewöhnlich sorgfältig überprüft. Die umfassendste Forschungsarbeit auf diesem Gebiet ist vermutlich unter der peinlich genauen Aufsicht von Hans Bender am Institut für die Erforschung der Grenzen der Psychologie und Psychohygiene in Freiburg durchgeführt worden.
Für einen der bestdokumentierten Fälle von wiederholter spontaner Psychokinese gibt es mehr als vierzig Zeugen, meist qualifizierte Techniker, Physiker und andere Fachleute. Die Geschichte begann im November 1967 in einem Anwaltsbüro im bayerischen Rosenheim, mit Problemen mit den Lampen, die Elektriker weder erklären noch lösen konnten. Berichte über laute Geräusche aus unbekannten Quellen folgten, der Kopierer brach zusammen und das gesamte Telefonsystem des Büros funktionierte nicht richtig. Die Aufzeichnungsgeräte nannten Anrufe, die nie gemacht worden waren, und die Telefonrechnungen stiegen ins Astronomische. Bilder an den Wänden bewegten sich spontan und drehten sich oft um volle 360 Grad. Neonröhren fielen aus ihren Halterungen und gefährdeten die Angestellten.
Hervorragende Physiker reisten an, um der Sache auf den Grund zu gehen, sie fanden aber keine Erklärung. Um beispielsweise die registrierten Telefongespräche ohne die übliche mechanische Berührung der Wählscheibe durchzuführen, würde es, so ihre Schlußfolgerung, fast übernatürlicher Intelligenz und technischen Wissens sowie der Fähigkeit bedürfen, Zeitintervalle im Bereich von Millisekunden richtig einzuschätzen. Techniker ersetzten die Neonröhren durch weißglühende Lampen, in denen dann prompt die Glühbirnen explodierten. Die Störungen entwickelten sich für die Mitarbeiter und die Klienten zu einer solchen Bedrohung, daß die Anwaltsfirma Anzeige »gegen Unbekannt« erstattete, um sich vor etwaigen Regressansprüchen zu schützen. Hans Bender konnte die Vorkommnisse schließlich mit einer neunzehnjährigen Angestellten der Firma, Annemarie, in Zusammenhang bringen, die starkes

emotionales Interesse an ihrem Chef hatte. Man verschaffte ihr eine andere Stelle, und die Störungen hörten sofort auf.[48]
Wie schwer die Natur psychoider Phänomene zu greifen ist, und welche Probleme mit ihrer Erforschung einhergehen, illustriert ein weiterer berühmter Poltergeistfall, den die amerikanischen Forscher William Roll und Gaither Pratt 1967 untersuchten. Dieser hatte mit einem neunzehnjährigen Buchhalter zu tun. Der junge Mann mußte im Zusammenhang mit seiner Arbeit regelmäßig ein Lagerhaus aufsuchen. Wann immer er dort war, flogen Gegenstände aus den Regalen, manche häufiger als andere. Die Forscher schufen experimentelle Situationen, bei denen sie sehen konnten, wie sich die Objekte bewegten. In vielen Fällen hatte wenigstens einer von ihnen unterdessen den jungen Mann im Auge. Aber es gelang ihnen nie, die Objekte genau in dem Moment zu sehen, in dem sie hinunterfielen; das geschah immer entweder genau bevor sie sie beobachten wollten oder gleich nachdem sie sie beobachtet hatten. Demnach kann man spekulieren, daß dieselbe Bewußtseinsquelle, die die Gegenstände bewegte, sich auch der Absichten der Beobachter bewußt war und ihre Handlungen auf recht überraschende Weise vorhersagen konnte.

Unbekannte Flugobjekte

Zu den kontroversesten psychoiden Erfahrungen unserer Zeit müssen wir die Ufos zählen. Seit sie zum ersten Mal 1947 von dem Zivilpiloten Kenneth Arnold in der Nähe des Mount Rainier beobachtet wurden, haben zahllose Menschen in aller Welt von Ufos berichtet. Manche wollen sie bei Tageslicht gesehen haben, andere sprechen von sonderbaren Lichtern im Dunkel der Nacht. Einige Leute sagen, sie hätten mit Außerirdischen gesprochen oder man habe an ihnen an Bord eines Raumschiffes wissenschaftliche Untersuchungen vollzogen.
Das öffentliche Interesse war so stark, daß die US-Luftwaffe unter Leitung eines speziellen Ausschusses der University of Columbia

ausführliche Forschungen unternahm. Die Schlußfolgerungen dieser Studie waren negativ. Die meisten Ufomeldungen wurden Leuten mit psychischen Störungen oder »Fehlinterpretationen« leicht erklärbarer Ursachen wie Wetterballons, Meteoriten, Vogelschwärmen und ungewöhnlichen Lichtreflektionen zugeschrieben. Diese Untersuchung konnte weder die ernsthaften Forscher noch die Öffentlichkeit zufriedenstellen. Die Aufzeichnungen der Regierung belegen die Tatsache, daß das Hauptziel dieser Studien darin lag, öffentliche Panik angesichts der Möglichkeit von Besuchen durch Außerirdische zu verhindern. Andere Unterlagen zeigen, daß die amerikanische Luftwaffe selbst gelegentlich Gerüchte über Ufos im Umlauf gebracht hat, um den Absturz eigener streng geheimer Raumschiffe im Versuchsstadium zu verschleiern.

Viele der Ufoberichte erwiesen sich tatsächlich als Schwindel, Fehlinterpretationen leicht erklärbarer Ereignisse oder Tarnungen für geheime Untersuchungen, aber es gibt nach wie vor verläßliche Zeugen für das Auftauchen solcher Flugobjekte – gebildete, emotional stabile, intelligente und sprachgewandte Menschen. Es liegen genügend solcher Berichte vor, um uns davon zu überzeugen, daß die Ufo-Kontroverse noch lange nicht abgeschlossen ist, und die Sache weitere Forschungsarbeit verdient.

Die diesbezügliche Diskussion ist meist auf die Frage beschränkt, ob unser Planet von einem echten Raumschiff aus anderen Teilen des Universums aufgesucht wurde oder nicht. Die Situation scheint jedoch schwieriger zu sein. Viele Ufoerfahrungen haben offenbar psychoide Eigenschaften, das heißt, es sind weder reine Halluzinationen noch sind sie im gewöhnlichen Sinne »real«. Es ist durchaus möglich, daß sie merkwürdige hybride Phänomene darstellen, die Elemente des geistigen Lebens und der physischen Welt kombinieren. Das würde es natürlich extrem schwierig machen, sie mit traditionellen wissenschaftlichen Methoden zu untersuchen, die schließlich auf klaren Unterscheidungen zwischen wirklichen und unwirklichen oder materiellen und psychischen Ereignissen beharren. Eine umfassende Erforschung dieser Möglichkeiten müßte eine simultane Untersuchung sowohl der physischen Beweise als auch der psychologischen Perspektiven bein-

halten, die sich aus der neueren Bewußtseinsforschung und der modernen Physik ergeben haben.
Wie bereits erwähnt, hat es im Laufe der Geschichte schon immer Berichte über Begegnungen mit außerirdischen Wesen, Visionen von physischen oder metaphysischen Raumschiffen und außerirdische Reisen gegeben. C. G. Jung, der großes Interesse an Ufos hatte, hat dazu einen faszinierenden Aufsatz geschrieben: *Ein moderner Mythus. Von Dingen, die am Himmel gesehen werden.* Diese Arbeit beruht auf einer sorgfältigen historischen Analyse der Legenden über fliegende Untertassen und andere Erscheinungen, von denen viele Massenhysterie auslösten. Jung gelangte zu der Schlußfolgerung, es könne sich bei diesen Ufophänomenen um archetypische Visionen aus dem kollektiven Unbewußten handeln.
Die Mehrheit der Ufosichtungen gehen mit Visionen übernatürlich leuchtender Lichter einher, ähnlich wie bei der mystischen Verzückung. Die Beschreibungen der außerirdischen Besucher, der fremden Städte und der Raumschiffe weisen in der Welt der Mythologie deutliche Parallelen auf. Man könnte sie daher leicht als zum kollektiven Unbewußten zugehörig erklären. Aber das ist nur ein Aspekt der Geschichte. Was uns in diesem Zusammenhang interessiert, ist die Tatsache, daß die Ufos in vielen Fällen greifbare Beweise zurückgelassen haben, die sie der Konsensrealität zuordnen. Genau dieser Aspekt verleiht den modernen Ufophänomenen eine deutlich psychoide Qualität. Die Beschaffenheit dieser Beweise ist oft zwiespältig und bleibt daher für unterschiedliche Interpretationen offen. Der kapriziöse, fast listige Charakter einiger Ufosichtungen scheint jedoch eher für psychoide Phänomene charakteristisch als ein Argument dafür zu sein, daß es sie nicht gibt.
Viele Leser werden sich daran erinnern, daß der Kapitän und die Mannschaft eines japanischen Jumbos beim Flug über Alaska ein Ufo sichteten. Sie alle sahen, wie ihnen ein Raumschiff folgte. Genau zur selben Zeit registrierte eine Bodenstation auf dem Radar an der von der Mannschaft angegebenen Stelle ein unidentifiziertes Objekt. Als diese sensationelle Nachricht später weltweit für Schlagzeilen sorgte, änderte der konsternierte Radaringenieur sei-

nen Bericht und erklärte, bei näherer Betrachtung handele es sich bei dem Bild des unidentifizierten Objekts um ein technisches Artefakt. Dieser merkwürdige Fehler eines Radarfachmannes und seine unheimliche Synchronizität mit der Sichtung seitens einer gut ausgebildeten Mannschaft ist charakteristisch für psychoide Ereignisse. Die allgemeine Verwirrung hinsichtlich Ufos spiegelt sich auch in der Art und Weise, in der die Medien sich ihnen widmen. Das schließt auch die ehemalige sowjetische Nachrichtenagentur »Tass« ein, die abwechselnd Sichtungen meldete und sie dann widerrief.

Zu den kontroversen physischen Beweisen für die Existenz von Ufos gehören unter anderem Bodenabdrücke, verbrannte Erde an den berichteten Landeplätzen, chemisch nicht analysierbares Material, Photographien und Amateurfilme, stigmata-ähnliche Male auf den Körpern von Menschen, die angeblich entführt worden sind, und mysteriöse Verstümmelungen bei Viehherden.

Vergleicht man die Berichte von Menschen, die behaupten, von Ufos entführt worden zu sein, trifft man auf erstaunliche Übereinstimmung bei den Beschreibungen der außerirdischen Lebensformen und gewisser Symbole, auf die die Betroffenen während dieser Kontakte gestoßen sein wollen. Selbst bei Schilderungen über Entführungen, bei denen die Beteiligten zuvor kein Interesse an und keine Informationen über Ufos hatten, finden sich bemerkenswerte Ähnlichkeiten. Im Rahmen der Nachfolgeuntersuchungen haben Psychiater Menschen, die von solchen Begegnungen berichteten, auch unter Hypnose befragt. Diese wurde eingesetzt, um den Gedächtnisverlust zu überwinden, unter dem viele Entführte zu leiden schienen. Oft genug waren die unabhängigen Aussagen mehrerer Zeugen desselben Ereignisses vollkommen gleich und übereinstimmend.

Einer der am besten dokumentierten Fälle dieser Art ist der der Familie Andreasson, den Raymond Fowler in seinem Buch *The Andreasson Affair* beschreibt. Die Untersuchung wurde auf Empfehlung des verstorbenen Ufoexperten Dr. Allen Hynek durchgeführt. Zum Team gehörten auch Raymond Fowler, ehemaliges Mitglied des Sicherheitsdienstes der US-Luftwaffe, und Dr. Harold Edelstein, Direktor des New England Institute of Hypnosis. Bei dieser umfassenden Studie wurden auch regressive Hypnose, psychiatrische Tests, Charakter-Checks, Analysen von Wetterberichten und elektronische Streßanalyse-Tests (Lügendetektoren) eingesetzt. Die Untersucher verglichen die unabhängigen Berichte der Hauptperson, Betty Andreasson, ihrer ältesten Tochter Becky und verschiedener anderer Familienmitglieder miteinander. Die Schlußfolgerung des mehr als fünfhundertseitigen Untersuchungsberichts lautete, die Zeugen würden die Wahrheit über ihre Erlebnisse sagen.

Die Sichtung des Ufos fand in einer dunklen Januarnacht des Jahres 1967 statt. Ein pulsierendes Licht erfüllte den hinteren Garten des Hauses der Familie Andreasson. Mehrere, ein Meter große, menschenähnliche Wesen mit übergroßen birnenförmigen Köpfen, mongolischen Zügen und katzenartig weiten Augen betraten das Haus. Nach einem kurzen telepathischen Austausch wurde Betty durch einen Saugmechanismus in das Innere der Raumfähre befördert. Dort mußte sie eine schmerzhafte Untersuchung über sich ergehen lassen, bei der auch lange silberne Nadeln in ihre Nasenlöcher und in ihr Bauchfell eingeführt wurden. Später wurde sie in eine fremde Welt mit merkwürdiger Architektur und Landschaft gebracht. Höhepunkt dieser Erfahrung war die Begegnung mit einer riesigen archetypischen Vogelgestalt, die wie der legendäre Phönix von Flammen umgeben war. Ein besonders interessanter Aspekt des Berichts ist der, daß Betty über künstlerische Begabung verfügte und Zeichnungen von den Außerirdischen, dem Inneren der Raumfähre, den Strukturen in der fremden Welt und dem Phönix anfertigen konnte.[49]

Der Astrophysiker und Ufoforscher Jacques Vallée beschäftigt sich bereits seit annähernd zwei Jahrzehnten mit diesem Thema. Seine eigene Meinung über diese Phänomene hat sich aus seinen persönlichen Erfahrungen, die mit einer Sichtung in einem Observatorium in Frankreich begannen, an dem er damals arbeitete, seiner Auswertung von Photographien, die andere aufgenommen haben, und seinen Gesprächen mit Menschen, die von solchen Begegnungen berichteten, entwickelt. Seine Schlußfolgerungen aus all dem unterstützen die Ansicht, daß es sich bei den meisten Ufosichtungen um das handelt, was wir hier psychoide Erfahrungen nennen.

Nach langjährigen, intensiven Forschungen, ist Vallée nun zu dem Schluß gekommen, mindestens einige Ufos wiesen eine physische Wirklichkeit auf, diese sei aber simultan mit ungewöhnlichen inneren Erlebnissen derjenigen verbunden, die von den Sichtungen berichten. Er meint, die Raumschiffe kämen aus »anderen Dimensionen« von Raum und Zeit, die mit unserem eigenen Universum koexistierten und vielleicht nicht im üblichen Sinne des Wortes »außerirdisch« seien. Vallée spekuliert, die fremden Intelligenzen, die die Ufos produzieren und kontrollieren, könnten Raum und Zeit in einer Weise beeinflussen, die weit jenseits unseres derzeitigen Vorstellungsvermögens liegt. Es ist möglich, daß der Bewußtseinszustand des Beobachters es dem Ufo ermöglicht, in dessen Dimension von Raum und Zeit einzudringen und sichtbar zu werden. Die Ufos sind jedoch nicht Produkte der Phantasie des Beobachters; wie Jungs Geistführer existieren sie ganz unabhängig von unserem Bewußtsein. Die »Außerirdischen« verwenden also, mit anderen Worten, unser Bewußtsein als Türen zu unserer Alltagsebene der Wirklichkeit.

Bei der Untersuchung von Ufophänomenen stehen selbst die ernsthaftesten Forscher vor Problemen, für die es möglicherweise bei unserem heutigen Wissensstand keine Antworten gibt. Zunächst scheint es heutzutage hochgradig unwahrscheinlich, daß es auf einem anderen Planeten in unserem Sonnensystem intelligentes Leben gibt; Außerirdische müßten daher aus Gegenden kommen, die viele Lichtjahre entfernt sind. Sie müßten eine Technologie beherrschen, die wir uns nicht einmal vorstellen können. Ihre Raumschiffe müßten entweder schneller als die Lichtgeschwindigkeit sein, uns bekannten Raum/Zeitdimensionen entfliehen und im Hyperspace reisen können, oder aus ganz und gar anderen Raum/Zeitdimensionen stammen. Wenn es draußen im All eine Zivilisation mit solcher Kontrolle über das Universum gäbe, könnten wir auch davon ausgehen, daß sie über die Technologie verfügen müßte, sowohl das individuelle als auch das transpersonale Bewußtsein in uns völlig unbekannter Weise zu nutzen. Wenn all dies wahr wäre, wäre es durchaus möglich, daß ihre Besuche in unseren eigenen Dimensionen der Wirklichkeit uns wie Phantasien, archetypische Ereignisse oder visionäre Erfahrungen scheinen. Falls sie demnach Gründe hätte, ihre Besuche kaschieren zu wollen, müßten wir annehmen, daß ihr auch die notwendige Technologie zur Verfügung stünde, Verwirrung oder Unglauben zu stiften, indem sie sich die bewußten Ufoschwindeleien der Menschheit zunutze macht.

All dies stellt ein faszinierendes Problem dar. Wenn es tatsächlich Ufos gibt und sie ein Produkt der hier beschriebenen fortgeschrittenen Technologie sind, stehen wir vor der Annäherung zweier Gebiete, die wir bislang als polare Gegensätze betrachtet haben: der rationalen Welt der fortschrittlichen Technologie und der irrationalen Welt der Phantasie. Von unserem derzeitigen Blickwinkel aus würden wir zwischen den beiden nicht mehr unterscheiden können. Interplanetare Reisen dieses Ausmaßes würden den ultimativen Sieg der Rationalität und der Wissenschaft anzeigen – eine erstaunliche Leistung für jede intelligente Lebensform. Zugleich würden wir jedoch die Ergebnisse dieser Leistungen als Phänomene erleben, dir wir zumeist mit der Welt des Mythischen und Magischen assoziieren – den prärationalen Gedankenprozessen primitiver Kulturen, den schöpferischen Phantasien von Künstlern und den Wahnvorstellungen der Verrückten. In diesen Erfahrungen würde sich dann anscheinend ein Kreis schließen, in dem das Bewußtsein wieder an seine Ursprungsquelle zurückkehrt, nachdem es die letzte Grenze der materiellen Evolution erreicht hat.

Sieg des Geistes über die Materie: willentliche Psychokinese

Bei einigen psychoiden Phänomenen scheinen die Veränderungen in der Konsensrealität das Ergebnis der bewußten Absicht eines Individuums oder einer Gruppe von Individuen zu sein, Ereignisse in der physischen Welt zu manipulieren. Dabei muß man betonen, daß diese Form der psychoiden Phänomene, die willentliche oder »intentionale« Psychokinese heißt, ohne jede physische Intervention stattfindet; statt dessen tragen sich physische Veränderungen einfach dadurch zu, daß man sie herbeiwünscht oder manchmal auch dadurch, daß bestimmte symbolische oder rituelle Handlungen durchgeführt werden, die keine allgemein verstandene kausale Beziehung zum Ergebnis haben. Rituelle Aktivitäten zur Beeinflussung äußerer Ereignisse werden in den präindustriellen Gesellschaften schon seit Jahrhunderten durchgeführt, und die spirituelle und okkulte Literatur aller Zeit strotzt von Beschreibungen von Phänomenen, bei denen der Geist den Sieg über die Materie davonträgt. Aber das Potential des menschlichen Bewußtseins, Materie direkt zu beeinflussen, ist von der traditionellen Wissenschaft abgelehnt und systematisch geleugnet worden – trotz wesentlicher unterstützender Beweise seitens der modernen parapsychologischen Forschung und der Quantenphysik.

Anthropologen und zeremonielle Magie

Anthropologen, die die Kulturen der Naturvölker erforscht haben, beschreiben ausgedehnte Zeremonien, die der Beschwörung von Regen, erfolgreichen Jagden, reichen Ernten oder anderen praktischen Aspekten dienen. Oft genug äußern sich diese Forscher verwundert, wenn sie feststellen, daß die von ihnen untersuchten Völker einer »doppelten Logik« anhängen; sie beweisen bei der Jagd, beim Fischen und in der Landwirtschaft hohe Intelligenz, Wissen und Einfallsreichtum, halten es aber dennoch für notwendig, Rituale durchzuführen, die westlichen Akademikern unnötig, überflüssig und kindisch scheinen. Nur die Völkerkundler, die ausreichend mit veränderten Bewußtseinszuständen vertraut sind, verstehen, daß sich diese »doppelte Logik« auf zwei Ebenen von Realität bezieht: Werkzeuge zu machen und bestimmte Fertigkeiten zu erlernen gilt der materiellen Welt, während das zeremonielle Leben die archetypische Dynamik des transpersonalen Reiches anerkennt und anspricht. Die heutige Wissenschaft ist noch weit davon entfernt, das Wesen dieser beiden Bereiche und ihre gegenseitigen Beziehungen zueinander zu verstehen, auch wenn sich Akademiker unterschiedlicher Fachrichtungen gemeinsam darum bemühen. In seinem Buch *The Passion of the Western Mind* hat Richard Tarnas überzeugende Beweise dafür zusammengetragen, daß dieses Problem die europäische Philosophie bereits seit zweitausend Jahren prägt.

Die Vorstellung, man könne Regen durch Trommeln und Tanzen und Lieder singen anlocken, scheint den meisten Menschen des Westens auf den ersten Blick absurd. Aber diejenigen von uns, die selbst an solchen Ritualen teilnehmen konnten, waren schon wiederholt von den Ergebnissen überrascht. Der verstorbene Joseph Campbell, ein ungewöhnlich intelligenter und gebildeter Mann, hat oft von seiner Teilnahme an einer Regenzeremonie bei Indianern im Südwesten der USA erzählt. Als die Feier begann, lächelte er innerlich leicht zynisch, denn der Himmel war klar und blau, und weit und breit war keine Wolke in Sicht. Zu seiner Verblüffung bedeckten sie im Laufe der Zeremonie den gesamten Himmel, und der Tag endete mit einem Wolkenbruch. Die Indianer schienen gar nicht überrascht; ihre bisherigen Erfahrungen mit solchen Ritualen hatten sie davon ausgehen lassen, daß auch diese Zeremonie Erfolg bringen würde.

Während einer zweijährigen, katastrophalen Dürre in Kalifornien, leiteten meine Frau und ich ein einmonatiges Seminar am Esalen-Institut in Big Sur. Auf das Bitten unserer Gruppe hin erklärte sich ein Gastlehrer, der hundertjährige Huichol-Schamane Don Jose Matsuwa aus Mexiko, bereit, eine Regenzeremonie durchzuführen. Am Ende des Rituals, das die ganze Nacht andauerte, begann es zu nieseln. Wir waren von diesem unerwarteten Ergebnis überrascht, aber Don Jose zeigte nicht die geringste Verwunderung. Er lächelte und sagte: »Es ist *kupuri* (der Segen der Götter); es geschieht immer«. Als wir zum Meer hinabliefen, um das letzte Opfer zu bringen, wurde aus wenigen Tropfen ein heftiger Guß, der sechs Stunden lang anhielt. Das heißt nicht notwendigerweise, daß Don Jose den Regen verursacht hat, aber bei einer bemerkenswert hohen Zahl solcher Zeremonien müssen ähnliche, merkwürdige Synchronizitäten auftreten. Man kann sich kaum vorstellen, daß so viele Kulturen über so viele Jahrhunderte hinweg Regenzeremonien durchgeführt hätten, wenn es keine statistisch signifikante Erfolgsrate gäbe. Außerdem wäre es für einen Schamanen nach einer Reihe von Fehlschlägen sicher schwierig, seinen guten Ruf aufrechtzuerhalten.

Dasselbe gilt für spirituelles Heilen. Westliche Fachleute nehmen gewöhnlich die anthropologischen Berichte über therapeutische Erfolge durch Heilungszeremonien und Praktiken in vorindustriellen Kulturen nicht ernst. Sie schreiben die angebliche Besserung dem magischen Denken, der Suggestion und der Leichtgläubigkeit der Eingeborenen zu. Kontrollierte vergleichende Untersuchungen der therapeutischen Effekte westlicher Medizin und verschiedener Heilungszeremonien von Eingeborenen haben jedoch interessante Ergebnisse gebracht. So zeigten beispielsweise Untersuchungen an kubanischen und anderen lateinamerikanischen Immigranten im Süden der USA, besonders in Florida, daß die alten Heilungssysteme der Karibik in vielen Fällen zu besseren Ergebnissen führten als die westliche Medizin und Psychiatrie. Darüber hinaus schienen die *curanderos* (schamanische Heiler) um die Grenzen ihrer Heilkünste zu wissen und überwiesen Klienten mit bestimmten Arten von Problemen an amerikanische Ärzte.

Obwohl man gute Ergebnisse eigentlich nur bei Leuten mit emotionalen und psychosomatischen Störungen erwarten würde, scheinen spirituelle Ansätze auch bei ernsten medizinischen Problemen zu wirken. Ich habe enge persönliche Kontakte zu Forschern mit hervorragendem akademischem Ruf gehabt – Leuten wie Walter Pahnke, Andrija Puharich und Stanley Krippner –, die die Arbeit von Geistheilern in Brasilien und auf den Philippinen untersucht und auf Film dokumentiert haben und von dem Gesehenen zutiefst beeindruckt waren. Der ungebildete brasilianische Landarbeiter Lé Arigo, den sie auch den »Chirurg mit dem rostigen Messer« nennen, führte täglich Hunderte von erfolgreichen Operationen ohne Desinfektions- oder Betäubungsmittel durch, wobei er Schnitte einfach dadurch wieder schloß, daß er die Ränder der Wunde mit den Fingern zusammenfügte. Während er operierte oder Arzneien verschrieb, über die er keinerlei intellektuellen Kenntnisse besaß, fühlte er sich von »Fritz« begleitet, dem Geist eines verstorbenen deutschen Arztes aus Heidelberg.

Tony Agpaoa und andere Geistheiler auf den Philippinen haben chirurgische Eingriffe ohne jede Art von Instrumenten durchgeführt – einfach mit den Händen in den Körper des Patienten hineingelangt. Für diese Operationen hat es immer wieder viele Zeugen gegeben, und sie sind auch wiederholt gefilmt worden. Als man das Filmmaterial Bild für Bild kritisch überprüfte, fand man keinerlei Hinweise auf Manipulationen oder Betrug. In manchen Fällen wurden die positiven Ergebnisse von Universitätskliniken bestätigt, wozu auch ein mir persönlich bekannter Fall eines Tumors in der Hypophyse gehört. Und in voller Übereinstimmung mit den listigen Eigenschaften psychoider Phänomene ergab die Laboranalyse von Proben des angeblich während dieser Operationen aus den Patienten entfernten Gewebes, daß es in Wirklichkeit von Tieren stammte. Die Tatsache, daß es auf diesem Gebiet dokumentierte Heilungen gegeben hat, legt zumindest nahe, daß es Verbindungen zwischen dem Bewußtsein und der physischen Welt gibt, die wir gerade erst zu erforschen und verstehen begonnen haben.

Am anderen Ende der Skala sind die negativen Wirkungen von Hexerei und »Zauberflüchen« von Anthropologen und ausgebildeten Ärzten vielfach dokumentiert worden. So ist unter Anthropologen beispielsweise bekannt, daß vom Medizinmann verhexte Mitglieder von Urvölkern meist sehr krank werden oder sogar sterben. Es hat sogar Fälle gegeben, in denen Menschen auf diese Weise verhext wurden, obwohl sie aus ihrem eigenen kulturellen Milieu entfernt und in westliche Krankenhäuser gebracht worden waren. Einige dieser Fälle sind in Australien und in Afrika veröffentlicht worden, wo sich die Einflüsse der alten Kulturen und die des Westens vermengen. Ein westlicher Forscher, Walter B. Cannon, der durch seine Pionierarbeit zum Thema Streß weltweite Aufmerksamkeit errang, hat die Tatsache, daß Hexerei oder andere ausschließlich psychische Vorgänge schwere Erkrankungen oder sogar den Tod herbeiführen können, untersucht und ernsthafter Forschung für würdig befunden.

Der wahrscheinlich interessanteste Bericht über diese Art von Hexerei wurde in den späten sechziger Jahren im *Johns Hopkins Medical Journal* veröffentlicht. Der Beitrag handelt von einer jungen Frau in Florida, die bei ihrer Geburt von der Hebamme verhext worden war. An dem Tag, an dem diese Frau geboren wurde, hatte die Hebamme drei Mädchen auf die Welt geholfen und vorausgesagt, sie würden alle sterben, bevor sie ihren neunzehnten, beziehungsweise ihren einundzwanzigsten und dreiundzwanzigsten Geburtstag erreicht hätten. Als die erste junge Frau tatsächlich wie vorausgesagt vor ihrem neunzehnten Geburtstag bei einem Autounfall ums Leben kam, schloß sich die zweite am Tage vor ihrem einundzwanzigsten Geburtstag zu Hause ein, um ganz sicher zu gehen. Am Abend war sie sich wieder sicher, daß ihr nichts geschehen würde, und ging in eine Bar, um zu feiern. Dort wurde sie versehentlich von einer abprallenden Kugel getötet. Nachdem sich die ersten beiden Prophezeiungen auf so unheilvolle Weise bewahrheitet hatten, bekam die dritte Frau Angst und fühlte sich krank. Sie wurde ins Johns-Hopkins-Krankenhaus aufgenommen. Dort starb sie trotz aller Bemühungen der Ärzte, ihr Leben zu retten, kurz vor ihrem dreiundzwanzigsten Geburtstag; die Autopsie ergab keinerlei ausreichende medizinische Erklärung für ihren Tod.

Ein weiteres interessantes von den Anthropologen beschriebenes Phänomen ist die scheinbare Unverletzbarkeit von Menschen in bestimmten Trancezuständen. So zeigt beispielsweise ein von Elda Hartley auf Bali aufgenommener Film, wie Leute in Ekstase auf Scherbenhaufen herumrollen und Leitern mit scharfen Schwertern als Sprossen erklimmen, ohne körperlichen Schaden zu nehmen.[50] Ich war bei einer brasilianischen Umbanda-Zeremonie in Rio de Janeiro anwesend, bei der die Teilnehmer mehrere Liter Schnaps (*Aquavit*) tranken, während die Götter Besitz von ihnen nahmen. Als sie einige Minuten später aus der Trance zurückkehrten, zeigten sie absolut gar keine Zeichen von Trunkenheit. Das gehört zu den Dingen, die regelmäßig bei Voodoo-Ritualen in Südamerika und in der Karibik geschehen, und Ähnliches ist in vielen anderen Kulturen auf der ganzen Welt beobachtet worden.

In den letzten Jahren ist ein solches Phänomen im Westen entmythologisiert worden. Beschreibungen von Feiern, bei denen die Teilnehmer barfuß über einen mehrere Meter langen, bis zu siebenhundert Grad heißen Glutteppich liefen, wurden einst als Märchen abgetan. Aber in den achtziger Jahren wurde Feuerlaufen auch in Europa zu einer beliebten New-Age-Attraktion. Seither haben Zehntausende selbst diese erstaunliche Leistung vollbracht, und Verbrennungen waren eher große Ausnahmen als die Regel. Feuerlaufen mag sich auf natürliche Weise erklären lassen oder auch nicht, aber dieses Beispiel zeigt deutlich, daß unser Verständnis davon, was möglich ist, noch erheblich wachsen kann.

Die übernatürlichen Leistungen der Yogis

Die spirituellen Schriften des Ostens, besonders die hinduistischen, die buddhistischen und die taoistischen, sagen, daß die Adepten in fortgeschrittenen Stadien ihrer spirituellen Praxis oft außergewöhnliche Fähigkeiten entwickeln, von denen einige deutlich dem Reich des Übernatürlichen und der Wunder zuzuordnen sind. Zu diesen Fähigkeiten gehört die Meisterschaft über physiologische Funktionen, die gewöhnlich vom autonomen Nervensystem gesteuert werden und von denen westliche Neurophysiologen meinen, sie lägen vollkommen außerhalb unserer bewußten Kontrolle. Es hat schon indische *yogis* gegeben, die den arteriellen und den venösen Blutfluß unterbrechen, ihre Herzen anhalten, ohne Nahrung bleiben und sogar ohne Sauerstoff überleben konnten. Einsiedler im Himalaya haben über lange Zeiträume nackt in Eis und Schnee sitzend meditieren können. Die tibetische Tantra-Übung *Tum-mo* kann innerhalb kurzer Zeit zu einem erstaunlichen Anstieg der Körpertemperatur führen. Jemand, der diese Methode ausübt, kann in Eis und Schnee sitzen und dabei so viel Körperhitze entwickeln, daß sie ausreicht, um nasse Tücher zu trocknen.

Ähnlich den Berichten über das Feuerlaufen wurden die Beschreibungen solcher Leistungen von westlichen Wissenschaftlern immer mit Vorbehalt genossen, obwohl indische Forscher Untersuchungen veröffentlicht hatten, die viele dieser Behauptungen bestätigten. In den letzten beiden Jahrzehnten wurden jedoch im Westen wichtige Experimente auf diesem Gebiet durchgeführt, begleitet von Wissenschaftlern mit ausgezeichneten Referenzen. Einige der besten Studien dieser Art stammen aus dem Labor der angesehenen Menninger-Stiftung in Topeka, Kansas. In den frühen siebziger Jahren begannen dort die Ärzte Elmer und Alyce Green diese alten Behauptungen zu untersuchen und die Auswirkungen von spirituellen Praktiken zu messen und zu dokumentieren. Ihre Arbeit bildet eine einzigartige Kombination von tiefen Kenntnissen des transpersonalen Reichs, anspruchsvoller elektronischer Ausrüstung und strengen westlichen Forschungstechniken.

Eines der ersten Untersuchungsobjekte der Greens war ein indischer *yogi*, Swami Rama. An seiner rechten und linken Handinnenseite wurden je ein Temperaturfühler befestigt, und Swami Rama konnte unter Laborbedingungen und innerhalb weniger Minuten einen Unterschied von sechs Grad zwischen beiden bewirken. Bei anderen Tests seines kardiovaskulären Systems konnte er innerhalb von Sekunden seinen Herzschlag von 93 auf knapp über 60 verringern. Bei einer besonders dramatischen Untersuchung hielt er tatsächlich den Blutfluß im Herzen an, indem er etwa sechzehn Sekunden lang ein Flattern der Herzvorkammer von etwa 306 Schlägen pro Minute hervorrief. Der Herzschlag des Swamis war sofort nach dem Experiment wieder normal, und er war vollkommen wach, lachte und scherzte mit den Forschern. Zusätzlich zur willentlichen Kontrolle des Herzschlags, des Blutkreislaufs und der Körpertemperatur führte Swami Rama dem Untersuchungsteam noch mehrere weitere Überraschungen vor.

Bei einem streng kontrollierten Experiment, bei dem sein Gesicht so verhüllt wurde, daß er keinesfalls seinen Atem nutzen konnte, um die angekündigte Leistung zu erbringen, konnte der Swami nur Kraft seines Geistes ein kompaßähnliches Gerät bewegen, das mehrere Schritte von ihm entfernt war. Er wiederholte diese Übung zweimal und bewegte dabei den Gegenstand jeweils zehn Grad um seine eigene Achse. Swami Rama konnte außerdem innerhalb von

Sekunden große Zysten in seinen Muskeln produzieren und sie ebenso schnell wieder verschwinden lassen. Eine von ihnen wurde herausgeschnitten und medizinisch untersucht. Der Swami behauptete, das »weiche Körpergewebe« sei sehr leicht zu manipulieren und Tumore könne man mit der Kraft des Geistes erscheinen und verschwinden lassen. Bei einer Vorführung in Chicago konnte er dem Publikum die subtile Energie seiner Chakras sichtbar machen; dieses Phänomen wurde von verschiedenen Beobachtern auf Polaroidphotos festgehalten.

Die Forschungen der Greens an der Menninger-Stiftung laufen nun seit zwei Jahrzehnten, und es sind Hunderte von Menschen untersucht worden, von indianischen Medizinmännern wie Rolling Thunder bis zu einer großen Zahl spiritueller Lehrer des Ostens. Der »westliche yogi« Jack Schwarz aus Oregon zeigte neben seiner Fähigkeit, medizinische Zustände durch Auralesen richtig zu diagnostizieren, eine erstaunliche Kontrolle über seine Gehirnstromaktivität, seinen Blutkreislauf und Heilungsprozesse. Die Forschungen der Greens auf diesem Gebiet haben zur Entwicklung von Biofeedback-Techniken beigetragen, die Tausenden anhaltende Entlastung von Migräne, bestimmten Arten von Kreislaufstörungen einschließlich hohen Blutdrucks und sogar Epilepsie gebracht haben.

Die Möglichkeit, viele unwillkürliche Funktionen zu kontrollieren (in der Medizin jetzt als Biofeedback-Training bezeichnet), ist nun von der westlichen Wissenschaft anerkannt. Das führte dazu, daß die Wissenschaftler dieses Phänomen nun nicht mehr für unmöglich halten, sondern es im Rahmen des medizinischen Modells diskutieren – mit Ausnahme einiger extremer Formen, wie das Überleben ohne Nahrung und Sauerstoff, bei der die Skeptik bleibt. Aber andere Angaben über übernatürliche Kräfte (*siddhis*), die die *yogis* ausüben, bilden noch immer eine Herausforderung für die herkömmliche Wissenschaft. Dazu gehören die Fähigkeit, verschiedene Objekte und sogar den eigenen Körper zu materialisieren und zu dematerialisieren, physische Objekte nur durch Gedankenkraft zu bewegen, sich willentlich an ferne Orte zu bringen, gleichzeitig an zwei verschiedenen Stellen zu erscheinen (Bilokation) und die

Levitation. Die Existenz solch scheinbar unmöglicher Phänomene muß noch von der künftigen Forschung bewiesen oder widerlegt werden. In Anbetracht der Entdeckungen in der Quantenphysik hinsichtlich der Beziehung zwischen Bewußtsein und Materie scheinen selbst sie nicht mehr so absurd wie einst.

Psychokinese im Labortest

Wissenschaftlich überprüfte Experimente liefern eine wachsende Zahl von Belegen für die Existenz von Psychokinese; diese Ergebnisse bleiben jedoch weiterhin umstritten. Das liegt daran, daß selbst die sorgfältigste und genaueste moderne Forschung auf großen Widerstand trifft, wenn sie eine übernormale Wirklichkeit zu bestätigen scheint, das heißt eine, die nicht mit dem Newtonschen Modell übereinstimmt. Psychokinese ist in mehreren Laborversuchen dokumentiert worden, wobei die Methoden einfache Würfelmaschinen, Vorrichtungen, die die Emissionen von Elektronen in radioaktivem Verfall nutzten, anspruchsvolle elektronische Geräte und moderne Computer umfaßten. Es hat sogar erfolgreiche Experimente mit lebenden Zielen gegeben, beispielsweise Versuche, psychokinetisch Tiere, Pflanzen, Gewebekulturen und Enzyme zu heilen und sogar das aus dem Körper entfernte Herz eines Frosches anzuhalten und wieder zu aktivieren.

Von besonderem Interesse war die Arbeit mit der ungewöhnlich übersinnlich begabten Nina Kulagina aus der ehemaligen Sowjetunion. Sie hat unter Laborbedingungen bewiesen, daß sie makroskopische Objekte einfach dadurch bewegen kann, daß sie sich auf diese konzentriert.[51] Bei einer anderen Untersuchung gelang es einem Amerikaner namens Ted Serios, seine geistigen Bilder auf einen Film in einer Kamera zu projizieren, der später entwickelt wurde und klare Photos der Szenen zeigte, die er im Kopf gehabt hatte.[52] Eines der widersprüchlichsten Phänomene dieser Art war das psychokinetische Verbiegen von Löffeln und anderen metallischen Gegenständen, das durch die Darbietungen von Uri Geller aus Israel allgemein bekannt wurde. Die mit seinen Vorstellungen einhergehenden Ereignisse scheinen besonders deutlich die bereits besprochenen listigen und trickreichen Eigenschaften von psychoiden Erfahrungen zu demonstrieren. Bei manchen Sitzungen konnte Geller die erstaunlichsten Leistungen erbringen, bei anderen wurde er beim Schummeln erwischt. Es gibt viele Geschichten darüber, wie die von Labors zur Aufzeichnung verwendeten elektronischen Instrumente im kritischen Moment versagten, oder wie sich wichtige Dinge gerne außerhalb der zu Dokumentationszwecken aufgebauten Videokamera abspielten. Zwar wurden Gellers psychokinetische Fähigkeiten immer wieder ernsthaft angezweifelt, aber viele Kinder in Europa, Japan und Nordamerika ließen sich von seinen Vorführungen dazu anregen, selbst die Kunst des Löffelbiegens zu erlernen. Trotz all der Verwirrung in seinem Umfeld kann man sich schwer vorstellen, daß alles, was mit Uri Gellers Fall zu tun hat, ein Produkt von Trickserei und Manipulation sein soll.

Ich möchte an dieser Stelle eine Geschichte erwähnen, die die Art von Problemen schildert, vor denen Forscher stehen, wenn sie sich bemühen, diese Art von Phänomenen zu dokumentieren. Mein Bruder Paul, ein Psychiater, der in Kanada lebt, arbeitete damals an der McMasters University in Hamilton. Er wurde als Fachzeuge zu Uri Gellers Treffen mit kanadischen Journalisten geladen. Dort wurde Geller gebeten, einfache Zeichnungen zu erraten und wiederzugeben, die die Journalisten auf kleine Zettel gemalt und dann in Umschlägen verschlossen hatten. Geller gab sich zwar Mühe, aber es gelang ihm nicht, diese Leistung zu erbringen. Doch genau in diesem Augenblick begann mein Bruder lebhafte innere Bilder zu sehen, und dann konnte er plötzlich Gellers Aufgabe übernehmen. Dabei muß ich betonen, daß mein Bruder sich keineswegs für übersinnlich begabt hält. Weder vor noch nach diesem Tag hat er je wieder so etwas erlebt. Er selbst hatte das Gefühl, irgendeine Art von Energiefeld sei von Geller zu ihm transferiert worden.

Das unerforschte Territorium

Aus diesem Abschnitt über psychoide Erfahrungen können wir schließen, daß die Hinweise aus der mystischen Literatur, Beobachtungen aus der modernen Bewußtseinsforschung sowie Labordaten aus den USA, der ehemaligen Sowjetunion, der ehemaligen Tschechoslowakei und anderen Ländern deutlich auf die Existenz von Verbindungen zwischen dem individuellen Bewußtsein und der Welt der Materie hinweisen. Dies stellt die Sichtweise der Realität in unserer Kultur ernsthaft in Frage. Ich glaube, daß die systematische und unvoreingenommene Erforschung psychoider Phänomene und transpersonaler Erfahrungen schließlich zu einer Revision unserer Weltsicht führen wird, deren Auswirkungen mit der Kopernikanischen Wende oder dem Wechsel von der Newtonschen zur Quantenphysik vergleichbar sein werden.

Teil IV
Implikationen für eine neue Psychologie des Seins

Es gibt, in menschlichen Dingen, Zeiten der inneren und äußeren Enthüllung, in denen neue Tiefen der Seele erschlossen zu werden scheinen, in denen scharenweise neue Wünsche entfaltet werden und man nach einem neuen und undefinierten Guten dürstet. Es gibt Zeiten, in denen die höchste Weisheit die ist … sich zu trauen.

William Ellery Channing

11. Neue Perspektiven der Wirklichkeit und der Beschaffenheit des Menschen

Denn der Mensch, anders als jedes organische oder anorganische Ding im Universum, wächst über seine Arbeit hinaus, klimmt die Stufen seiner Vorstellungen empor, läuft seinen Kenntnissen voraus.

John Steinbeck, *Früchte des Zorns*

Die in diesem Buch beschriebene neue Sichtweise der Psyche hat weitreichende Implikationen – nicht nur für uns als Individuen, sondern auch für Fachleute aus der Psychiatrie, der Psychologie, der Psychotherapie und der Medizin. Sie kann auch dazu beitragen, riesige neue Territorien in der Geschichtsforschung, der vergleichenden Religionswissenschaft, der Anthropologie, der Philosophie und sogar der Politik zu öffnen. Eine ausführliche Studie der Auswirkungen dieser Arbeit auf buchstäblich jedes Gebiet der menschlichen Forschung würde natürlich ein vielbändiges Werk ergeben. Aber wir können kurz einige der wichtigsten Felder umreißen, die von unserem neuen Verständnis des menschlichen Bewußtseins betroffen sind. Der Einfachheit halber können wir diese Implikationen den folgenden vier Kategorien zuordnen:

1. Das menschliche Bewußtsein und seine Beziehung zu Materie
2. Das Wesen emotionaler und psychosomatischer Störungen
3. Psychotherapie und Heilungspraktiken
4. Die Wurzeln menschlicher Gewalt und die gegenwärtige globale Krise

Das menschliche Bewußtsein und seine Beziehung zu Materie

Die kartesianisch-Newtonsche Wissenschaft betrachtet Materie als die Grundlage des Universums. Wissenschaftler, die diesem Denksystem folgen, beschreiben das menschliche Bewußtsein als Produkt physiologischer Prozesse im Gehirn. Aus einer solchen Perspektive ist das Bewußtsein jedes einzelnen in das Innere seines Schädels eingeschlossen und vollständig vom Bewußtsein anderer Menschen getrennt. Die traditionelle Wissenschaft betrachtet Bewußtsein zudem als ein ausschließlich menschliches Phänomen und sieht selbst die höchsten nicht-menschlichen Lebensformen als wenig mehr denn als unbewußte Maschinen. Die sorgfältige Auswertung der Erfahrungen, die uns durch veränderte Bewußtseinszustände, besonders die transpersonaler Natur, zugänglich werden, bieten jedoch überzeugende Beweise dafür, daß diese alten Definitionen von Bewußtsein unvollständig und falsch sind.

Dieses Bild eines im Schädel eingeschlossenen Bewußtseins mag richtig scheinen, soweit es normale Bewußtseinszustände betrifft, erklärt aber keineswegs, was geschieht, wenn wir in Trance und psychospirituelle Krisen oder in die Zustände gelangen, in die uns Meditation, Hypnose, psychedelische Sitzungen und Erfahrungstherapie führen. Das unter solchen Umständen sichtbar werdende, erstaunlich breite Spektrum von Erfahrungen, läßt eindeutig vermuten, daß die menschliche Psyche über das Potential verfügt, das zu transzendieren, was wir gewöhnlich als die Begrenzungen von Raum und Zeit betrachten. Die moderne Bewußtseinsforschung enthüllt, daß unsere Psyche keine echten und absoluten Grenzen kennt. Im Gegenteil: Wir sind Teil eines unendlichen Bewußtseinsfeldes, das alles umfaßt – jenseits von Raum-Zeit und in Wirklichkeiten, die wir erst noch erforschen müssen.

Unsere neuesten Forschungen haben ergeben, daß das Bewußtsein und die menschliche Erfahrung vom Gehirn vermittelt werden. Aber sie entspringen ihm nicht und sind auch nicht vollständig von ihm abhängig. Das Bewußtsein kann eindeutig Dinge tun, die das Gehirn und die Sinnesorgane nicht können. Die Vermutung, daß dem so sein könnte, ist nicht auf die transpersonale Psychologie beschränkt und wurde sogar von einem der Väter der modernen Gehirnforschung, dem Neurochirurgen Wilder Penfield geäußert. Gegen Ende seines Lebens schrieb Penfield das Buch *The Mystery of Mind*, in dem er seine Beobachtungen über die Beziehung zwischen menschlichem Gehirn und Bewußtsein zusammenfaßte. Darin äußerte er, er als Neurochirurg halte das Gehirn nicht für die Quelle des Bewußtseins. Spätere Untersuchungen und besonders die Thanatologie mit ihrer Erforschung von Nahtod-Erlebnissen haben Penfields Position überzeugend untermauert.

Neue wissenschaftliche Ergebnisse beginnen, die Glaubensvorstellungen uralter Kulturen zu stützen und zu zeigen, daß unsere individuelle Psyche in der letzten Analyse eine Manifestation des kosmischen Bewußtseins und der kosmischen Intelligenz sind, die alle Existenz durchfließen. Wir verlieren nie ganz den Kontakt zu diesem kosmischen Bewußtsein, da wir nie ganz von ihm getrennt sind. Dieses Konzept findet sich weltweit und unabhängig in allen mystischen Traditionen; Aldous Huxley nannte es die »philosophia perennis«.

Das durch die allerneueste Forschung gezeichnete Bild der Psyche schließt die Lücke zwischen der traditionellen westlichen Wissenschaft und der Weisheit der spirituellen Systeme, die auf Jahrhunderten systematischer Beobachtung des Bewußtseins beruhen. Wenn wir sie auf der Grundlage der in diesem Buch beschriebenen Topographie betrachten, werden wichtige kulturelle Phänomene wie Schamanismus, die spirituellen Systeme des Ostens und die mystischen Traditionen der Welt plötzlich zu normalen und verständlichen Formen menschlichen Strebens statt wie eine psychopathologische Verwirrung oder nachtschwärmerische Marotte zu wirken.

In Anbetracht der neuen Landkarte des menschlichen Bewußtseins beginnen wir die Untersuchungen von Anthropologen und Historikern in einem neuen Licht zu sehen. Mit diesem Wissen um perinatale und transpersonale Erfahrungen und psychoide Phänomene erschließen sich uns in den alten Übergangsriten, Heilungszeremonien und den Mysterien von Tod und Wiedergeburt neue Bedeutungen. Als Beispiel dafür können wir die Übergangsriten nehmen, die vor dem industriellen Zeitalter einen wesentlichen Teil des menschlichen Lebens bildeten. Sie kennzeichneten und unterstützten den Verlauf wichtiger biologischer oder sozialer Veränderungen, etwa die Geburt eines Kindes, die Beschneidung, die Pubertät, die Hochzeit, den Tod oder Stammeswanderungen. Bei den meisten dieser Zeremonien kam es zu veränderten Bewußtseinszuständen, die durch eine Vielzahl von Techniken erreicht wurden. Die Initianten, die an diesen Riten teilnahmen, erlebten oft Tod und Wiedergeburt sowie profunde Verbindungen im transpersonalen Reich. Auch bei etlichen Heilungszeremonien für einzelne, ganze Stämme oder sogar den gesamten Kosmos wurden solche Techniken eingesetzt, um Brücken zwischen den Teilnehmern und höheren Kräften in der Natur oder im Universum zu bauen.

In vielen fortgeschrittenen Kulturen konnten die Leute dadurch ähnliche Erfahrungen machen, daß sie die heiligen Mysterien von Tod und Wiedergeburt erforschten. Das waren Übergangsriten, die auf bestimmten Mythologien beruhten und wichtige Elemente des Lebens in den antiken Zivilisationen darstellten. In Babylonien wurden beispielsweise Tod- und Wiedergeburtsriten im Namen von Ishtar und Tammuz abgehalten, in Ägypten unter Anrufung von Isis und Osiris. Im antiken Griechenland und Kleinasien gab es die eleusinischen Mysterien, die dionysischen Riten, die Mysterien von Attis und Adonis und andere. Im Altertum waren viele wichtige kulturelle und politische Persönlichkeiten Initianten dieser Mysterien, darunter die Philosophen Platon und Aristoteles, der Dichter Euripides und der Heerführer Alkibiades. In all diesen Traditionen machten die Teilnehmer die Erfahrung, die Alltagswirklichkeiten zu transzendieren und Realitäten außerhalb des normalen Bewußtseinsreiches zu erkunden.

Der traditionellen Psychiatrie ist es nie gelungen, diese Formen von Erfahrung, ihre Universalität und ihre kulturelle sowie psychologische Bedeutung zu erklären. Die Möglichkeit, wissenschaftlich veränderte Bewußtseinszustände bei Menschen aus unserer eigenen Kultur zu beobachten, hat uns ganz neue Hinweise auf den tieferen Sinn der alten Reisen in andere Wirklichkeiten geliefert. Damit ist nun klar, daß es sich bei alten Praktiken weder um pathologische Phänomene noch um Produkte eines primitiven Aberglaubens handelte, sondern vielmehr um sehr anspruchsvolle spirituelle Praktiken von Menschen, die ein breiteres Bild des Bewußtseins entwikkelt hatten und achteten als die Anhänger des kartesianisch-Newtonschen Modells der Wirklichkeit. Darüber hinaus finden selbst wissenschaftlich zurückhaltende und hoch intelligente Leute in unserer eigenen Zeit und Kultur diese Erfahrungen, in denen sich ihnen die veränderten Zustände erschließen, als zutiefst bewegend und persönlich bedeutungsvoll. Zudem ermöglichen sie ihnen dramatische Durchbrüche in ihren Glaubenssystemen.

Zu den wichtigsten Veränderungen, die durch außergewöhnliche Bewußtseinszustände ausgelöst werden, gehört eine neue Wertschätzung der Rolle der Spiritualität in dem universalen Plan der Dinge. In diesem Jahrhundert haben die akademische Psychiatrie und Psychologie Spiritualität als ein Produkt von Aberglauben, primitivem magischen Denken und offensichtlicher Pathologie verworfen. Dank der Ergebnisse der Bewußtseinsforschung in den letzten zwei Jahrzehnten beginnen wir nun jedoch zu sehen, daß Spiritualität von perinatalen und transpersonalen Erfahrungen initiiert und genährt wird, die in den tiefsten Nischen des menschlichen Geistes schlummern. Diese visionären Erfahrungen zeichnen sich durch eine, wie C. G. Jung sie nannte, primäre numinose Qualität aus; sie waren die ursprüngliche Quelle aller großer Religionen. Darüber hinaus ist deutlich geworden, daß Menschen ein profundes Bedürfnis nach transpersonalen Erfahrungen und Zuständen haben, in denen sie ihre individuelle Identität transzendieren und ihren Platz in einem größeren, zeitlosen Ganzen spüren können. Dieses spirituelle Verlangen scheint grundlegender und unwiderstehlicher als der Sexualtrieb zu sein. Wenn es nicht befriedigt wird, kann das zu schweren psychologischen Störungen führen.

Das Wesen emotionaler und psychosomatischer Störungen

Die neuen Erkenntnisse über das menschliche Bewußtsein führen auch zu radikalen Veränderungen in unserem Verständnis von geistiger Gesundheit. Ein in der Mitte des letzten Jahrhunderts einsetzender Prozeß machte die Psychiatrie zu einer medizinischen Disziplin. Damals begann man, biologische Ursachen wie Infektionen, Tumore, Mangelerscheinungen und degenerative Krankheiten des Gehirns als Auslöser für einige, aber keineswegs alle geistigen Störungen zu ermitteln. Obwohl es in weiteren wissenschaftlichen Studien keineswegs gelang, biologische Ursachen für die meisten Neurosen, Depressionen, psychosomatischen Krankheiten und psychotischen Zustände zu finden, wurde die Psychiatrie weiterhin von der Medizin dominiert – schließlich war sie in der Lage, die Symptome vieler psychischer Störungen unter Kontrolle zu halten.

Auch heute spielt die Medizin in der psychiatrischen Theorie, der klinischen Praxis, der Forensik und der Ausbildung noch eine führende Rolle. Der Begriff *Geisteskrankheit* bezeichnet allerlei Zustände, für die man keine organische Grundlage gefunden hat. Wie in der Medizin werden die Symptome als Manifestationen eines pathologischen Prozesses gesehen und ihre Intensität als direkter Hinweis auf das Ausmaß der Krankheit gewertet. Ein Großteil der gängigen psychiatrischen Praxis bemüht sich hauptsächlich darum, die Symptome zu unterdrücken. Dabei gilt die Reduzierung der Symptome als »Besserung« und ihre Intensivierung als »Verschlechterung« des klinischen Zustandes.

Zum medizinischen Erbe gehört auch der Eifer, mit dem in der Psychiatrie diagnostische Etiketten verliehen werden. Während man jedoch bei rein körperlichen Krankheiten durch klinische Beobachtung und Laboruntersuchungen zu relativ genauen diagnostischen Kategorien gelangen kann, entziehen sich psychische Störungen diesen Bemühungen viel leichter. Darüber hinaus liefern die diagnostischen Etiketten in der Psychiatrie den Ärzten keine klar definierten Behandlungswege. Hier bestimmen vielmehr häufig die persönliche Philosophie und die eigenen Glaubenssätze einschließlich der menschlichen Beziehungen zum Patienten den Behandlungsverlauf. So kann beispielsweise ein eher organisch orientierter Psychiater einem neurotischen Patienten Elektroschocks verschreiben, während sein psychologisch orientierter Kollege Psychotiker mit Psychotherapie behandelt.

Die Arbeit mit Menschen in geänderten Bewußtseinszuständen hat in dem Verständnis von emotionalen und psychischen Störungen ohne klar definierte organische Ursache zu einigen bemerkenswerten Veränderungen und profunden neuen Einsichten geführt. Es ist deutlich geworden, daß wir alle innere Protokolle von physischen und emotionalen Traumen in uns tragen, von denen einige biographischen oder perinatalen Ursprungs, andere transpersonaler Natur sind. Manche Leute können durch Meditationstechniken zu perinatalen und transpersonalen Erfahrungen gelangen, bei anderen gelingt das nur durch ausführliche Erfahrungstherapie oder psychedelische Sitzungen. Bei Menschen, deren psychologische Abwehrmechanismen nicht so kräftig sind, kann das unbewußte Material spontan mitten im Alltagsgeschehen an die Oberfläche gelangen.

Wenn wir Symptome einer Störung zu erleben beginnen, die eher emotionaler als organischer Natur ist, müssen wir unbedingt bedenken, daß dies nicht der Anfang einer »Krankheit« ist. Vielmehr taucht in unserem Bewußtsein Material auf, das früher in den unbewußten Teilen unserer Psyche verborgen war. Wenn dieser Prozeß ganz vollendet wird, werden die mit dem unbewußten Material einhergehenden Symptome dauerhaft aufgelöst und verschwinden meist. Das Auftreten von Symptomen ist daher nicht der Beginn einer Krankheit, sondern der ihrer Heilung. Ebenso wenig sollte die Intensität der Symptome Maßstab dafür sein, wie ernst die Krankheit ist, sondern Hinweis auf die Geschwindigkeit des Heilungsprozesses. Klinische Psychiater wissen schon seit Jahrzehnten, daß die Patienten mit den dramatischsten Symptomen eher bessere Prognosen haben als die, bei denen sich nur einige wenige zeigen und vieles verdeckt bleibt. Und doch ist das traditionelle Mittel der Wahl das, die Symptome zu unterdrücken, sie daran zu hindern, ganz an die Oberfläche zu gelangen. Von genau

dieser Methode aber weiß man ironischerweise, daß sie emotionale Krankheit verlängert.
Geänderte Bewußtseinszustände arbeiten meist wie ein inneres Radarsystem Sie suchen die stärksten emotionalen Aufladungen und heben das mit ihnen verbundene Material ins Bewußtsein, wo es aufgelöst werden kann. Bei diesem Prozeß werden bereits bestehende Symptome übertrieben, und das sie unterstützende, bisher verborgene »unbewußte Material« kommt an die Oberfläche. Dieser Prozeß der Übertreibung von Symptomen und ihrer anschließenden Auflösung hat Parallelen zu homöopathischen Prinzipien. Statt die Symptome für das Problem zu halten, betrachtet die Homöopathie sie als Manifestationen des Heilungsprozesses. Das steht natürlich im Widerspruch zu den Theorien der Schulmedizin.
Die Erforschung veränderter Bewußtseinszustände hat uns zudem neue Einsichten in die relative Bedeutung postnatalen biographischen Materials gebracht. In der allgemeinen Psychiatrie betrachten wir traumatische Erfahrungen in der Kindheit und auch jüngere Ereignisse im Leben des Klienten als die Hauptquelle von Neurosen und anderen psychischen Störungen. Mit wenigen Ausnahmen meinen die Psychiatrietheoretiker, psychotische Störungen seien nicht nur psychologisch zu sehen, sondern müßten auch von bisher nicht identifizierter Gehirnpathologie verursacht sein. Unsere neueste Forschung stellt jedoch die eine wie die andere Annahme in Frage.
Durch die Beobachtung von Klienten in geänderten Bewußtseinszuständen entdecken wir, daß ihre neurotischen oder psychotischen Symptome mehr betreffen als die rein biographische Ebene der Psyche. Anfänglich sehen wir vielleicht, daß sie mit traumatischen Ereignissen verbunden sind, die jemand in der Säuglingszeit oder Kindheit erlitten hat – genau wie in der traditionellen Psychiatrie beschrieben. Aber wenn der Prozeß fortschreitet und die Erfahrung tiefer geht, stellt man fest, daß dieselben Symptome auch mit bestimmten Aspekten des Geburtstraumas verknüpft sind. Weitere Wurzeln desselben Problems können dann bis hin zu transpersonalen Quellen verfolgt werden, beispielsweise zu einer Erfahrung in einem früheren Leben, einem ungelösten archetypischen Thema

oder der Identifikation des Betreffenden mit einem bestimmten Tier.

So könnte jemand, der unter psychogenem Asthma leidet, zunächst einen oder mehrere Erstickungsanfälle aus der Kindheit wiedererleben, wie etwa bei Keuchhusten oder Diphterie oder drohendem Ertrinken. Eine tiefere Quelle desselben Problems kann sein, daß der Betroffene im Geburtskanal fast erstickt wäre. Auf der transpersonalen Ebene könnten die asthmatischen Symptome mit Erlebnissen des Erhängens oder Erwürgens in einem früheren Leben zusammenhängen, vielleicht sogar mit Elementen eines Tierbewußtseins wie der Identifikation mit einem von einer Boa Constrictor erdrückten Tier. Wenn diese Form von Asthma vollständig aufgelöst werden soll, muß man sich unbedingt all den verschiedenen mit dem Problem verbundenen Erfahrungen stellen und sie integrieren.

Tiefe Erfahrungsarbeit hat auch bei anderen Zuständen, die von Psychiatern behandelt werden, ähnlich vielschichtige Strukturen enthüllt. Die perinatalen Ebenen des Bewußtseins, die wir in den ersten Kapiteln dieses Buches untersucht haben, sind wichtige Speicher für schwierige Emotionen und Empfindungen und stellen oft die Quelle von Ängsten, Depressionen, Gefühlen von Hoffnungslosigkeit und Minderwertigkeit sowie von Aggression und gewalttätigen Impulsen dar. Wenn es später in der Kindheit durch weitere Traumen verstärkt wird, kann dieses emotionale Material zu verschiedenen Phobien, Depressionen, sadomasochistischen Tendenzen, kriminellem Verhalten oder Symptomen von Hysterie führen. Muskelspannungen, Schmerzen und andere Arten von physischem Unbehagen, die einen natürlichen Teil des Geburtstraumas bilden, können sich später zu psychosomatischen Problemen wie Asthma, Migräne, Magengeschwüren und Dickdarmkatarrh entwickeln.

Im Zusammenhang mit der dritten perinatalen Matrix haben wir beschrieben, wie diese Erfahrung mit starker libidinöser Erregung assoziiert werden kann. Wir können daher mit Sicherheit annehmen, daß unsere erste Begegnung mit sexuellen Gefühlen mit Angst, Schmerz und Aggression assoziiert ist. Zudem treffen wir hier auf Blut, Schleim und vielleicht sogar Urin und Kot. Diese

Assoziationen bieten sich als natürliche Grundlagen für die Entwicklung von sexuellen Abweichungen und Perversionen an, selbst von so extremen wie Sexualmord. Sigmund Freud brachte einst die Welt in Aufruhr, als er erklärte, die Sexualität beginne nicht in der Pubertät, sondern bereits in der Säuglingszeit. Unsere neuesten Beobachtungen weisen darauf hin, daß wir alle schon lange vor der Pubertät oder der Säuglingszeit sexuelle Gefühle erlebt haben – sogar schon, bevor wir überhaupt auf die Welt kamen. Dieser Gedanke mag unsere Vorstellungskraft arg strapazieren, aber er liefert eine sehr plausible Erklärung für die Quellen sexueller Pathologien, besonders in ihren extremsten und bizarrsten Ausdrucksformen.

Weitere Beobachtungen legen nahe, daß auch Selbstmordtendenzen, Alkoholismus und Drogenabhängigkeit perinatale Wurzeln haben. Von besonderer Bedeutung scheint der großzügige Einsatz von Betäubungsmitteln während der Geburt zu sein; bestimmte Substanzen, die zur Schmerzlinderung bei der Mutter eingesetzt werden, lehren das Neugeborene auf einer zellularen Ebene, den Rauschzustand als natürlichen Ausweg aus Schmerz und schwierigen Emotionen zu sehen. Diese Ergebnisse wurden kürzlich von Untersuchungen bestätigt, die verschiedene Formen von selbstmörderischem Verhalten mit bestimmten Aspekten der biologischen Geburt in Verbindung brachten. Einige Beispiele: Die Entscheidung, sich mit Drogen umzubringen, war mit dem Einsatz von Anästhetika bei der Geburt gekoppelt; Tod durch Erhängen ging mit Strangulationserscheinungen bei der Geburt einher; und die Entscheidung für gewaltsame Todesarten trafen Menschen, die auch auf gewaltsame Weise auf die Welt gekommen waren. Wie bei dem bereits erwähnten Fall mit psychogenem Asthma finden sich zusätzliche Wurzeln für all diese Probleme im transpersonalen Reich: Selbstmordversuche durch Erhängen / Ersticken oder Erhängen in früheren Leben; Selbstmord durch eine Überdosis Drogen / Erfahrungen mit Drogen in früheren Leben; Selbstmord mit gewaltsamen Mitteln wie einem beabsichtigten Autounfall / ein Ereignis in früheren Leben, bei der man eine Erfahrung mit ähnlichen Merkmalen gemacht hat.

Unser neues Verständnis von emotionalen Schwierigkeiten ist nicht auf Neurosen und psychosomatische Störungen begrenzt. Es gilt auch bei vielen extremen psychischen Störungen, die als Psychosen bezeichnet werden. Die herkömmlichen Bemühungen, psychotische Symptome psychologisch zu erklären, waren nicht sehr überzeugend, besonders wenn die Kliniker sie nur anhand biographischer Ereignisse aus der frühen und späteren Kindheit zu interpretieren versuchten. Psychotische Zustände gehen oft mit extremen Emotionen und Körperempfindungen einher, etwa abgrundtiefer Verzweiflung, profunder, metaphysischer Einsamkeit, physischen Höllenqualen, mörderischer Aggression oder umgekehrt dem Einssein mit dem Universum, ekstatischer Verzückung und himmlischer Seligkeit. Im Laufe einer psychotischen Episode kann jemand seinen eigenen Tod und die Wiedergeburt oder sogar die Zerstörung und Wiedererschaffung der gesamten Welt erfahren. Der Inhalt solcher Episoden ist oft phantastisch und exotisch; da tauchen verschiedene mythologische Wesen und infernalische oder paradiesische Landschaften, Ereignisse aus anderen Ländern und Kulturen und außerirdische Begegnungen auf. Weder die Intensität der Emotionen und Empfindungen noch der außergewöhnliche Inhalt psychotischer Zustände läßt sich vernünftig durch frühe biographische Traumen wie Hunger, emotionale Deprivation und andere Frustrationen als Säugling erklären.
Wenn wir die Landkarte der Psyche auf die in diesem Buch geschilderte Weise erweitern, wirft das ein ganz neues Licht auf viele der bisher einem unbekannten pathologischen Prozeß im Gehirn zugeschriebenen Zustände. Das Trauma der Geburt, das einen wichtigen Aspekt des Unbewußten bildet, ist ein sehr schmerzhaftes und potentiell lebensbedrohliches Ereignis, das meist mehrere Stunden andauert. Das macht es auch zu einer sehr viel plausibleren Quelle für extreme Emotionen und Empfindungen als die meisten anderen Ereignisse in der Kindheit. Zudem bilden die mythologischen Dimensionen vieler psychotischer Erfahrungen ein normales und natürliches Charakteristikum des transpersonalen Bereichs der Psyche, wie es auch C. G. Jungs Konzept des kollektiven Unbewußten und seiner Archetypen nahelegt. Darüber hinaus kann man das Auftauchen dieser tiefen Elemente aus dem Unbewußten als

Versuch der Psyche sehen, sich von traumatischen Prägungen zu befreien und besser funktionieren zu können.
Aus all diesen Beobachtungen haben meine Frau Christina und ich geschlossen, daß viele der gegenwärtig als Geisteskrankheiten diagnostizierten und routinemäßig mit unterdrückenden Mitteln behandelten Zustände in Wirklichkeit psychospirituelle Krisen sind. Wir nennen sie *spiritual emergencies*, ein Begriff, der sowohl den Notfall als auch das Auftauchen höherer Ebenen des Bewußtseins beschreibt. Wenn man diese Krisen richtig versteht und unterstützt, können sie zu Heilung und persönlicher Transformation führen. Episoden dieser Art sind über die Jahrhunderte in der mystischen Literatur als wichtige Aspekte der spirituellen Reise beschrieben worden. Sie sind im Leben von Schamanen, großen Religionsgründern, Heiligen, Propheten, Asketen und den Initianten der heiligen Mysterien aller Zeiten vorgekommen. Christina hat 1980 als Alternative zur traditionellen Behandlung das Spiritual Emergence Network (SEN) gegründet – eine weltweite Organisation, die bei psychospirituellen Krisen Unterstützung und Anleitung bietet. Die Adressenliste des SEN verzeichnet heute Tausende von Namen aus vielen Ländern.

Psychotherapie und Heilungspraktiken

Ziel der meisten psychotherapeutischen Systeme ist es, zu verstehen, wie die Psyche arbeitet und wieso sich emotionale Störungen entwickeln. In der Therapie heißt das Ziel dann, die entwickelten Theorien einzusetzen, um zu ändern, wie der Klient denkt, fühlt, sich verhält und Lebensentscheidungen trifft. Selbst in den ganz nondirektiven Therapieformen gilt der Therapeut als Schlüssel zum Heilungsprozeß, da er dem Klienten an Wissen und Ausbildung überlegen ist. Das wiederum wird als hinreichende Qualifikation dafür betrachtet, daß der Therapeut die Selbsterforschung des Klienten durch angemessene Fragen und Interpretationen lenkt.
Das Problem liegt darin, daß sich wenige Therapierichtungen auf Fundamentales wie die Geheimnisse der Psyche, das Wesen der

Psychopathologie oder auch nur die therapeutischen Techniken einigen können. Dieselben Störungen werden je nach persönlichem Glaubenssystem des Therapeuten und dessen spezifischer Richtung ganz unterschiedlich angegangen. Es gibt bisher keine schlüssigen Untersuchungen, die beweisen würden, daß manche Richtungen bessere therapeutische Erfolge zeitigen als andere. Man weiß aber, daß »gute Therapeuten« verschiedener Schulen gute und »schlechte Therapeuten« schlechte Ergebnisse erzielen. Zudem scheinen die nachfolgenden Veränderungen beim Klienten sehr wenig mit dem zu tun zu haben, was die Therapeuten zu treiben glauben. Manche Leute sind daher der Ansicht, der Erfolg einer Psychotherapie habe gar nichts mit den Techniken und dem Inhalt der verbalen Interpretationen des Therapeuten zu tun, sondern sei von Faktoren wie der Qualität der Beziehung zwischen Klient und Therapeut, dem Grad der Empathie oder dem Ausmaß abhängig, in dem sich der Klient verstanden und unterstützt fühlt.

Bei den traditionellen verbalen Psychotherapien wird vom Klienten erwartet, Informationen über seine gegenwärtigen und vergangenen Probleme zu liefern und möglicherweise auch seine Träume zu beschreiben, die Einblicke ins Unbewußte liefern sollen. Dann entscheidet der Therapeut, was davon psychologisch relevant ist. Freudsche Analytiker konzentrieren sich daher auf sexuelle Fragen, Adlersche betonen das Material, das mit Minderwertigkeitsgefühlen und Machtstreben zu tun hat, und so fort. Im Gegensatz dazu umgeht die Arbeit mit veränderten Bewußtseinszuständen die Probleme der unterschiedlichen Theorien der jeweiligen Schule und die Rolle des Therapeuten als Interpret psychologischen Materials. Wie Sie sich erinnern werden, wird in veränderten Zuständen automatisch das am stärksten emotional aufgeladene Material ausgesucht und ins Bewußtsein gehoben. Diese veränderten Zustände liefern auch die notwendigen Einsichten und mobilisieren unsere inneren Heilungskräfte mit all ihrer inhärenten Weisheit und Kraft. Es hat auch beim besten Bemühen noch nie eine psychologische Richtung gegeben, die nur annähernd so wirksam wäre wie diese natürlichen Heilungsprozesse.

Die wichtigste Voraussetzung für einen Therapeuten, der mit veränderten Bewußtseinszuständen arbeitet, ist nicht die, bestimmte

Techniken zu beherrschen und Klienten in die gewünschte Richtung lenken zu können, sondern die, das spontane Entfalten des Prozesses annehmen zu können und ihm zu vertrauen. Dies muß bedingungslos geschehen, selbst zu Zeiten, in denen der Therapeut intellektuell nicht versteht, was geschieht. Diese Aufgabe stellt für die meisten Fachleute, die sich auf theoretische Führung durch ihre jeweilige Schulrichtung verlassen, eine große Herausforderung dar. Ohne Anstrengung seitens des Therapeuten klären sich dabei Symptome, und die persönliche Transformation erfolgt als Ergebnis dessen, daß sich ein unvorhersagbares Aufgebot von Erfahrungen entfaltet, die biographisch, perinatal, transpersonal oder alles drei sein können. Bei der *Holotropen Atemarbeit*®, im Umgang mit spirituellen Krisen und in Tausenden von psychedelischen Therapiesitzungen während meiner frühesten Arbeit habe ich dramatische Heilungen und positive Persönlichkeitsveränderungen beobachten können, die sich all meinen Bemühungen um rationales Verständnis widersetzten.

Bei der Arbeit mit veränderten Bewußtseinszuständen sind die Rollen von Therapeut und Klient anders als in der traditionellen Psychotherapie. Der Therapeut ist kein aktiv Handelnder, der die Veränderungen im Klienten durch bestimmte Interventionen verursacht, sondern jemand, der intelligent mit den inneren Heilungskräften des Klienten kooperiert. Diese Rolle des Therapeuten paßt zu der ursprünglichen Bedeutung des griechischen Wortes *therapeutes*, das so viel heißt wie »derjenige, der beim Heilungsprozeß assistiert«. Sie stimmt auch mit C. G. Jungs psychotherapeutischer Vorstellung überein; danach ist es die Aufgabe des Therapeuten, dem Klienten Kontakt und Austausch mit dem eigenen inneren Selbst zu vermitteln, das dann den Prozeß der Transformation und Individuation lenkt. Die Weisheit für die Veränderung und Heilung entspringt dem kollektiven Unbewußten und übersteigt bei weitem das dem Therapeuten intellektuell verfügbare Wissen.

Das fehlende rationale Verständnis des Heilungsprozesses kann zwar gelegentlich sowohl den Therapeuten als auch den Klienten frustrieren, aber die dramatischen, positiven Veränderungen, die bei den Klienten relativ schnell auftreten, machen das mehr als wett.

Bei dieser Art von Arbeit wird deutlich, daß es unmöglich ist, ein rigides Konzept zu verwenden, das die anstehenden Entwicklungen in vorgefertigte Kästchen zwingen will. Jung meinte, es gäbe schließlich keine Garantie dafür, daß das, was wir bei einer therapeutischen Sitzung beobachten, schon einmal gesehen worden ist und daher durch bestehende Schulen erklärt werden könnte. Die Psyche kennt keine Grenzen und verfügt über scheinbar endlose Ressourcen und Kreativität. Daher ist es durchaus möglich, daß wir bei einer therapeutischen Begegnung Phänomene beobachten oder erleben können, die es so noch nie gegeben hat. Das macht die therapeutische Arbeit zu einem anhaltend aufregenden Abenteuer, voller Entdeckungen und neuem Lernen an jeder Ecke.

Die Wurzeln menschlicher Gewalt und die gegenwärtige globale Krise

Zu den wichtigsten Implikationen des neuen Modells der Psyche gehören soziopolitische Einsichten. Die Versuche der traditionellen Wissenschaften, plausible Erklärungen für die Grausamkeiten zu liefern, die einen Großteil der menschlichen Geschichte charakterisieren, waren größtenteils wenig überzeugend und lassen viel zu wünschen übrig. Das Bild des Menschen als »nacktem Affen«, dessen mörderische Instinkte ein Erbe aus seiner tierischen Vergangenheit sind, liefert keinen Aufschluß über das, was der Psychoanalytiker Erich Fromm »bösartige Aggression« nennt, die es ausschließlich beim Menschen gibt. Tiere kämpfen um Nahrung, sexuelle Gelegenheiten und Reviere, aber kein Tier in der freien Natur begeht auch nur annähernd so sinnlose Grausamkeiten wie der Mensch. Die Bemühungen der Psychologie, unsere Gewalt im Rahmen des biographischen Modells des menschlichen Bewußtseins zu erklären, waren gleichermaßen frustrierend wie dürftig.

Wir haben gesehen, daß das traditionell biographisch orientierte Modell in der individuellen Psychopathologie versagt. Die Unzulänglichkeit dieses Modells wird noch offensichtlicher, wenn man es auf die Massenpsychopathologie blutiger Kriege, Revolutionen, die Grausamkeiten totalitärer Regime, die Bestialität der Konzentrationslager und Völkermord anwendet. Der in der Kindheit erlebte emotionale Schmerz kann weder das gewalttätige Verhalten von einzelnen noch die Massengrausamkeit im großen Stil erklären.

Die psychologischen Traumen, die Erlebnisse, die unsere Psyche nach der Geburt geformt haben, liefern nicht genügend Grund für die Schrecken des Nazismus, die Greueltaten des Stalinismus oder die monströse Lebensform der Apartheid. Wenn wir jedoch die perinatalen und transpersonalen Perspektiven hinzufügen, die sich in veränderten Bewußtseinszuständen zeigen, werden solche Ereignisse verständlicher. Das Trauma der Geburt beinhaltet einen Kampf auf Leben und Tod, der zur Grundlage für viele emotionale Extreme werden kann. Als ein uns allen gemeinsames Ereignis birgt es das Potential, gleich massenweise psychische Abirrungen hervorzurufen, bei denen vielleicht Hunderttausende dieselbe Erfahrung von ungebändigter, unbewußter Wut verspüren. Die Archetypen des kollektiven Unbewußten könnten auch die Quelle von Massen-Psychopathologie darstellen, da sie mit ungewöhnlicher psychischer Kraft ausgestattet sind, die alle individuellen Grenzen überwindet.

Kriege sind natürlich eine komplexe Angelegenheit, die auch historische, politische und wirtschaftliche Wurzeln hat. Wir sollten nicht davon ausgehen, daß Krieg sich ausschließlich auf psychologische Faktoren reduzieren läßt. Während jedoch die greifbareren Aspekte von Konflikten zwischen Nationen viel Aufmerksamkeit erhalten haben, hat man die psychologischen Dimensionen und Wurzeln ignoriert. Hier hat die moderne Bewußtseinsforschung einige interessante Einsichten und Hinweise zu bieten. Das Material, das in veränderten Zuständen auftaucht, handelt oft von Themen wie Krieg, totalitären Regimen, Revolutionen, den Greueltaten der Konzentrationslager und Völkermord. Szenen zu diesen Themen können extrem intensiv sein und Erlebnisse beinhalten, die von vielerlei Emotionen und Sinnesempfindungen von Opfern wie Tätern bestimmt sind.

Wenn die Sitzungen von der zweiten perinatalen Grundmatrix dominiert werden, nimmt der Betroffene Verbindung zu den Gefühlen des Kindes auf, das im Geburtskanal feststeckt, bevor sich die Zervix öffnet. Das geht oft mit Szenen aus der Menschheitsgeschichte einher, in der man sich in der Opferrolle erlebt. Zu solchen Erfahrungen gehört die Identifikation mit der durch ein totalitäres Regime unterdrückten Bevölkerung, mit Zivilisten, die in einem Krieg leiden, mit den Insassen eines Konzentrationslagers und den Mühseligen und Beladenen aller Jahrhunderte. Sequenzen dieser Art treten sogar bei Leuten auf, die in ihrem wirklichen Leben nie etwas derartiges erlebt haben; ihr Unbewußtes hat jedoch genaue Kenntnis all der damit einhergehenden Gefühle und Empfindungen.

Wenn der Prozeß zur dritten Grundmatrix voranschreitet, identifiziert sich der Betroffene mit dem Kind, das nach der Öffnung der Zervix dem Geburtskanal zu entfliehen sucht. An diesem Punkt verändert sich die Art der soziopolitischen Erfahrungen dramatisch. Es gibt noch Gewaltszenen, aber nun erlebt man auch die Rolle des Aggressors. Der Prozeß oszilliert zwischen der Identifikation mit dem Opfer und dem Täter; gelegentlich wird man auch zum außenstehenden Beobachter. Das vorherrschende Thema ist hier die Revolution; die Unterdrückung ist unerträglich geworden, und der Tyrann muß entmachtet werden. Das Ziel ist, die Freiheit zu erreichen, in der man wieder »atmen« kann. Dazu gehören Szenen aus der französischen oder russischen Revolution, dem amerikanischen Bürgerkrieg und anderen Freiheitskämpfen. Und der eigentliche Augenblick der Geburt geht oft mit Szenen über die Siege in verschiedenen Revolutionen oder das Ende eines Krieges einher.

Die reiche und umfassende Natur der mit diesen Erfahrungen einhergehenden Gefühle und Empfindungen lassen vermuten, daß sie nicht individuell aus Quellen wie Abenteuerbüchern, Filmen und Fernsehsendungen geschaffen werden. Nach Tausenden von Therapiesitzungen, bei denen diese Art von Material vorkam, bin ich davon überzeugt, daß es dem kollektiven Unbewußten entspringt. Wenn wir bei unseren inneren Erkundungen zum Trauma der Geburt gelangen, scheinen sich die Tore zum kollektiven Unbewußten zu öffnen, in dem wir Zugang zu Erfahrungen von Menschen haben, die im richtigen Leben ähnliche Schicksale erlitten haben.

Die Tyrannei des Schattens

Nachdem ich nun mehr als zwanzig Jahre lang diese Art von Material untersucht habe, zieht mich unweigerlich der tatsächlich mögliche Gedanke an, die perinatale Ebene unseres Unbewußten, der Teil der Psyche, der die Geschichte menschlicher Gewalt so gut »kennt«, könnte tatsächlich teilweise für Kriege, Revolutionen und ähnliche Greueltaten verantwortlich sein. Lassen Sie mich noch einen weiteren Beweis anführen, der nicht aus der modernen Bewußtseinsforschung, sondern aus sorgfältigen historischen Untersuchungen stammt.

Nach der Veröffentlichung meines ersten Buches, *Topographie des Unbewußten*, erhielt ich einen Brief von Lloyd de Mause, einem New Yorker Psychoanalytiker und Journalisten. De Mause ist einer der Begründer der Psychohistorik, einer Disziplin, die die Ergebnisse der Tiefenpsychologie auf die Geschichtsforschung und die politischen Wissenschaften überträgt. Psychohistoriker widmen sich Dingen wie der Beziehung zwischen der Kindheit von politischen Führern und deren Wertsystemen und Entscheidungsprozessen. Außerdem versuchen sie, Verbindungen zwischen der Art der Kinderaufzucht in einer bestimmten Zeit und der Natur von Kriegen und Revolutionen aufzudecken. Lloyd de Mause war sehr an meinen Studien über das Geburtstrauma und dessen mögliche soziopolitische Implikationen interessiert, da sie seine eigene Forschung unterstützten.

De Mause hatte sich schon viele Jahre mit den psychologischen Aspekten der Zeiten unmittelbar vor Kriegen und Revolutionen beschäftigt. Er wollte wissen, wie militärische Führer erfolgreich Massen von friedlichen Zivilisten mobilisieren und in Tötungsmaschinen verwandeln können. Sein Ansatz war sehr originell und kreativ – neben der Analyse historischer Quellen lieferten ihm populäre Karikaturen, Witze, Träume, persönliche Bilder, Versprecher, Zwischenrufe von Politikern und selbst das Gekritzel auf dem Rand der Entwürfe für politische Dokumente Daten von großer psychologischer Bedeutung. Als er mit mir Kontakt aufnahm, hatte er auf diese Weise bereits siebzehn Situationen vor dem Ausbruch von Kriegen und revolutionären Erhebungen aus vielen Jahrhunderten analysiert – vom Altertum bis in die Moderne.

Er war von der Fülle der Redewendungen, Metaphern und Bilder in seinem historischen Material überrascht, die sich auf die biologische Geburt bezogen. Wenn Militärführer und Politiker kritische Situationen beschreiben und Kriegserklärungen abgeben, verwenden sie Begriffe, die genauso gut die perinatale Not beschreiben. Sie beschuldigen den Feind, er würde uns »ersticken und erwürgen«, »den letzten Atemzug aus unseren Lungen quetschen«, uns »einengen« und uns »nicht genug Platz lassen« (Hitlers *Lebensraum*). Ebenso häufig sind Anspielungen auf dunkle Höhlen, Tunnel und verwirrende Labyrinthe, gefährliche Abgründe, in die wir gestoßen werden könnten, und die Drohung, überflutet zu werden oder zu ertrinken. Auch die Lösungsversprechungen kommen in Form perinataler Bilder: Die Führer wollen uns zum »Licht am Ende des Tunnels« bringen, uns »aus dem Labyrinth herausführen« und garantieren uns, daß jeder nach dem Sieg über den Unterdrükker wieder »frei atmen« können wird.

Zu Lloyd de Mauses Forschungsobjekten gehörten Alexander der Große, Napoleon, Kaiser Wilhelm II, Adolf Hitler, Chruschtschow und Kennedy. Geburtssymbolismus fand er auch in den Aussagen von Admiral Shimada und Botschafter Kurassa vor dem Angriff auf Pearl Harbor. Besonders erschreckend war die Verwendung perinataler Sprache in Verbindung mit der Explosion der Atombombe in Hiroshima. Das Flugzeug erhielt den Namen der Mutter des Piloten, Enola Gay; der Spitzname der Bombe, »Der kleine Junge«, war an der Seite aufgemalt; und der Code, mit dem die erfolgte Detonation in Washington gemeldet wurde, lautete: »Das Baby ist geboren«. De Mause hat seit unserem damaligen Briefwechsel viele weitere historische Beispiele gesammelt und seine

Theorie ausgearbeitet, daß unsere Erinnerungen an perinatale Traumen eine wichtige Rolle bei gewalttätigen sozialen Aktivitäten spielen.

Weitere Belege für diese Annahmen finden sich in Sam Keens hervorragendem Buch *The Faces of the Enemy*. Keen hat eine bemerkenswerte Sammlung von Kriegsplakaten, Cartoons und Karikaturen aus vielen verschiedenen historischen Perioden und Kulturen zusammengetragen. Anhand derer demonstriert er, wie der Feind während eines Krieges oder einer Revolution als stereotypes Bild beschrieben und abgebildet wird, das sehr wenige Variationen kennt und ebenso wenig mit den Charakteristika der betroffenen Kultur zu tun hat. Nach Keen sind die angeblichen Bilder des Feindes im wesentlichen *Projektionen der unterdrückten und nicht anerkannten Schattenaspekte unseres eigenen Unbewußten.*[53] Auch wenn wir in der Geschichte sicher Beispiele für »gerechte Kriege« finden, ersetzen diejenigen, die kriegerische Aktivitäten in Gang setzen, typischerweise Elemente in ihrer eigenen Psyche, denen sie sich in persönlicher Selbsterforschung widmen sollten, durch äußere Zielscheiben.

In Sam Keens theoretischem Gerüst taucht der perinatale Bereich des Unbewußten nicht explizit auf, aber die Analyse seines Materials enthüllt ein Übergewicht von symbolischen Bildern, wie sie für die zweite und dritte perinatale Grundmatrix typisch sind. Der Feind wird gern als gefährlicher Oktopus, bösartiger Drachen, vielköpfige Hydra, riesige, giftige Tarantel oder verschlingender Leviathan dargestellt. Zu den häufigen Symbolen gehören unter anderem auch böse Raubtiere oder Raubvögel, monströse Haie und ominöse Schlangen, besonders Vipern und Boa Constrictors. Auch Szenen über Erwürgen oder Erdrücken, gefährliche Strudel und tückischen Treibsand tauchen immer wieder in den Bildern aus Zeiten von Kriegen, Revolutionen und politischen Krisen auf. Wenn man die Zeichnungen über perinatale Erfahrungen in veränderten Bewußtseinszuständen neben die historischen Dokumente von Lloyd de Mause und Sam Keen stellt, bieten sie deutliche Beweise dafür, daß die menschliche Gewalt perinatale Wurzeln hat.

Die Beobachtungen aus der Arbeit mit geänderten Bewußtseinszuständen und den Nachforschungen der Psychohistoriker liefern gemeinsam die Einsicht, daß wir alle in unserem tiefen Unbewußten Energien und Emotionen mit uns herumtragen, die mit dem Trauma der Geburt zusammenhängen und die wir noch nicht angemessen gemeistert und assimiliert haben. Einigen von uns können diese Aspekte der Psyche vollkommen unbewußt sein, während andere sich ihres Einflusses unterschiedlich deutlich bewußt sind. Wenn diese Art von Material von innen heraus oder durch Ereignisse in der äußeren Welt aktiviert wird, kann das zu bizarrer individueller Psychopathologie einschließlich scheinbar grundloser Gewalt führen. Es sieht so aus, als ob die Bewußtheit für die perinatalen Elemente aus unbekanntem Grund gleichzeitig bei einer großen Zahl von Menschen größer werden kann; das schafft eine Atmosphäre von Spannung, Angst und Erwartung. Ein Führer wie Hitler ist vielleicht stärker als andere in seiner Kultur von perinatalen Energien beeinflußt und hat zugleich die Kraft, das kollektive Verhalten einer ganzen Nation zu manipulieren. Diese beiden Faktoren zusammen machen es ihm leicht, sich von seinen eigenen unannehmbaren (und unbewußten) Gefühlen (in Jungs Terminologie dem *Schatten*) zu distanzieren und sie auf eine äußere Situation zu projizieren. Das kollektive Unbehagen wird dem Feind zugeschrieben und ein militärisches Eingreifen als Lösung angeboten.

Krieg bietet die Gelegenheit, die psychologischen Abwehrmechanismen abzuschütteln, die gewöhnlich die gefährlichen perinatalen Tendenzen in Zaum halten. Freuds »Über-Ich«, eine psychische Kraft, die Zurückhaltung und zivilisiertes Verhalten fordert, wird durch das »Kriegs-Über-Ich« ersetzt: Nun werden wir für dieselben Verhaltensweisen gelobt, die in Friedenszeiten unannehmbar oder sogar kriminell sind – Mord, wahllose Zerstörung und Plünderung. Wenn der Krieg ausbricht, kann man den destruktiven und selbstzerstörerischen Impulsen freien Lauf lassen. Die perinatalen Elemente, denen wir normalerweise in bestimmten Stadien des Prozesses der Selbsterforschung und Transformation (in der zweiten und dritten perinatalen Grundmatrix) begegnen, sind nun in echten

Situationen außerhalb von uns manifest, entweder Mann gegen Mann auf dem Schlachtfeld oder in Form von Fernsehnachrichten. Verschiedene ausweglose Situationen, sadomasochistische Orgien, sexuelle Gewalt, bestialisches und dämonisches Verhalten, explosive Energiefreisetzungen und Skatologisches – all das, was wir gewöhnlich mit der perinatalen Bilderwelt assoziieren – werden in Kriegen und Revolutionen mit außerordentlicher Lebendigkeit und Kraft umgesetzt.

Unbewußte Impulse auszuagieren, führt – unabhängig davon, ob dies individuell in selbstzerstörerischem Verhalten und zwischenmenschlichen Konflikten oder kollektiv durch Kriege und Revolutionen geschieht – nicht zu derselben Art von Transformation, wie sie stattfindet, wenn man das gleiche Material voll ins Bewußtsein hebt, da es an Einsicht und therapeutischer Absicht mangelt. Selbst wenn gewalttätiges Verhalten zum Sieg führt, wird das Ziel der unbewußten Geburtserinnerungen, die die treibende Kraft hinter solchen Ereignissen war, nicht erreicht. Auch der triumphalste äußere Sieg bringt nicht das, was das Unbewußte sich erhofft und gewünscht hatte ein inneres Gefühl von emotionaler Befreiung und spiritueller Wiedergeburt. Auf den ersten Siegesrausch folgen nüchternes Erwachen und bittere Enttäuschung. Und es dauert gewöhnlich nicht lange, bis ein genauer Abklatsch des früheren repressiven Systems aus den Ruinen erwächst, da dieselben unbewußten Kräfte weiterhin im individuellen und kollektiven Unbewußten des Volkes arbeiten. Wenn wir sorgfältig die Geschichte betrachten, sehen wir immer wieder denselben Zyklus, ob es sich nun um die französische oder die russische Revolution oder den Zweiten Weltkrieg handelt.

Vor vielen Jahren, die Tschechoslowakei stand damals noch unter kommunistischer Herrschaft, habe ich in Prag tiefe Erfahrungsarbeit geleitet. Während dieser Zeit habe ich eine Menge faszinierendes Material über die psychologische Dynamik des Kommunismus sammeln können. Wenn meine Patienten mit perinatalen Energien und Emotionen rangen, tauchten fast unweigerlich Sachen auf, die mit der kommunistischen Ideologie zusammenhingen. Es wurde deutlich, daß die leidenschaftlichen Gefühle der Revolutionäre gegen ihre Unterdrücker durch den Widerstand gegen die inneren Gefängnisse ihrer perinatalen Erfahrungen mächtige psychologische Verstärkung erhielten. Und umgekehrt wurde das Bedürfnis, andere zu beherrschen und zu dominieren, immer wieder als Bemühen ausgedrückt, die Angst zu überwinden, vom eigenen Unbewußten überwältigt zu werden. Die mörderische Verwicklung von Unterdrücker und Revolutionär scheint demnach ein externalisierter Ausdruck der im Geburtskanal erlebten Unruhe zu sein. Das soll nicht heißen, daß es keine äußeren, politischen Probleme zu meistern gab; der Punkt ist vielmehr der, daß mit unglaublicher Intensität verspürte perinatale Themen die Vorgaben dafür lieferten, wie diese Konflikte wahrgenommen und ausgelebt wurden.

Die kommunistische Vision enthält Elemente psychologischer Wahrheit, die sie für viele Menschen attraktiv macht. Die Grundvorstellung, daß eine dramatische Erfahrung revolutionären Ausmaßes eintreten muß, bevor das Leid und die Unterdrückung ein Ende finden, und daß dieser Aufstand zu größerer Harmonie führen wird, ist richtig, wenn man in Begriffen von Tod und Wiedergeburt und Transformation denkt. Aber sie ist auf gefährliche Weise falsch, wenn man sie als politische Ideologie auf die äußere Welt projiziert. Der Fehler liegt in der Tatsache, daß das, was ein archetypisches Muster von spirituellem Tod und Wiedergeburt ist, die Form eines atheistischen und antispirituellen Programms bekommt.

In dem Zusammenhang ist der Hinweis darauf interessant, daß die kommunistischen Revolutionen in ihrer destruktiven Phase zwar extrem erfolgreich waren, daß aber die Bruderschaft und Harmonie, die diese Siege versprachen, ausgeblieben sind. Stattdessen waren auch die folgenden Regierungen Brutstätten von Unterdrückung, Grausamkeiten und Ungerechtigkeit. Wenn die obigen Beobachtungen zutreffen, haben keinerlei Eingriffe von außen die Chance, eine bessere Welt zu schaffen, wenn sie nicht mit einer profunden Transformation des menschlichen Bewußtseins einhergehen.

Echos und Reflexionen der Hölle

Die perinatale Dynamik kann uns auch Aufschlüsse über ansonsten unverständliche Phänomene wie die Konzentrationslager der Nazis liefern. Professor Bastians aus Leyden in den Niederlanden, der viel Erfahrung mit der Behandlung des sogenannten KZ-Syndroms hat – emotionalen Problemen, die sich erst Jahrzehnte nach der Gefangenenzeit entwickeln –, hat darauf hingewiesen, daß das Konzentrationslager in der letzten Analyse ein Produkt des menschlichen Geistes ist. Die Tatsache, daß ein mentales Bild einer solchen Institution ihrer materiellen Existenz vorausgegangen sein muß, läßt vermuten, daß es ein entsprechendes Gebiet in der unbewußten Psyche gibt. Dazu Bastians kurz und bündig: »Bevor ein Mann im Konzentrationslager war, gab es ein Konzentrationslager im Mann.«[54] Ich habe bereits beschrieben, daß die Bilder von Konzentrationslagern, den stalinistischen Arbeitslagern und ähnlichen Themen spontan auftauchen, wenn Menschen sich der perinatalen Ebene des Unbewußten stellen. Eine genauere Untersuchung der allgemeinen und speziellen Bedingungen in den Nazi-KZs zeigt, daß diese eine realistische Umsetzung der alptraumhaften Atmosphäre der zweiten und dritten perinatalen Grundmatrix sind.

Denken Sie an den Stacheldraht, die elektrischen Zäune, die mit Schnellfeuergewehren ausgerüsteten Posten auf den Wachtürmen, an die Minenfelder und die abgerichteten Hunde. All das trug gewiß dazu bei, ein höllisches, archetypisches Bild der für die zweite perinatale Matrix so charakteristischen ausweglosen Situation zu erschaffen. Die Elemente von Gewalt, Bestialität und Sadismus trugen zu der Atmosphäre des Wahnsinns und Grauens bei, die Menschen bekannt sind, die ihre Geburt wiedererlebt haben. Der sexuelle Mißbrauch von Männern und Frauen existierte auf der individuellen Ebene ebenso wie in den »Puppenhäusern«, den Institutionen, die den Offizieren »Unterhaltung« boten und wo sie ihre gewalttätigsten unbewußten perinatalen Impulse auslebten.

Einer der erstaunlichsten Aspekte der KZ-Praktiken war der, daß selbst die grundlegenden Hygienemaßnahmen mißachtet und in Skatologischem geschwelgt wurde. Da dies in scharfem Gegensatz zu dem peinlich genauen deutschen Reinlichkeitssinn stand und mit einer völligen Verachtung der Gefahr von Massenepidemien einherging, kann man deutlich sehen, daß hier unbewußte Kräfte beteiligt waren. Einer der Lieblingsspäße der Nazi-Offiziere bestand daraus, die Eßnäpfe der Gefangenen in die Latrinen zu werfen und sie dann dort wieder herausfischen zu lassen. Ein anderer war der, Häftlingen, die sich gerade hinhockten, um sich zu erleichtern, einen Tritt zu verpassen, damit sie in die Exkremente fielen. Das führte dazu, daß viele Gefangene tatsächlich in menschlichem Abfall erstickt sind.

Das Ersticken in den Gaskammern und die Feuer in den Krematoriumsöfen waren zusätzliche Elemente dieser höllischen, alptraumartigen Welt der Lager. All das sind Themen, auf die Menschen in veränderten Bewußtseinszuständen oft bei ihren inneren Erfahrungen im Zusammenhang mit der dritten perinatalen Matrix treffen. In Friedenszeiten haben sich ähnliche Scheußlichkeiten bei Gefängnisaufständen wiederholt; anscheinend aktivieren Überbelegung und der Mißbrauch von Gefangenen unbewußte perinatale Elemente und rufen nach einer Weile gewalttätige Aufstände und Rebellion hervor.

Auch auf der transpersonalen Ebene findet man bedeutsame Wurzeln für größere soziopolitische Umbrüche. C. G. Jung meinte, die Archetypen des kollektiven Unbewußten würden nicht nur das Verhalten von Individuen beeinflussen, sondern auch große geschichtliche Bewegungen. Aus dieser Sichtweise sind ganze Nationen und kulturelle Gruppen in der Lage, mythologische Themen auszuagieren. So fand Jung im Jahrzehnt vor dem Ausbruch des Zweiten Weltkrieges in den Träumen seiner deutschen Patienten viele Elemente aus dem nordischen Mythos über »Ragnarok«, die Götterdämmerung. Er schloß daraus, dieser Archetyp steige in der kollektiven Psyche der Deutschen auf, und sagte voraus, dies würde zu einer größeren Weltkatastrophe führen, die sich letzten Endes als selbstzerstörerisch für das deutsche Volk erweisen würde. Schlaue politische Führer setzen in vielen Fällen bestimmte archetypische Bilder ein, um ihre Ziele zu erreichen. So hat Hitler die mythologischen Motive von der Überlegenheit der nordischen Rasse und vom tausendjährigen Reich sowie die alten arischen Symbole des Hakenkreuzes und des solaren Adlers ausgebeutet. Ayatollah Khomeini und Saddam Hussein haben die Begeisterung ihrer moslemischen Anhänger dadurch angefacht, daß sie vom *jihad* sprachen, dem Heiligen Krieg gegen die Ungläubigen.

Obwohl es keine leichte Aufgabe ist, in diesem Gebiet schlüssige Beweise vorzulegen, verspricht die volle Berücksichtigung der perinatalen und transpersonalen Ebenen der Psyche neue und aufregende Möglichkeiten für das Studium und das Verständnis der menschlichen Kultur und Geschichte. Die vermutlich bestechendsten unter diesen neuen Einsichten sind die, die mit der gegenwärtigen globalen Krise zusammenhängen. Wir alle genießen das zweifelhafte Privileg, in einer Ära zu leben, in der das Weltendrama seinen Höhepunkt erreicht. Die Gewalt, die Gier und die Gewinnsucht, die in den vergangenen Jahrhunderten die Geschichte des Menschen geformt haben, haben ein solches Ausmaß erreicht, daß sie leicht nicht nur zur Ausrottung der Menschheit, sondern zum Ende allen Lebens auf diesem Planeten führen könnten. Die verschiedenen diplomatischen, politischen, militärischen, wirtschaftlichen und ökologischen Bestrebungen, den gegenwärtigen Kurs zu ändern, scheinen die Dinge eher schlechter denn besser zu machen.

Könnte es nicht möglich sein, daß unsere Bemühungen um Frieden deswegen versagen, weil keiner unserer gegenwärtigen Ansätze die Dimension angesprochen hat, die im Mittelpunkt der globalen Krise zu stehen scheint: die menschliche Psyche? Es gibt auf der Welt genug Reichtum, um jedem auf dieser Erde einen guten Lebensstandard zu garantieren. Es ist nicht notwendig, daß Millionen von Menschen an Krankheiten sterben, für die die heutige Medizin wirksame Heilmittel kennt. Die moderne Wissenschaft verfügt über das Know-how, saubere und erneuerbare Energiequellen zu entwikkeln und den Verfall unserer physischen Umwelt zu verhindern. Das größte Hindernis, vor dem die Spezies Mensch steht, findet sich in der derzeitigen evolutionären Bewußtseinsebene. Das ist der Hauptgrund für das sinnlose Plündern der natürlichen Ressourcen, die Verschmutzung von Wasser, Luft und Erde und die beschämende Verschwendung von Geld und Energie für den Rüstungswahnsinn. Aus diesem Grund ist es wichtig, soviel wie möglich über die psychologischen und spirituellen Dimensionen der mißlichen Lage zu lernen, vor der wir alle stehen.

In unserer modernen Welt haben wir viele der entscheidenden Elemente der dritten perinatalen Grundmatrix externalisiert. Wenn wir uns auf einer individuellen Ebene um Transformation bemühen, wissen wir, daß wir uns diesen Themen stellen und sie durcharbeiten müssen. Dieselben Elemente, denen wir beim Prozeß des psychologischen Todes und der Wiedergeburt in unseren visionären Erfahrungen begegnen würden, erscheinen heute als Bericht in den Abendnachrichten. Wir sehen die Freisetzung von enormen aggressiven Impulsen in Kriegen und revolutionären Aufständen in der ganzen Welt, in der steigenden Kriminalitätsrate, im Terrorismus und bei Rassenunruhen. Sexuelle Erfahrungen und Verhaltensweisen nehmen noch nie dagewesene Formen an, die sich als sexuelle Freiheit für Jugendliche, Promiskuität, offene Ehen, homosexuelles Outing, sadomasochistische Bordelle, offenkundig sexuelle Bücher, Theaterstücke, Filme und anderes manifestieren. Auch das dämonische Element zeichnet sich in der modernen Welt immer stärker ab. Das zeigt sich im wachsenden Interesse an Satanskulten und Hexerei und an der zunehmenden Beliebtheit von Büchern und Filmen mit okkulten Themen und an wirklich satanischen Verbrechen. Die skatologische Dimension wird durch die zunehmende industrielle Verschmutzung, das Anwachsen der Abfallprodukte auf dem gesamten Globus und die sich schnell verschlechternden hygienischen Zustände in den Großstädten deutlich.

Viele Menschen, mit denen ich gearbeitet habe, haben sehr interessante Einsichten in diese Situation beigetragen. In den letzten Jahren haben Hunderte von Menschen ihre Überzeugung verkündet, die Menschheit stehe an einem Scheideweg, sie marschiere entweder direkt auf die kollektive Auslöschung zu oder werde einen so noch nie dagewesenen evolutionären Bewußtseinssprung tun. Wir alle scheinen an einem Prozeß beteiligt zu sein, der dem psychologischen Tod und der Wiedergeburt ähnelt, die so viele Leute individuell in geänderten Bewußtseinszuständen erlebt haben.

Wenn wir weiterhin die destruktiven Tendenzen aus unserem tiefen Unbewußten ausagieren, werden wir zweifellos uns selbst und alles Leben auf diesem Planeten vernichten. Wenn es uns dagegen in großem Maßstab gelingt, diesen Prozeß zu internalisieren, könnte das zu einem evolutionären Fortschritt führen, der uns so weit über unseren jetzigen Zustand hinaus bringen könnte, wie wir heute von den Primaten entfernt sind.

So utopisch das scheinen mag, könnte es sehr wohl unsere einzige Chance sein. Im Laufe der Jahre habe ich bei Leuten, die sich ernsthaft und systematisch der inneren Suche gewidmet haben, profunde Transformationen gesehen. Einige von ihnen haben meditiert und regelmäßig spirituelle Praktiken geübt. Andere hatten spontane Episoden von psychospirituellen Krisen oder nahmen an verschiedenen Formen von erfahrender Psychotherapie und Selbsterforschung teil. Ihr Aggressionsniveau sank, sie wurden friedlicher, waren mit sich selbst besser im Reinen und anderen gegenüber toleranter. Ihre Fähigkeit, das Leben und besonders die einfachen Freuden des Alltags zu genießen, nahm beträchtlich zu.

Zu den häufigsten Folgeerscheinungen der psychospirituellen Transformation, die mit der verantwortungsvollen Arbeit mit geänderten Bewußtseinszuständen einhergeht, gehören tiefe Achtung vor dem Leben und ökologische Bewußtheit. Ähnlich gilt das auch für Menschen, die eine spirituelle Krise mystischer Natur erlebt haben. Ich glaube, daß eine Steigerung des Gewahrseins für unser Unbewußtes unsere Chancen für das planetare Überleben um ein Vielfaches steigern wird. Ich hoffe, daß dieses Buch einen Beitrag in diese Richtung liefern kann, indem es denen, die diesen Pfad wählen werden oder ihn schon beschreiten, als Unterstützung und Anleitung dient.

Anhang

Anmerkungen

1 vgl. David Bohm, *Die implizite Ordnung. Grundlagen eines dynamischen Holismus* (München: Dianus Trikont, 1984).
2 vgl. Rupert Sheldrake, *A New Science of Life* (Los Angeles: J. P. Tarcher, 1981).
3 vgl. Michael Harner, *Der Weg des Schamanen* (Interlaken: Ansata, 1982).
4 vgl. Stanislav Grof, Fallstudie von Peter, aus *Topographie des Unbewußten* (Stuttgart: Klett-Cotta, 5. Aufl. 1991).
5 vgl. Stanislav Grof, Fallstudie von Ben, aus: *Topographie des Unbewußten.*
6 vgl. Stanislav Grof, Fallstudie, aus: *Topographie des Unbewußten.*
7 vgl. Stanislav Grof, Fallstudie, aus: *Topographie des Unbewußten.*
8 vgl. Stanislav Grof, Fallstudie, aus: *Topographie des Unbewußten.*
9 C. G. Jung, *Septem Sermones ad Mortuos*, in: *Erinnerungen, Träume, Gedanken von C. G. Jung* (Olten/Freiburg i.Br.: Walter, 6. Aufl. 1988), S. 389.
10 Abraham Maslow, *Religions, Values and Peak Experiences* (Cleveland: State University of Ohio, 1964).
11 William James, *Varieties of Religious Experiences* (New York: Collier, 1961). Zit. n. d. amerikanischen Original.
12 C. G. Jung, *Erinnerungen, Träume, Gedanken von C. G. Jung*, S. 186f.
13 Eugene O'Neill, *Eines langen Tages Reise in die Nacht* (Stuttgart: Reclam, 1967), S. 118.
14 vgl. Stanislav Grof, Fallstudie von Milada, aus: *Das Abenteuer der Selbstentdeckung* (München: Kösel, 1987).
15 Stanislav Grof, unveröffentlichte Fallstudie.
16 Rusty Schweickart, »Das Zeitalter der Weltraumfahrt und planetarisches Bewußtsein – Eine persönliche Erfahrung«, in: Stanislav Grof (Hrsg.), *Die Chance der Menschheit* (München: Kösel, 1988), S. 61; 62f.
17 Stanislav Grof, unveröffentlichte Fallstudie.
18 Stanislav Grof, unveröffentlichte Fallstudie.

19 Stanislav Grof, Fallstudie, aus: *Das Abenteuer der Selbstentdeckung*, S. 88.

20 Stanislav Grof, Fallstudie, aus: *Das Abenteuer der Selbstentdeckung*, S. 178.

21 J. E. Lovelock, *Gaia: A New Look at Life on Earth* (New York: Oxford University Press, 1988).

22 Stanislav Grof, Fallstudie, aus: *Topographie des Unbewußten*, S. 214f.

23 vgl. Stanislav Grof, Fallstudie von Richard, aus: *Topographie des Unbewußten.*

24 vgl. Stanislav Grof, Fallstudie von Inga, aus: *Das Abenteuer der Selbstentdeckung* (München: Kösel, 1987).

25 vgl. Stanislav Grof, Fallstudie von Nadja, aus: *Topographie des Unbewußten.*

26 vgl. Stanislav Grof, Fallstudie von Renata, aus: *Topographie des Unbewußten.*

27 Stanislav Grof, unveröffentlichte Fallstudie.

28 vgl. Stanislav Grof, Fallstudie aus: *Topographie des Unbewußten.*

29 vgl. Stanislav Grof, Fallstudie von Jesse, aus: *Die Begegnung mit dem Tod* (Stuttgart: Klett-Cotta, 1980).

30 Aldous Huxley, *Himmel und Hölle* (München: Piper, 13. Aufl. 1989), S. 67.

31 vgl. Stanislav Grof, Fallstudie von Richard, aus: *Das Abenteuer der Selbstentdeckung.*

32 vgl. Stanislav Grof, Fallstudie von Eva Pahnke, aus: *Das Abenteuer der Selbstentdeckung.*

33 Stanislav Grof, unveröffentlichte Fallstudie.

34 Christina Grof und Stanislav Grof, *Die stürmische Suche nach dem Selbst* (München: Kösel, 1992), S. 22.

35 Christina Grof und Stanislav Grof, *Die stürmische Suche nach dem Selbst*, S. 23f.

36 vgl. *Gedanken, Träume, Erinnerungen von C. G. Jung*, S. 187f.

37 Stanislav Grof, unveröffentlichte Fallstudie.

38 Joseph Campbell, aus einem Vortrag am Esalen-Institut in Big Sur, Kalifornien, 1984.

39 Laotse, *Tao te king* (Köln: Diederichs, 1972), S. 41.

40 Stanislav Grof, unveröffentlichte Fallstudie.

41 vgl. »William Blake, Johannes Brahms und Giacomo Puccini«, in: *Die Kunst, kreativ zu sein* von W. Harman und B. Rheingold (Bergisch-Gladbach: Lübbe, 1991), S. 67ff.

42 C. G. Jung, *Träume, Gedanken, Erinnerungen*, S. 355.

43 vgl. C. G. Jung, »Die Struktur der Seele«, in: *Die Dynamik des Unbewußten*, G.W. Bd. XIII (Olten/Freiburg i.Br.: Walter, 6. Aufl. 1991).

44 vgl. Paul Kammerer, *Das Gesetz der Serie* (Stuttgart und Berlin, 1919).

45 vgl. Camille Flammarion, *The Unknown* (London und New York, 1900).

46 vgl. C. G. Jung, »Synchronizität als ein Prinzip akausaler Zusammenhänge«, in: *Die Dynamik des Unbewußten.*

47 vgl. C. G. Jung, Brief an Carl Selig vom 25. Februar 1953, in: *Briefe*, Gesamtausgabe in 3 Bd. (Olten/Freiburg i.Br.: Walter, 1973).

48 vgl. Hans Bender, *Telepathie, Hellsehen und Psychokinese* (Freiburg: Aurum, 1984).

49 vgl. Raymond E. Fowler, *The Andreasson Affair* (Englewood Cliffs: Prentice-Hall, 1979).

50 vgl. Elda Hartley, *Sacred Trance in Bali and Java*, ein Dokumentarfilm.

51 vgl. Stanley Krippner, *Human Possibilities* (Garden City, New York: Anchor Press/Doubleday, 1980).

52 vgl. Jules Eisenbud, *The World of Ted Serios* (New York: William Morrow, 1967).

53 vgl. Sam Keen, *The Faces of the Enemy* (New York: Harper & Row, 1986).

54 A. Bastians, »Der Mann im Konzentrationslager und das Konzentrationslager im Mann«, vervielfältigtes Manuskript, o.J.

Empfohlene Literatur

Bache, C., *Lifecycles Reincarnation and the Web of Life*. New York: Paragon House, 1990.

Bateson, G., *Geist und Natur*. Frankfurt a.M.:Suhrkamp, 1978.

Bateson G. und Bateson, M. C., *Angels Fear: Towards an Epistomology of the Sacred*. New York: Macmillan, 1987.

Bohm, D., *Die implizite Ordnung. Grundlagen eines dynamischen Holismus*. München: Dianus Trikont, 1984.

Bohm, D. und Peat, F. D., *Das neue Weltbild*. München: Goldmann, 1990.

Briggs, J. und Peat F. D., *Die Entdeckung des Chaos*. München: Hanser, 1990.

Bucke, R., *Die Erfahrung des kosmischen Bewußtseins* Freiburg: Aurum, 1988.

Campbell, J., *Der Heros in tausend Gestalten*. Frankfurt a. M.: Suhrkamp, 1978.

– *The Way of the Animal Powers*. New York: Harper & Row, 1984.

Campbell, J. und Moyers, B., *Die Kraft der Mythen*. München: Artemis, 1989.

Capra, F., *Das Tao der Physik*. München: O. W. Barth/Scherz, 1984.

– *Wendezeit*. München: O. W. Barth/Scherz, 1983.

Davies, P. P., *Gott und die moderne Physik*. Gütersloh: Bertelsmann, 1988.

Gleick, J., *Chaos – Die Ordnung des Universums*. München: Droemer Knaur, 1990.

Grof, Ch. und Grof, S., *Die stürmische Suche nach dem Selbst*. München: Kösel, 1992.

Grof S., *Geburt, Tod und Transzendenz*. Reinbek b. Hamburg: Rowohlt, 1991.

– *Das Abenteuer der Selbstentdeckung*. München: Kösel, 1987.

Harner, M., *Der Weg des Schamanen*. Interlaken: Ansata, 1982.

Hastings, A., *With the Tongues of Men and Angels: A Study in Channeling*. San Francisco: Holt, Rinehart and Winston, 1990.

Herbert, N., *Quantum Reality Beyond the New Physics*. Garden City, New York: Anchor Press/Doubleday, 1985.

James, W., *Die Vielfalt religiöser Erfahrungen.* Olten/Freiburg i.Br.: Walter, 1978.

Jantsch, E., *Die Selbstorganisation des Universums.* München: Hanser, 1992.

Jung, C. G., »Synchronizität als ein Prinzip akausaler Zusammenhänge«. In: *Gesammelte Werke, Bd. XIII.* Olten/Freiburg i.Br.: Walter, 6. Aufl. 1991.

– *Erinnerungen, Träume, Gedanken von C. G. Jung*, hrsg. von Jaffé, A., Olten/Freiburg i.Br.: Walter, 6. Aufl. 1988.

– »Ein moderner Mythus. Von Dingen, die am Himmel gesehen werden«. In: *Gesammelte Werke, Bd. X.* Olten/Freiburg i.Br.: Walter, 1974.

– *Der Mensch und seine Symbole.* Olten/Freiburg i.Br.: Walter, 1968.

Klimo, J., *Channeling: Der Empfang von Informationen aus paranormalen Quellen.* Freiburg: Bauer, 1988.

Lovelock, J., *Gaia: Die Erde ist ein Lebewesen.* München: Scherz, 1992.

Maslow, A., *Psychologie des Seins.* München: Kindler, 1968.

– *Religions, Values and Peak Experiences.* Cleveland: State University of Ohio, 1964.

Monroe, R., *Der Mann mit den zwei Leben. Die seltsamen Exkursionen des Mr. Monroe.* Düsseldorf: Econ, 1972.

Moody, R., *Leben nach dem Tod.* Reinbek b. Hamburg: Rowohlt, 1977.

Mookerjee, A., *Kundalini: Die Erweckung der inneren Energie.* Bern: Origo, 1984.

Murphy, M. und White, R., *The Psychic Side of Sports.* Menlo Park, CA: Addison-Wesley, 1978.

Murphy, M., *The Future of the Body.* Los Angeles: J. P. Tarcher, 1992.

Peat, F. D., *Synchronizität. Die verborgene Ordnung.* München: O. W. Barth, 1989.

Peerbolte, L., *Prenatal Dynamics and Psychic Energy.* Pomona, CA: Hunter House, 1975.

Perry, J., *The Far Side of Madness* . Englewood Cliffs, NJ: Prentice Hall. 1974.

Pietsch, H., *Shufflebrain.* Boston: Houghton Mifflin, 1981.

Progogine, I. und Stenger I., *Dialog mit der Natur.* München: Piper, 1990.

Rank, O. *Das Trauma der Geburt.* Frankfurt a. M.: Fischer, 1988.

Ring, K., *Heading Toward Omega.* New York: Morrow, 1984.

Russell, P., *Die erwachende Erde.* München: Heyne, 1984.

Sabom, M., *Erinnerungen an den Tod.* München: Goldmann, 1983.

Sannella, L., *The Kundalini Experience: Psychosis or Transcendence?* Lower Lake, CA: Integral Publishing, 1987 (deutsche Ausgabe in Vorbereitung im Synthesis Verlag).
Sheldrake, R. A., *Das schöpferische Universum*. München: Goldmann.
– *Das Gedächtnis der Natur*. München: Scherz, 1992.
Singer, J., *Boundaries of the Soul: The Practice of Jung's Psychology*. New York: Doubleday, 1972.
– *Seeing Through the Visible World: Jung, Gnosis, and Chaos*. San Francisco: Harper, 1990.
Stevenson, I., *Reinkarnation. Der Mensch im Wandel von Tod und Wiedergeburt*. Freiburg: Aurum, 1986.
Talbot, M., *Das holographische Universum*. München: Droemer, 1992.
Targ, R. und Putthoff, H., *Mind Reach: Scientists Look at Psychic Ability*. New York: Delta Books, 1978.
Targ, R. und Harary, K., *Jeder hat ein 3. Auge. PSI – die unheimliche Kraft*. Diana, 1985.
Tarnas, R., *The Passion of the Western Mind: Understanding the Ideas That Have Shaped Our World View*. New York: Harmony Books, 1991.
Tart, C., *States of Consciousness*. New York: E.P. Dutton, 1975.
– *Das Übersinnliche. Forschungen über einen Grenzbereich psychischen Erlebens*. Stuttgart: Klett-Cotta, 1986.
Thompson, K., *Angels and Aliens*. Menlo Park, CA: Addison-Wesley, 1991.
Vaughan, F., *Die Reise zur Ganzheit*. München: Kösel, 1990.
Walsh, R., *Der Geist des Schamanismus*. Olten/Freiburg i.Br.: Walter, 1992.
Walsh, R. und Vaughan, F. (Hrsg.), *Psychologie in der Wende*. München: Scherz, 1985.
Wilber, K., *Das Spektrum des Bewußtseins*. München: Scherz, 1987.
– *Das Atman Projekt. Der Mensch in transpersonaler Sicht*. Paderborn: Junfermann, 1990.
Wolf, F. A., *Der Quantensprung ist keine Hexerei*. Frankfurt a. M.: Fischer, 1989.
– *Körper, Geist und neue Physik*. München: O. W. Barth, 1991.
Young, A., *Der kreative Kosmos*. München: Droemer Knaur, 1990.
Zukav, G., *Die tanzenden Wu Li Meister*. Reinbek b. Hamburg: Rowohlt, 1985.

Register